本书获得国家自然科学基金青年项目“区分泡沫和资产基本面改善的新检验及其在我国资本市场的应用”（72203065）、中国博士后科学基金资助项目“资产价格泡沫检验的理论创新及其应用研究：区分泡沫和基本面改善”（2023T160248）、华中科技大学文科双一流建设项目（现代经济研究中心建设项目）、华中科技大学文科学术著作出版资助。

华中科技大学学术著作青年系列丛书

资产价格泡沫检验的理论创新及其应用研究

李阳琳　著

中国社会科学出版社

图书在版编目（CIP）数据

资产价格泡沫检验的理论创新及其应用研究/李阳琳著．
—北京：中国社会科学出版社，2024.3
ISBN 978-7-5227-3070-7

Ⅰ.①资…　Ⅱ.①李…　Ⅲ.①资本市场—经济波动—研究　Ⅳ.①F830.9

中国国家版本馆 CIP 数据核字(2024)第 037505 号

出 版 人　赵剑英
责任编辑　谢欣露
责任校对　周晓东
责任印制　王　超

出　　版　中国社会科学出版社
社　　址　北京鼓楼西大街甲 158 号
邮　　编　100720
网　　址　http://www.csspw.cn
发 行 部　010-84083685
门 市 部　010-84029450
经　　销　新华书店及其他书店

印刷装订　三河市华骏印务包装有限公司
版　　次　2024 年 3 月第 1 版
印　　次　2024 年 3 月第 1 次印刷

开　　本　710×1000　1/16
印　　张　11.5
字　　数　161 千字
定　　价　59.00 元

目　　录

第一章　绪论

第一节　研究背景与意义

资本市场是否满足市场有效性特征？资本市场是否存在泡沫？市场什么时候才能从泡沫崩溃导致的危机中复苏？快速上涨的资产价格是由泡沫膨胀推动的，还是由基本面显著改善导致的？这些问题的答案既是重要的，也是金融和学术界研究和关注的热点、重点之一。面对资产价格序列在特定样本期的过度波动和快速上涨特征，我们清晰地认识到资本市场的运行过程中弱有效市场和泡沫交替出现。著名计量经济学家 Phillips 利用多段式函数模型来刻画资本市场资产价格序列的特征，其理论基础就是在有效市场理论下，不存在任何套利机会，资产价格是不可预测的，故而价格序列是一个鞅过程（Fama，1965），即一个随机游走或含漂移项的单位根过程，并围绕基本面价值上下波动。而当市场偏离于弱有效市场时，价格序列也偏离于单位根过程。假设价格序列偏离了基本面价值而出现非理性上涨，Phillips 和 Magdalinos（2007）提出的中度爆炸过程很好地刻画了这一现象，即价格数据的自回归系数大于 1，从而导致价格爆炸性上涨，但随着样本量的增加，这种偏离的强度会逐渐减弱。假设价格序列出现非理性下跌，Harvey 等（2016）通过一个中度平稳过程来捕捉资产价格逐渐下降的过程。同样考虑到价格不可能长期偏离基本面价值，价格下降的强度将随着样本量的增加而减少。最终，资产价格序列再次回到有效市场下的单位根过程。不难发现，大多数资本市场资产价格序列都可以刻画成多段式函数模型，一个典型的例子是2015年中国股票市场遭遇的危机。自2014年1—10月，沪深300指数在2300点上下波动，但自2014年11月起，沪深300指数从2502点快速上涨到2015年6月的5335点，紧接着又跟随一阵快速的下跌，导致2015年的股票市场异常波动出现，最后在2016年4月沪深300指数又回落到3100点附近。

将资产价格从市场弱有效的无泡沫阶段到泡沫生成并膨胀阶段，再到泡沫崩溃阶段，最后回到无泡沫阶段的这一周期性过程，刻画成一个自回归系数由单位根突变为中度爆炸根，再转变为中度平稳根，然后回到单位根的一阶自回归模型，不仅可以精确而完整地刻画资产价格周期性波动的特征，也为广大研究学者检验和实时监测泡沫提供了理论基础。早期常用于检验泡沫是否存在的方法有Shiller（1981）提出的方差边界检验、West（1987）的West两步法检验、Froot和Obstfeld（1991）提出的内生泡沫检验、Diba和Grossman（1988）提出的基于单位根—协整的泡沫检验。但这些检验都无法有效识别上述周期性崩溃的资产价格泡沫。随着Phillips等（2011）开创性地提出用递归右侧单位根检验的上确界（SADF检验）来识别资产价格泡沫，并通过比较SADF检验统计量和相应临界值的大小来估计泡沫的起始和终止时点，越来越多的学者用类似的金融计量方法来检测并监测泡沫。比较著名的有Homm和Breitung（2012）构建的Chow-DF检验、Harvey等（2015）基于SADF检验和Chow-DF检验提出的联合假设（UR）检验，Phillips等（2015a，2015b）提出的适用于检测多个泡沫的广义SADF检验（GSADF）。Harvey等（2016）用一个中度平稳的均值回归过程来捕捉从资产价格泡沫崩溃恢复到无泡沫的复苏过程，从而对资产价格泡沫产生和破灭的完整过程进行建模。Phillips和Shi（2018）基于反向的向后递归ADF（BSADF）检验统计量监测由泡沫崩溃导致的金融危机，并通过比较检验统计量和相应临界值的大小来估计市场复苏时点。

正确识别泡沫对金融监管是至关重要的。在通常情况下，我们考虑股票价格与基本面价值之间存在线性关系（如戈登股利贴现模型），但在某些情况下，也可能存在如 Banerjee 等（2018）所描述的非线性关系。假若（长期）基本面发生实质性改善，资产价格将非线性地急剧上涨。这种情况下，价格序列的确定性趋势不再是线性函数，我们也不能直接将快速上涨的价格序列描述为中度爆炸过程。Harvey 等（2011）在确定性趋势函数中引入二次项，很好地刻画了上述资本价格快速上涨的特征。本书引入了一个含局部二次趋势的单位根（URQ）过程，其线性趋势在未知时点突变成一个二次函数。URQ 过程的时间序列轨迹与由泡沫膨胀导致数据快速上涨的中度爆炸过程极其相似。若价格的上涨是由于泡沫膨胀导致的，价格序列是中度爆炸过程；而若价格的上涨主要是由（长期）基本面的显著改善所非线性推动的，此时价格序列是一个含局部二次趋势的单位根过程。而如何正确辨析快速上涨的资本市场价格数据是含局部二次趋势的单位根过程还是中度爆炸过程呢？这个问题的答案是非常重要且具有学术价值的。然而，我们发现现有的 ADF 检验、SADF 检验、GSADF 检验等单位根检验和泡沫检验均无法对中度爆炸过程和含局部二次趋势的单位根过程进行有效区分。

基于上述研究背景，本书在解读这些著名泡沫检验的基础上，致力于对资产价格泡沫建模及其检验理论进行扩展研究。在周期性崩溃的泡沫模型下，我们提出了一个新的基于向后双重递归 ADF 检验统计量下确界的 BIADF 检验，用于识别由泡沫崩溃导致的金融危机事件，并构造了相应的市场复苏时点估计量；针对资产价格快速上涨的特征，我们提出了一个含局部二次趋势的单位根过程，它与中度爆炸过程（泡沫）产生的数据特征和时间序列轨迹非常相似；比较分析了 OLS 退趋势法、GLS 退趋势法和递归退趋势法三种退趋势方法的优缺点；提出了一个基于 GLS 退趋势法的含局部二次趋势的 DBF 泡沫检验，该检验有效地正确区分由资产泡沫导致的中度爆炸过程和由基本面显著改善所形成的含局部二次趋势的单位根过程；在时变方差条件下考察 DBF 泡沫检验的性质，并提出新的 Wild Bootstrap 版检验。这些新检验方法的提出，是对现有资产价格泡沫检验前沿理论的进一步补充和扩展。

同时，这些新检验也有很重要的实证应用价值。本书提出的新检验主要应用在两个方面：第一，由于金融市场波动和风险事件的频繁出现（汪冬华和张裕恒，2018），股票市场出现强烈震荡。如何正确识别因非理性投机形成的市场泡沫，如何有效监测具有突发性、不连续性的股灾或金融危机，以及如何判断市场从泡沫或危机中复苏都是亟须解决的现实经济金融问题。本书提出的新检验能准确识别中美股票市场泡沫和金融危机事件，并有效实时监控市场泡沫起始、终止和市场复苏的时点。对这一问题的分析有助于我们进一步了解和认识资本市场，从而为有效地解决金融问题提供新视角。第二，对于苹果、阿里巴巴、贵州茅台和中国平安四只价格快速上涨的股票，直观判断和用现有文献中的检验方法（如 SADF 检验等）都无法判断它们是由显著改善的基本面所支撑的含局部二次趋势的单位根过程还是由泡沫膨胀导致的中度爆炸过程。考虑到金融资产价格数据广泛存在的时变方差性，本书提出的新检验能在时变方差下有效区分这四只股票的价格序列是含局部二次趋势的单位根过程，还是中度爆炸过程。我们对这四只股票所代表的上市公司的财务报表进行了基本面分析，其结果可以进一步为检验结果提供强有力的证据支持。这一新检验将为准确认识资产价格特征，有效监管金融市场运行提供新的计量工具。

综上所述，本书关于资产价格泡沫检验的理论和应用研究，既包含了对现有经典检验的详细解读，又体现了前沿理论的扩展和创新，同时针对现实经济金融问题给出了分析和解决的方法，因而具有重要的理论和现实意义。

第二节　国内外文献综述

一　基于金融计量的泡沫检验

（一）泡沫检验的理论发展

如果投资者都期望将来能够以更高的价格出售股票，那么他们在购买股票时就愿意支付高于基本面价值的价格，从而形成一个较高位的均衡价格。此时的股票价格就包含了一个理性泡沫（rational bubble）。更重要的是，股票的定价仍然是理性的，即当存在理性泡沫时，市场不存在套利机会。经济学家对金融市场上可能存在的理性泡沫一致认可，而如何正确有效地识别理性泡沫成了亟须解决的问题。

Shiller（1981）利用现值估价模型针对股票价格的波动提出了方差边界检验。检验原理：如果市场是有效的，那么股票的实际价格应该等于持有该股票所能获得未来股利的现值的理性预期或最佳预测。假定股票价格 p_t 是未来股利现值 p_t^* 的最优预测，那么预测误差 $u_t = p_t^* - p_t$ 与 p_t 不相关，因此有 $Var(p_t^*) = Var(u_t) + Var(p_t)$。根据方差的非负性质，推导出方差边界不等式 $\sigma(p_t) \leqslant \sigma(p_t^*)$，即对于给定股利的标准差，股价波动的标准差存在上确界。Shiller（1981）表明，当被测股票价格的波动率大于该界限时，则可认为股票价格偏离了有效市场下的现值估价模型。然而 Marsh 和 Merton（1986）以及 Kleidon（1986）发现，当被测数据（股利或股票价格）是非平稳时间序列时，方差边界检验失败。对此，Tirole（1985）将股票价格方差大于方差边界的原因归为股市泡沫的高波动率，认为方差边界检验的失败很可能是由于泡沫的存在。但 Mankiw 等（1985）通过在现值估价模型中引入理性泡沫变量后仍可以推导出方差边界不等式成立。这意味着方差边界检验并不适合用于检测泡沫是否存在。

合格的泡沫检验应该包含一个存在泡沫的备择假设，即当检验结果显示原假设被拒绝时，备择假设集合中存在泡沫的假设可能成立。一个最具代表性的股票价格泡沫检验是 West（1987）提出的两步法检验。West 两步法的基本思想：无套利资本定价模型的欧拉方程无论泡沫是否存在均成立，可通过估计欧拉方程得到股利和股价之间的相关系数，再基于股票价格和股利的简单二元回归来估计两变量间的相关系数。在无泡沫的原假设下，两种方法估计的系数应该一致。但在市场存在泡沫的备择假设下，股票价格等于有效市场所隐含的价格与投机泡沫之和，此时，简单回归方程中忽略了泡沫这一回归变量，两种方法估计的系数便不一致。因此，West 利用豪斯曼检验比较两个估计系数是否相等而检测泡沫是否存在。而 Dezbakhsh 和 Demirguc-Kunt（1990）发现，在小样本下，West 两步法存在尺度扭曲，即会错误地拒绝两个系数相等的原假设。为了确定存在泡沫的备择假设成立，West（1987）通过许多相关的模型设定检验来排除所有其他可能的备择假设，但 Flood 等（1986）认为，West（1987）中欧拉方程之所以能通过模型设定检验，是因为方程只涉及相邻两个连续的时期，而不是任意两个时期。当欧拉方程涉及的两个时期相隔时间较长时，模型设定检验将拒绝方程正确设定的假设。另外，Flood 等（1986）指出，即使这些模型设定检验的结果都没问题，拒绝两个系数相等的原假设也不一定就是由于存在泡沫而导致的，还可能是因为比索问题，即市场参与者忽略了某些对股价有重大影响的小概率事件，如预期的政权转换。它们对股价的影响与泡沫类似，也会使得基于股价和股利的简单回归所得到的估计系数与基于欧拉方程回归估计的系数不相等。

泡沫也可能与基本面相关。Froot 和 Obstfeld（1991）假定泡沫大小与股利相关。在无内生泡沫的原假设下，股票价格是股利的线性函数，而在存在内生泡沫的备择假设下，股价与股利之比不再是常数。将股价股利比对常数项和股利进行回归，若股利的系数估计量显著为零，则接受无内生泡沫的原假设，否则认为存在内生泡沫。事实上，Froot 和 Obstfeld（1991）提出，内生泡沫检验只能检测出股票价格和股利间存在非线性关系，只有在假定模型为线性的基础上，才适用于检验是否存在泡沫。但若“真实”模型本身是非线性呢?

Driffill 和 Sola（1998）正式提出了有关股票定价模型是非线性的这一论点。Froot 和 Obstfeld（1991）假定对数股利是一个带截距项的随机游走，而 Driffill 和 Sola（1998）证实把对数股利设定成一个马尔可夫转换过程更符合基本面存在机制转换的特征。当同时考虑机制转换的基本面和内生泡沫时，泡沫对股价模型的增量解释很小。更惊人的发现是，一个有机制转换但没有内生泡沫的模型与一个有内生泡沫但没有机制转换的模型的拟合度是大致相同的。这个发现意味着，数据中存在某种非线性可以归因于模型中的任何非线性部分。

方程边界法、West 两步法和内生泡沫检验法都是试图通过检测股票价格数据与标准定价模型下不一致，从而把拒绝股票定价的标准模型归因于泡沫的存在。但拒绝标准定价模型只能证明从股票价格中检测到基本面以外的成分，却忽略了泡沫本身具有的结构特征和理论性质。

理想的泡沫检验是可以直接验证被测数据特征是否符合泡沫的结构特征。Diba 和 Grossman（1988）利用含泡沫的数据差分后仍具有爆炸性质，提出了基于单位根—协整的泡沫检验，其检验思想：在股票价格无泡沫的原假设下，若股利和股价数据之间存在协整关系，那么协整回归得到的残差序列应该是平稳的。基于单位根—协整的泡沫检验更侧重于证明泡沫不存在，即若残差序列是平稳的，可以证明泡沫不存在。然而 Evan（1991）并不认可这一观点，发现当泡沫呈现周期性崩溃的特征时，检验结果同样不会拒绝无泡沫的原假设。

周期性崩溃的泡沫不是持续增长的，其波动更像是一个平稳过程，因此，基于单位根—协整的泡沫检验很难检测到会崩溃的泡沫。大量的研究试图攻克这一难题。Taylor 和 Peel（1998）在扰动项呈现较明显的峰度和偏度下修正了原假设为无泡沫的协整检验，使其适用于存在周期性崩溃的泡沫的情况。Wu 和 Xiao（2008）认为，存在周期性崩溃的泡沫时，协整回归得到的残差序列即使不是非平稳的，取值也会比较大。因此，基于残差序列的大小可以对周期性崩溃的泡沫进行检验。另一类较流行的处理方法是将泡沫的扩张时期和崩溃时期当作两个不同的机制。Van Norden 和 Schaller（1993）描述了一个泡沫的两机制转换模型，并假定泡沫越大，泡沫存在且预期继续增长的概率越小。在此基础上，Van Norden（1996）利用极大似然估计得到机制转换泡沫模型的系数，并基于估计系数构造泡沫检验。Hall 等（1999）则是直接在单位根检验中引入马尔可夫机制转化模型，并通过蒙特卡洛仿真发现基于马尔可夫转化的 ADF 单位根检验在检测周期性崩溃的泡沫上表现良好。

基于单位根—协整的泡沫检验虽然考虑到泡沫的独特不平稳性质，但并没有对时间序列中的泡沫成分进行具体定义。事实上，不仅泡沫的存在会产生不平稳的残差，模型误设也同样可能导致不平稳的残差。然而正如 Driffill 和 Sola（1998）所发现的那样，要区分标准定价模型误设和泡沫是件非常棘手的事情。Gurkaynak（2008）认为，尽管泡沫检验的计量方法已经取得了较大进展，但目前仍没有办法区分时变或存在机制转变的基本面和泡沫。对于每一篇找到泡沫存在证据的文献，总会有另一篇文献在不考虑泡沫的情况下同样很好地拟合样本数据。

近年来，在泡沫检验研究领域一个里程碑式的突破是，著名计量经济学家 Phillips 提出在时间序列分析的框架下用中度爆炸（moderate explosive）自回归过程来直接定义资产价格泡沫。中度爆炸过程这一概念的提出有效地刻画了存在泡沫时股票价格呈爆炸性上涨的趋势特征。Phillips 和 Magdalinos（2007）将中度爆炸过程的自回归系数设定为 $\rho=1+\frac{c}{k_T}$，其中 c 为大于零的常数，k_T 趋向正无

穷且满足 k_T 是 T 的高阶无穷小。Phillips 和 Magdalinos（2007）从理论上证明了中度爆炸过程的自回归系数估计量偏误（$\hat{\rho}-\rho$）以 $k_T\rho^T/2c$ 的收敛速度服从标准柯西分布。Phillips 和 Magdalinos（2007）的研究为基于中度爆炸过程的泡沫检验奠定了坚实的理论基础。

基于中度爆炸过程的泡沫检验，其原假设为被测数据是单位根过程（H_0：$\rho=1$），备择假设为被测数据是爆炸过程（H_1：$\rho>1$）。与传统的单位根检验不同，这类泡沫检验是一个右侧检验。但学者们很快发现，简单使用单位根检验的右侧临界值仍无法有效识别 Evans（1991）提出的周期性崩溃的泡沫。对此，Phillips 等（2011，PWY）开创性地提出用向前递归的右侧单位根检验来识别泡沫。PWY 基于一系列 ADF 单位根检验统计量的上确界构造了 SADF（supremum augmented Dickey-Fuller）检验。在探索 SADF 检验的有限样本性质时发现，SADF 检验对周期性崩溃的泡沫具有较高的检验功效。SADF 检验不仅可以有效探测泡沫的存在性，而且还能一致估计出泡沫起始和终止的时点。因此，SADF 检验成为近年来检测资本市场如股市、石油市场、房地产市场等是否存在泡沫的主流方法，泡沫检验后续的发展和应用也大多基于 PWY 的模型设定和 SADF 检验的构造思想。

Homm 和 Breitung（2012）将 Chow 检验应用到自回归系数存在结构突变的情况，从而基于递归 Chow 型 DF 检验的上确界构建了 Chow-DF 泡沫检验，并估计单位根过程到爆炸过程的转变时点。他们还在 PWY 的理论框架下构建了基于 Bhargava（1986）提出的 Bhargava 统计量、Busetti 和 Taylor（2004）提出的 BT 统计量、Kim（2000）和 Kim 等（2002）提出的 K 统计量等递归检验统计量的上确界进行泡沫检验，并对这些检验的功效进行比较。仿真结果发现 Chow-DF 泡沫检验表现最好。Harvey 等（2015）在周期性崩溃的泡沫模型设定下，比较了 SADF 检验和 Chow-DF 检验的渐近性质和有限样本性质。结果发现在不同泡沫的起始时点和持续时间以及泡沫是否崩溃的设定下，这两种泡沫检验的功效呈现出很大差异。当泡沫出现在样本的前中阶段，SADF 检验的功效显著高于 Chow-DF 检验，而当泡沫出现在样本的后期，Chow-DF 检验的表现要更好。另外，随着泡沫扩张后大幅崩溃，Chow-DF 检验功效会大幅损失，而 SADF 检验则不受泡沫是否崩溃的影响。由于实际应用中我们不能假定泡沫出现的时点，也不知道泡沫是否会大幅崩溃，Harvey 等（2015）结合 SADF 检验和 Chow-DF 检验的统计量进行识别泡沫的联合假设（UR）检验。对任意给定的泡沫模型，UR 检验的功效接近于两个单独泡沫检验功效的较高值。

Phillips 等（2015a，2015b，PSY）考虑到市场可能存在多个泡沫的情况，将 SADF 检验扩展到广义 SADF 检验（GSADF），并提出了用于识别泡沫起始时点和终止时点的后向递归 SADF（BSADF）统计量。他们还提供了几种实时泡沫检测算法的极限理论，并比较了 PWY、PSY、序贯 PWY、累计求和算法（CUSUM）等方法检测到泡沫的成功率以及对泡沫起始时点和终止时点的估计偏误。仿真结果显示，PWY 估计量仅在单个泡沫模型下是一致的，因此，PSY 提出的 BSADF 检验比 PWY 更适合作为实时检测泡沫的探测器。

Harvey 等（2016）研究了扰动项存在时变方差对 SADF 检验的影响。他们发现 SADF 检验统计量的极限分布依赖于方差的具体时变形式，此时使用 PWY 提供的相关临界值将导致 SADF 检验存在尺度扭曲，从而增加对泡沫的误判概率。因此，Harvey 等（2016）从理论和仿真模拟两方面证明了利用 Wild Bootstrap 算法可以提供识别泡沫的正确有效临界值。Harvey 等（2016）对泡沫检验的另一重大贡献是对资产价格泡沫的重新建模：一是在刻画正常市场的随机游走过程中引入了渐近可忽略的截距项，其中 Guo 等（2019）考察了带弱截距中度爆炸过程的渐近性质，并得出弱截距不对检验统计量的极限分布产生影响的结论；二是将泡沫崩溃过程设定为一个平稳过程，用以刻画市场泡沫崩溃后的纠正和恢复过程；三是引入了市场复苏时点，用以捕捉泡沫完全崩溃并恢复到市场常态的时点。然而 Harvey 等（2016）侧重于在泡沫起始时点、终止时点和市场复苏时点已知的基础上进行泡沫存在性识别的假设检验，忽略了对市场复苏时点等的估计。

Phillips 和 Shi（2018）利用反向递归的 BSADF 检验对泡沫崩溃导致的危机进行识别，并提供了一致估计市场复苏时点的实时探测器。考虑到现实经济中可能存在的三种泡沫崩溃形式：突然崩溃、平滑崩溃，以及介于二者之间的扰动崩溃（disturbing），仿真结果表明，在有限样本条件下，反向 BSADF 检验对突然崩溃的成功探测率较低，且在估计平滑崩溃的市场复苏时点时存在较低偏误。Phillips 和 Shi（2018）在识别泡沫和危机时，需要对被测数据进行两次双重递归回归：第一次是基本原始数据做 BSADF 检验以识别泡沫和估计泡沫起始时点和终止时点，第二次是基于反向的被测数据做 BSADF 检验以识别泡沫并估计危机起始时点和市场复苏时点。这不仅增加了程序的运行时间，还可能导致两次双重递归回归估计的泡沫时期和危机时期相重叠。由于模型设定暗含着泡沫终止时点即危机起始时点，所以面对 BSADF 检验和反向 BSADF 检验的两个估计结果，泡沫终止时点估计量很难确定。

（二）泡沫检验的应用研究

在实际应用中，SADF 检验和 GSADF 检验也受到国内外学者的广泛关注，主要文献集中于对股票市场、房地产市场、能源市场等存在的泡沫和危机进行研究分析。

Shiller（1981）和 West（1987）分别应用方差边界法和 West 两步法对美国 1871—1980 年标准普尔 500 股票价格指数和 1929—1978 年道琼斯股票价格指数进行检验，找到了市场存在泡沫的证据。但 Diba 和 Grossman（1988）利用单位根—协整泡沫检验却发现 1871—1986 年标准普尔 500 股票价格的水平数据是非平稳序列，而差分序列是平稳序列，且股票价格和股利数据间存在协整关系，从而得出市场不存在泡沫的结论。Evans（1991）认为，这一矛盾的结论是由 1871—1980 年泡沫存在周期性崩溃所导致的。对此，基于 1973 年 2 月至 2005 年 6 月的纳斯达克股票价格指数，Phillips 等

（2011）运用 SADF 检验发现市场泡沫于 1995 年 7 月产生，这比 1996 年 12 月 Alan Greenspan 公开发表著名的“非理性繁荣”言论的时点提前了一年多。随后，Phillips 等（2015a）利用 GSADF 检验和 1871 年 1 月至 2010 年 12 月的标准普尔 500 市场价格指数成功检测到 1979 年的长期大衰退、1929 年的经济大萧条、1954 年的战后繁荣、1987 年 10 月的黑色星期一，以及 21 世纪初期的互联网泡沫五个重大泡沫。Montasser 等（2018）利用 SADF 检验和 GSADF 检验对美国股票市场存在的理性投机泡沫和爆炸性上涨的基本面进行辨别。Capsi 等（2018）运用 GSADF 检验标记了 1876 年至 1920 年期间美国石油价格存在的泡沫。Sharma（2018）检验了原油、燃料油和天然气三个能源部门和美国西得克萨斯轻质中间基原油（WTI）、布伦特、燃料油、天然气和航空煤油五个能源现货价格是否存在单个或多个泡沫。Pavlidis（2019）基于美国大都市地区和国际住房市场的实际住房数据考察了房地产市场可能存在的泡沫。Hafner（2020）扩展并应用了 Harvey 等（2016）在时变方差下提出的 Wild Bootstrap 泡沫检验，对比特币、瑞波币等 11 种虚拟货币和加密数字货币全球市场指数（CRIX）进行了泡沫检验，结果发现了支持泡沫存在的证据。

对中国股市的泡沫研究是学术界和金融界一直以来的热门课题。张艳（2005）从信息博弈的角度考察了证券市场上信息提供、传递、加工及反馈等这一循环过程，发现经济运行中这一信息循环过程直接导致了泡沫经济的形成、膨胀和崩溃甚至引发金融危机。刘煌松（2005）利用改进后的股票内在投资价值模型测算了中国股市的内在价值以及股市泡沫的绝对规模和相对规模。陈国进等（2009）以 1997—2007 年中国 A 股上市公司为样本，利用动态剩余收益股价模型研究了中国股市的基本价值，从而估计和解释了股市泡沫的形成和膨胀过程。谭洪涛等（2011）从公允价值和股市反应过度的角度考察了中国金融资产市值计量模式对股市泡沫的影响。简志宏和向修海（2012）以及邓伟和唐齐鸣（2013）通过蒙特卡洛仿真对 SADF 检验和 BSADF 检验进行了适当修正，并将其应用到中国股票市场的泡沫实证研究。郭文伟和陈凤玲（2016）运用 BSADF 检验对中国沪深主板市场、中小板市场、创业板市场的泡沫程度及其存续期进行了动态检测，发现在整个样本期，各股市均出现了泡沫，且沪深主板在 2006 年出现长达 12 个月的严重泡沫，中小板市场和创业板市场则是在 2015 年上半年出现了较为严重的泡沫。针对中国 2015 年出现的重大股灾事件，王少平和赵钊（2019）运用 GSADF 检验对中国沪深 300 价格指数及其 10 个一级行业指数进行了泡沫检验，结合 BSADF 检验估计的泡沫起始时点和终止时点，识别了资本市场存在的突出风险点。王少平和赵钊（2019）还利用反事实仿真分析的方法，找到了中国证监部门对股市护盘干预确实产生了托底效应的证据，为提供如何有效化解资本市场突出风险点提供了可行建议。Liaqat 等（2020）通过 GSADF 检验考察了中国和巴基斯坦资本市场股票价格存在的多重泡沫，发现 2016 年 12 月至 2017 年 1 月巴基斯坦股市泡沫与 2014 年 6 月至 2015 年 6 月的中国股市泡沫存在关联性。

除了股票市场，房地产价格的迅速上涨在中国也受到许多学者的重视。韩德宗（2005）通过 West 两步法在北京住宅市场、上海住宅市场和深圳写字楼市场中找到了存在泡沫的实证证据。王艺明（2008）则考虑到模型误设对房地产投机泡沫带来的影响，采用时变风险贴现房价模型对北京、上海、广州的住房二级市场进行泡沫研究。况伟大（2008，2010）基于 1996—2006 年中国 31 个省份的房价数据和消费者—开发商模型、投机者—投机者模型对住房泡沫的大小以及泡沫破灭的条件进行了实证研究。类似的，曾五一和李想（2011）利用单位根—协整泡沫检验发现房屋销售价格指数和租赁价格指数两变量间不存在协整关系，从而得出中国房地产价格存在泡沫的结论。高波等（2013）和陆铭等（2014）对中国房地产市场是否存在泡沫也进行了相关探索。Liu 等（2016）采用 GSADF 检验调查了中国 2006 年至 2013 年 70 个主要城市的房地产泡沫，结果发现对于不同规模和发展水平的城市，房价的平稳性质不相同。截至 2013 年 12 月，大约有 1/4 的城市房地产泡沫已经崩溃，而由于城市化进程的深化，一线城市的房地产泡沫并未破灭。孟庆斌和荣晨（2017）从房地产实际价格中剔除理论模型确定的房地产基础价格后得到残差部分，通过对残差部分的协整、单位根检验分析进而对中国房价泡沫进行检验和度量。

此外，Zhao 等（2021）利用 BSADF 检验和 UR 检验成功检测到国际石油市场、中国石油市场以及中国股票市场间存在的两个经典泡沫，即 2007—2008 年的国际金融危机和 2014—2015 年石油产能过剩泡沫。进一步，Zhao 等（2021）利用格兰杰因果关系检验发现了中国股市和石油市场泡沫的双向传导效应。

现有关于泡沫检验的文献已经较为系统和完整，但上述所提及的泡沫检验仍无法有效识别某些与泡沫有着极其相似的时间序列轨迹的单位根过程，如含局部二次趋势的单位根过程等。我们已知，股票价格与基本面之间可能存在如 Grossman 和 Stiglitz（1980）和 Kyle（1985）所说的线性关系，也可能存在 Banerjee 等（2018）所描述的非线性关系。也就是说，我们在考虑股票因基本面的累积效应而产生的确定趋势时，股票价格数据不仅仅是有线性时间趋势，还可能是非线性的。最可能的情况之一是数据本身具有线性趋势，但由于特定事件的发生导致基本面突然大幅度改善，数据时间增长趋势出现了二次时间趋势。这样的数据过程往往与由泡沫膨胀导致数据快速上涨的中度爆炸过程非常相似。

目前，几乎没有文献研究如何区分资产泡沫和显著改善的基本面。因此如果能推导出含局部二次趋势对单位根检验的影响，以及提出一个检验能有效区分由资产泡沫导致的中度爆炸过程和由基本面显著改善所形成的含局部二次趋势的单位根过程，就将对资产价格泡沫建模及其检验的发展做出巨大的贡献。

二 非线性确定趋势的单位根检验

含局部二次趋势的单位根过程和 DBF 泡沫检验属于含非线性确

定趋势的单位根检验范畴。

Dickey 和 Fuller（1979）首次提出的 DF 单位根检验方法成为非平稳单位根检验领域具有里程碑意义的重大突破。Dickey 和 Fuller（1979）从理论上证明了 DF 单位根检验统计量不再服从标准正态分布，其渐近分布相比标准的正态分布左偏，可以用维纳过程的函数所表示。Dickey 和 Fuller（1981）进一步将该检验扩展至检验式包含截距和趋势项的情形，这与实际观测到的数据特征更加相符，从而极大地扩展了 DF 检验的使用范围。Said 和 Dickey（1984）通过在检验式中引入待检验变量的差分滞后项以消除时间序列存在的自相关，从而构建了 ADF 单位根检验。但是，由于现实经济中可能存在的巨大冲击，经济变量通常表现出明显的结构变化特征，而结构变化的存在会对单位根检验的结果产生严重的影响。因此，结构变化对单位根检验的具体影响成为目前世界前沿的理论研究所重点关注的领域之一。

Perron（1989，1990）是最早将结构突变引入单位根检验的分析框架，考虑 1929 年的大萧条和 1973 年石油危机，认为名义工资对数序列和战后季度 GNP 序列均存在单个结构突变点，并发现若忽略掉这一结构突变因素，直接对考察数据进行传统 ADF 单位根检验时，可能使单位根检验的功效大幅下降，本应该是带结构突变的趋势平稳过程很容易被误判成单位根过程，即“Perron 现象”。为了改善单位根检验的势，他提出了一种替代性检验方法，但该方法存在重大的局限性，即要求发生结构突变的时点外生给定。

不同于 Perron（1989，1990）将未知的突变时点当作外生的，Zivot 和 Andrews（1992）、Perron（1997）、Vogelsang 和 Perron（1998）等均将突变时点当作未知，并通过最大化与突变参数有关的 t 统计量（或最大化其绝对值）寻找其对应的突变时点。Bai（1994）基于最小二乘法对截距项在未知时点发生突变的数据进行分析，发现突变时点估计量的方差受到序列相关性的影响。在此基础上，Bai 和 Perron（1998）研究了数据存在多个结构突变点的情况。Perron 和 Zhu（2005）利用普通最小二乘法（OLS）退确定性趋势得到的残差平方和最小化寻找结构突变的时点，基于此分析趋势项斜率存在未知突变时，模型参数估计量的一致性、收敛速度和极限分布，结果显示当误差项是单位根过程时的结果与误差项是平稳过程时有着质的区别。

Kim 和 Perron（2009）在附加异常值（AO）模型和新息异常值（IO）模型的基础上，设计出一种独立于突变幅度的单位根检验方法，证明了未知突变时检验统计量的极限分布与已知突变时相同。该方法比 Zivot 和 Andrews（1992）更合理之处在于，此时数据不仅仅只在备择假设成立的情况下发生突变，而是在原假设和备择假设下均允许突变的出现。Carrion-i-Silvestre 等（2009）与 Kim 和 Perron（2009）的研究框架类似，利用动态规划方法将检验扩展到趋势项的截距项和斜率均发生固定幅度的突变的情况。Harvey 等（2009a，2009b）针对数据模型中结构突变和线性确定性趋势是否存在以及初始条件是否渐近可忽略等条件的不确定性，提出了新的检验方法，该方法在待检验数据是单位根过程或是平稳过程的情况均稳健。

国内也有不少关于含结构突变单位根检验的理论和实证研究。王少平和李子奈（2003）运用内生性结构突变理论、外生性结构突变理论推断出中国汇率的 DGP 是一个结构突变的单位根过程而不是结构突变的趋势平稳过程，人民币汇率的小额调整使其继续保持稳定。梁琪和腾建州（2006）考虑到经济中存在结构变化，在单位根检验的基础上，分析了分段趋势平稳变量间的因果关系。栾惠德（2007）整理了国内外对带结构突变的单位根检验进行研究的相关文献，并强调了这一领域在时间序列分析中的基础性地位。聂巧平和叶光（2008）对“Perron 现象”进一步深入分析，对水平突变、截距突变、斜率突变以及截距和斜率均发生突变四种突变情形，推导了 DF 统计量的渐近分布，并得出结论——在实证分析时，若检验结果没有拒绝原假设，则需要谨慎对待，考虑所研究的序列是否存在结构突变。聂巧平（2010）利用 Perron 和 Yabu（2009）提出的可行广义最小二乘（FGLS）估计，构造了一套用于估计存在突变的序列确定性趋势项的机制，并将几种常见的突变时点确定方法进行比较，发现基于 FGLS 残差平方和最小值得到准确突变点的概率最大。张阳等（2013）修正并补充推导了三种含结构突变的趋势平稳过程的单位根检验统计量的分布，并给出能够证实和证伪的蒙特卡洛仿真结果。王少平与杨洋（2017）在结构向量误差修正模型中引入结构突变，用以刻画中国经济增长的长期趋势结构性下移，并根据长期趋势的演变进而推断经济新常态的数量特征。

以上文献侧重于在线性确定趋势中设定结构突变来刻画数据的确定性趋势发生改变。但随着经济理论的进一步发展，大量研究表明许多经济变量呈现出明显的非线性动态调整，如在不同宏观经济周期，房价、通货膨胀率、国内经济总值等经济指标的推动因素会有所变化，增加动力也存在不同的调整机制。因此，继续使用线性函数来刻画数据的潜在趋势是不合适的。一个自然的替代是将数据的潜在确定性趋势设定为非线性的，主要的模型设定包括阈值模型、马尔可夫转换模型、含高次趋势项模型以及含高次趋势项的结构突变模型等。

考虑到许多金融和宏观经济变量表现出明显高次趋势项特征，Ouliaris 等（1989）在单位根检验模型中引入多项式，并在 Phillips 和 Perron（1988）中方法论的基础上构建 Wald 统计量，且得到其渐近分布。Harvey 等（2011）在数据模型中引入了二次趋势项，并运用 GLS 退趋势法构建 DF 检验统计量。Harvey 等（2011）不仅考察了二次趋势项对单位根检验的影响，还考虑到实际应用中二次趋势项存在的不确定性，提出了一个联合检验。左秀霞（2019）构造了带高次趋势项 ADF 检验统计量和联合 F 检验统计量以及基于高次趋势项系数估计量的检验统计量，并从理论和仿真两个方面验证了统计量的相关渐近性质。

为了更好地研究含高次趋势数据的平稳性，通常的处理方法是先将考察数据的高次趋势进行退势，再对剩余部分进行单位根检验。常用的退趋势方法有三种：第一种方法利用普通最小二乘法估计趋势项参数，从而得到退趋势后的数据。该方式等价于在回归式中直接加入趋势项变量进行估计。第二种方法考虑到随机趋势项中的自相关成分，利用广义最小二乘法（GLS）更为有效地估计趋势项参数。开创性的工作为 Elliott 等（1996）提出在检验势 50%的水平下，用功效函数和点优化检验的概念可以估算广义最小二乘法中未知变量的取值，并修正了 DF 检验在时序有未知的均值或线性趋势情况下存在的偏误，蒙特卡洛实验表明在小样本时该修正检验表现较好。Perron 和 Rodriguez（2003）将 Perron 和 Ng（1996）与 Ng 和 Perron（2001）提出的 M 检验扩展到允许趋势函数出现未知突变的条件，利用 Elliott 等（1996）提出的 GLS 退趋势法，验证 M 检验的性质在斜率出现突变、斜率和截距项均出现突变两种情况都表现较好。第三种方法则考虑到数据特征可能存在结构突变，为了更准确地捕捉到这一变化，该方法运用递归回归来估计模型参数。So 和 Shin（1999，2001）提出递归均值调整法，旨在用 t 时刻的均值而不是全局样本的均值来退趋势。结果发现在单位根检验中用递归均值调整法比用普通最小二乘法得到的自回归参数估计量的偏误更小，检验功效更高。Rodrigues（2006）通过有限样本仿真实验证明，随着线性趋势项参数的量纲（magnitude）的增加，基于 Shin 和 So（2001）所提出的方法进行单位根检验的表现变差。对此，Rodrigues（2013）提出了一个更稳健的递归退趋势程序，该程序有效地改善了检验统计量的尺度和功效。进一步地，Rodrigues（2013）将递归退趋势法扩展到允许结构突变的框架下。Meng 等（2013）发现虽然在单位根检验中，利用递归法退均值或退趋势会使参数估计量更精确，从而可以提高检验功效，但是当初始值非常大时，用递归退趋势法会导致单位根检验的势有所损失。Meng 等（2013）认为递归退趋势法在某些情况下是有用的，并且明显更好，而在其他情况下它可能不是最优的，所以最妥善的处理方法是将递归退趋势法和GLS退趋势法结合起来，以联合检验的结果为拒绝原假设的标准。

Harvey等（2011）在单位根过程的确定性趋势中引入了二次趋势项来刻画快速上涨的资产价格，并基于GLS退趋势法构建了DF检验统计量对这一过程进行检验。此外，Harvey等（2011）考察了二次趋势项对单位根检验的影响，并考虑到实际应用中二次项趋势存在的不确定性，提出了一个联合拒绝假设检验。然而，Harvey等（2011）在推导二次趋势单位根检验的渐近性质时，对线性趋势和二次趋势的参数施加了pitman漂移项的量级限制。并且，Harvey等（2011）的数据模型忽略了价格的确定性趋势从线性趋势转变为二次趋势的可能。

此外，考虑到很多经济序列和金融序列由于外生冲击或内生不确定，表现出围绕某一趋势波动的幅度不定，模型设定时通常引入扰动项具有时变方差，即时间序列中扰动项的方差不再是一个常数，而是随时间变化的。目前，已经有很多文献在时变方差对单位根检验的影响这一领域作出极具代表和贡献性的工作。

Hamori和Tokihisa（1997）指出，方差的结构变化会对传统单位根检验造成影响，当方差由小变大时，检验结果出现拒绝的概率增加，原检验的尺度发生扭曲，且随着突变相对大小的增加以及突变发生时间推后，尺度扭曲的程度变大，更重要的是，这种扭曲并不会因为样本的增加而减弱。检验修正后，统计量的渐近分布依赖于突变前后方差相对大小和突变出现的位置。在数据生成过程中新息过程存在某个完全未知的结构突变情况下，Kim等（2002）提出了一个基于突变比例估计量和被划分成两部分的新息过程的替代性检验，该检验是基于Perron（1989，1990）对具有均值或斜率突变的时间序列的单位根检验发展和改进的检验统计量，当新息过程的方差在未知位置发生变化时，这些统计量仍是适用的，而且检验统计量的分布仅取决于结构突变发生的位置。

Busetti和Taylor（2003）考虑了以方差存在某些已知或未知结

构突变的平稳过程为原假设的单位根检验，发现现有的平稳性检验，如 KPSS 检验出现严重的尺度扭曲和功效损失。为此，Busetti 和 Taylor（2003）提出了局部最佳不变（LBI）检验，用以处理服从独立高斯分布且结构突变的信息全部已知的数据。不仅如此，Busetti 和 Taylor（2003）将 LBI 检验扩展到模型允许确定趋势项的结构突变和误差项的结构突变同时出现的情况，并给出了相应的渐近理论。同时，对扰动项存在弱依赖性以及方差突变信息未知的情况，Busetti 和 Taylor（2003）进一步修正了 LBI 统计量，以保证其渐近分布关于冗余参数具有不变性。

Sen（2007）将 Dickey-Fuller 的 F 检验进行了扩展，原假设为新息方差发生一次波动的单位根过程，在 Kim 等（2002）提出的 GLS 回归框架下构建新的 F 统计量。Sen（2007）发现在均值也发生突变的条件下，检验的尺度会稍微被高估，而检验功效随着突变幅度的增加而增加，并当变量的自回归系数接近 1 时，检验功效有所下降。另外，当方差突变的幅度较大时，F 统计量的检验效果优于 Kim 等（2002）的 t 统计量。

Cavaliere 和 Taylor（2007，2008a）使用数值化仿真模拟的方法对时变方差进行了一致估计，并得到了基于方差一致估计量的检验统计量的渐近分布和各百分位点的临界值。该方法的优点在于仅仅要求新息方差是非随机的紧函数，且可划分成多个可数的跳跃小段，而不要求将方差波动率模型具体参数化，如允许新息过程存在单个突变、多突变、平滑转换突变等情况。Cavaliere 和 Taylor（2009）进一步放松了对新息过程的约束，考虑新息方差是随机的并独立于扰动项，而扰动项是满足特定矩条件的鞅差分过程。结果发现，对扰动项的非随机约束并不对单位根检验的功效和统计量渐近性质产生实质性影响。

大量文献表明，可以运用自助法（bootstrap）研究时变方差情况下单位根检验的渐近性质。其主要思想是：基于现有样本重抽样，获取与原始数据具有相同方差结构变化形式的多组“自助”样本，从而利用重抽样的样本构建检验统计量。此时，基于重抽样样本构建的检验统计量与原检验统计量的渐近分布相同，故而基于自助法的单位根检验不需要已知过多未知参数的条件，就可以得到渐近有效的临界值，这一简单易用的特点使得其在实际分析中，特别是在待估计的参数分布性质复杂未知时，备受欢迎。Park（2003）从理论上证明了 Bootstrap 运用到单位根检验后统计量的渐近分布与真实的情况一致，从而说明该方法是渐近有效的。

由于自助法的普适性，现有文献已经研究了多种可以直接具体运用的操作程序，但目前使用最广的是 Wild Bootstrap 方法，该方法由 Wu（1986）最早提出。Wu（1986）比较了未加权、加权以及伪 Bootstrap 三种方法，发现前两种 bootstrap 方法得到的方差估计量有偏，而第三种无法获得稳健的估计量，这与 Efron（1982）在独立同分布方差下对 Bootstrap 的研究结论不同。因此，Wu（1986）提出了一种重建残差样本的 Bootstrap 方法，该方法在同方差下无偏，在异方差下稳健。更重要的贡献点在于对子集的划分更加自由化。随后，Beran（1986）和 Liu（1988）进一步发展和完善，最终形成可以为具有异方差的线性回归提供稳健估计量的 Wild Bootstrap 算法。Mammen（1993）探索了在高维线性模型下用 Wild Bootstrap 算法得到的估计量的有效性和精确性，并证明了 Wild Bootstrap F 检验统计量的一致性。Davidson 和 Flachaire（2008）发现在某种特定的设定下，Wild Bootstrap 不需要进行偏斜校正，且在中小样本中具有最小的拒绝概率误差（errors in the rejection probabilities）。

Cavaliere 和 Taylor（2008b）将 Wild Bootstrap 算法运用到单位根检验中，其基本思想是：利用 Wild Bootstrap 生成与原始的待检验数据具有相同方差结构变化形式的重抽样样本，从而使且基于 Wild Bootstrap 样本计算的检验统计量与原检验统计量的渐近分布相同。在时变方差的形式未知且多变的情况下，Wild Bootstrap 算法可以有效处理相应临界值不可获得的问题，且该算法不要求已知有关时变方差形式的具体信息。仿真实验表明在存在时变方差时，基于 Wild

Bootstrap 的单位根检验的有限样本性质表现非常好。

Cavaliere 等（2011）研究了时变方差对 Harris 等（2009）提出的基于 GLS 退趋势的含趋势项突变的单位根检验和对突变比例估计量的影响。结构表明，在存在时变方差的条件下，基于最小化残差平方和法得到的突变比例估计量的渐近性质与 Harris 等（2009）在同方差假定下给出的大样本性质相同。为了得到有效的临界值，Cavaliere 等（2011）提出了 Wild Bootstrap 版本的基于 GLS 退趋势的含趋势项突变的单位根检验。

第三节　研究思路和结构安排

本书共分为六章，其主要研究思路与结构安排如下：

第一章为绪论。分别阐述了本书的研究背景、理论和现实意义、国内外研究文献综述、研究思路和结构安排，以及主要的创新点。

第二章对现有常用的 SADF 检验、Chow-DF 检验、UR 检验和 GSADF 检验等泡沫检验的理论基础、模型设定、泡沫检验和统计量构造思想、统计量渐近性质以及泡沫起始时点和终止时点估计量的一致性等进行了详细的介绍和解读。

第三章针对现有泡沫检验忽略了泡沫崩溃过程的这一缺漏，提出了一个能有效识别因泡沫崩溃导致的金融危机的检验方法，即基于向后双重递归 ADF 检验统计量下确界的 BIADF 检验。另外，我们利用 BIADF 统计量序列和临界值序列的交点来估计市场复苏时点。我们将推导检验统计量的渐近性质，并通过蒙特卡洛仿真来评估成功检测危机的概率以及市场复苏时点估计量的精确性，从理论和仿真两方面比较 BIADF 检验和反向 PSY 检验的优劣。然后我们把 BIADF 检验和 BSADF 检验结合应用于检测中美股市因泡沫崩溃导致的金融危机，且同时估计泡沫的起始时点、终止时点和市场复苏时点。

第四章引入了一个含局部二次趋势的单位根过程（URQ），其线性趋势在未知时点突变成一个二次函数。该过程可以刻画由基本面显著改善导致的资产价格的非线性快速上涨。此外，URQ 过程的时间序列轨迹与由泡沫膨胀导致数据快速上涨的中度爆炸过程非常相似。在比较三种基于退趋势数据的单位根检验功效后，我们基于 GLS 退趋势法构建了 DBF 检验统计量，并在原假设和备择假设下推导检验统计量的渐近性质。特别地，当突变比例未知时，我们利用最小化 GLS 退趋势回归得到的残差平方和来估计突变比例，并推导突变比例估计量的收敛速度以及基于突变比例估计量的检验统计量的渐近性质。最后，通过蒙特卡洛仿真实验评估了 DBF 泡沫检验的有限样本性质以及正确区分资产泡沫和显著改善的基本面的能力。

第五章扩展到时变方差的框架下，即允许扰动项方差存在一个或多个变化。我们将重新推导时变方差下 DBF 检验统计量的渐近分布，并为了得到渐近有效的临界值，采用 Wild Bootstrap 重抽样方法复制数据所隐含的时变方差特征。然后我们从理论和仿真两方面证明时变方差下基于 Wild Bootstrap 样本构造的检验统计量与原检验统计量有相同的渐近分布。更重要的是，通过蒙特卡洛仿真证实在时变方差下，基于 Wild Bootstrap 算法的 DBF 泡沫检验能有效区分由资产泡沫导致的中度爆炸过程和由基本面显著改善所形成的含局部二次趋势的单位根过程。在前文基础上，我们将新检验应用到苹果、阿里巴巴、贵州茅台、中国平安四只股票价格数据，并结合对四只股票的 SADF 检验和基本面分析的结果，探索推动这四只股票价格剧烈上涨的主要因素是基本面的显著改善还是非理性泡沫。

最后，进行全书总结，并指出现有研究的不足以及未来进一步的研究方向。

第四节　主要创新点

本书的主要创新体现于对世界前沿的资产价格泡沫检验理论的创新以及对现实经济研究的应用创新两方面：

在理论工作方面，本书的创新之处在于对现有计量经济学方法论的进一步扩展和补充，主要集中于针对现实数据特征，原创性地提出了新的泡沫检验和单位根检验。其创新点可归纳为以下三点：

（1）在周期性崩溃的泡沫四阶段模型设定下，我们原创性地提出了一个基于向后双重递归 ADF 检验统计量下确界的 BIADF 检验。该检验不仅能有效识别由泡沫崩溃导致的金融危机，还可以与 BSADF 检验结合使用，从而可以同时准确估计泡沫的起始时点和终止时点，以及市场从危机中复苏的时点（恢复到市场常态的时点）。我们推导了检验统计量的渐近性质，并得到了市场复苏时点的估计量以及估计量满足一致性的约束条件。与现有识别金融危机的反向 BSADF 检验相比，该方法基于一次双重递归回归可以同时识别泡沫期和危机期；不仅易于实现，计算效率更高，而且对市场复苏时点估计量一致性的约束条件更为宽松。在此基础上我们通过一系列仿真实验证实，在不同模型参数设定下，泡沫起始时点估计量、终止时点估计量以及市场复苏时点估计量的平均偏误和标准差都是令人满意的。与反向 BSADF 检验相比，BIADF 检验对突变崩溃和平滑崩溃均具有很高的危机成功检测率，也能为市场复苏时点提供精确的估计。因此，BIADF 检验的提出是对现有泡沫检验前沿理论进一步的扩展和完善，体现了本书的理论创新。

（2）我们原创性地定义了含局部二次趋势的单位根过程（URQ），该过程的确定性时间趋势在未知时点从线性函数突变成二次函数，并且其时间序列轨迹与由泡沫膨胀导致数据快速上涨的中度爆炸过程非常相似。在 Harvey 等（2011）的基础上，我们提出了基于 GLS 退趋势的 DBF 泡沫检验，并在包含单位根原假设、平稳根备择假设和爆炸根备择假设的 local-to-unity 假设下，推导了检验统计量的渐近性质。结果表明，DBF 检验统计量的渐近性质独立于二次趋势项的系数，但依赖于二次趋势突变在样本中出现的时点，即突变比例。因此，当真实的突变比例未知时，我们利用通过最小化 GLS 退趋势回归得到的残差平方和得到突变比例估计量，并推导了突变比例估计量的收敛速度。另外，为了解决基于突变比例估计量的检验统计量的渐近性质与基于真实突变比例的检验统计量的渐近性质不一致的问题，我们采用了 Kim 和 Perron（2009）提出的基于截断数据（trimmed data）构造单位根检验的方法。理论和仿真实验均证明了基于截断数据的 DBF 检验统计量与突变比例已知条件下的 DBF 检验统计量有相同的渐近分布。更特别的是，针对二次趋势突变的单位根过程与中度爆炸过程将产生时间序列轨迹非常相似的数据，我们还设计了一系列仿真实验用于评估 DBF 泡沫检验区分资产泡沫和显著改善的基本面的能力。仿真结果表明，与现有的 ADF 检验、SADF 检验、GSADF 检验、Chow-DF 检验等以较高的概率错误地将 URQ 过程判定为中度爆炸过程（泡沫）的结果相比，我们新提出的 DBF 泡沫检验却可以正确地区分由资产泡沫导致的中度爆炸过程和由基本面显著改善所形成的含局部二次趋势的单位根过程。因此，含局部二次趋势的单位根过程和 DBF 泡沫检验的提出是对现有含确定性时间趋势和结构突变的单位根检验和爆炸检验前沿理论的进一步补充和扩展，体现了本书的理论创新。

（3）我们将新提出的 DBF 泡沫检验理论扩展到时变方差的框架下，即放松了扰动项同方差的设定，允许扰动项方差存在一个或多个结构变化，且变化的形式、个数以及位置都是未知的。在这个设定下，我们推导了时变方差下 DBF 检验统计量的渐近分布，并发现其分布函数依赖于具体的时变方差形式，并且显著不同于同方差设定下的渐近分布。因此，若忽略时变方差的影响，使用同方差下的 DBF 泡沫检验将导致检验结果失效，即检验尺度存在严重扭曲。针对此情况，我们提出了新的 Wild Bootstrap DBF 泡沫检验。基于 Wild Bootstrap 方法生成抽样样本可以复制原始数据的时变方差特征，从而使得新单位根检验统计量的渐近分布收敛于时变方差下原 DBF 检验统计量的渐近分布。我们从理论和仿真两方面证明了时变方差下 Wild Bootstrap DBF 泡沫检验具有渐近有效性。更重要的是，我们证实了在不同时变方差形式下，基于 Wild Bootstrap 算法的 DBF 泡沫检验仍然能有效地区分由资产泡沫导致的中度爆炸过程和由基本面显著改善所形成的含局部二次趋势的单位根过程。总的来看，我们提出的新单位根检验不需要已知时变方差的具体形式，使用时也不需要对时变方差进行估计；不仅操作简单，而且具有稳健的有限样本性质，很好地解决了时变方差下原 DBF 泡沫检验失效的问题。

在资产价格泡沫检验的实证应用方面，本书的创新之处在于将新提出的计量方法用于研究我国和世界的现实问题，主要集中于对中美股票市场的相关研究。其创新点可以归纳为：

（1）我们将新的 BIADF 检验和 BSADF 检验结合应用于中美股票市场的综合价格指数数据，以识别中美股票市场可能存在的金融泡沫和金融危机，并确定各泡沫的起始、终止和市场复苏时点。基于 S&P500 价格指数的结果表明，美国股票市场在 1986 年 5 月至 1987 年 9 月经历了第一轮泡沫，在此期间指数呈现出快速上涨趋势，而这一泡沫经历了 17 个月累积后，于 1987 年 10 月开始崩溃，并引发了著名的“黑色星期一”事件。从历史数据来看，这一泡沫崩溃是相对突然且急剧的，我们提出的 BIADF 检验成功检测到这一危机事件的存在，而 Phillips 和 Shi（2018）的反向 BSADF 检验却没能检测到这一典型突然危机。因此，“黑色星期一”危机的成功检测进一步证实了 BIADF 检验的优越性。BIADF 检验的估计结果表明，“黑色星期一”危机导致市场直到 1991 年 2 月才复苏。第二个泡沫是 21 世纪初的互联网泡沫事件，泡沫从 1995 年 11 月开始到 2001 年 2 月结束，而互联网泡沫崩溃引发的危机直到 2005 年 9 月才恢复。基于沪深 300 价格指数的结果表明，中国股票市场在 2008

年国际金融危机前存在第一个泡沫，该泡沫从 2006 年 4 月开始至 2008 年 1 月结束，而 2008 年国际金融危机对应的市场复苏时点为 2011 年 4 月，这意味着此次金融危机的影响持续了三年多。中国股票市场的第二个泡沫出现在 2015 年的“股灾”事件前，泡沫从 2014 年 11 月开始，累积了 7 个月后于 2015 年 6 月崩溃，然而“股灾”事件的影响一直持续到 2016 年 6 月。从上述结果我们不难发现，股市的短期繁荣是以随后的长期衰退为代价的。这一实证结果有助于我们进一步了解和认识资本市场，因此 BIADF 检验为识别资本市场泡沫和危机提供了一个新视角。

（2）我们将新提出的 Wild Bootstrap DBF 泡沫检验应用于中美股票市场的四只股票价格数据：苹果、阿里巴巴、贵州茅台和中国平安。这四只股票在各自的样本期均表现出惊人的价格上涨和资产价值上升，其特征与中度爆炸过程（泡沫）相似。我们很难直观判断它们是由基本面显著改善而支撑的含局部二次趋势的单位根过程，还是由泡沫膨胀导致价格快速上涨的中度爆炸过程。幸运的是，本书提出的新检验能在时变方差下有效区分这两种数据过程。检验结果表明，这四只股票价格序列确实是含局部二次趋势的单位根过程，其二次趋势突变时点分别位于其样本的 75%、37%、69% 和 40% 处。另外，通过对这四只股票所代表的上市公司的财务报表进行基本面分析，我们进一步为 Wild Bootstrap DBF 泡沫检验的结果提供了强有力的证据支持，即这四只股票价格的急剧上涨都是由基本面显著改善导致的。这一实证结果有助于我们更准确地认识资产价格特征，因此 Wild Bootstrap DBF 泡沫检验为有效监管金融市场运行提供了新的计量工具和新视角。

第二章 资产价格泡沫的定义及其检验的解读

在金融市场上，非理性投机可能导致资产价格的过度波动，从而产生价格泡沫，甚至对实体经济带来严重冲击。因此，泡沫检验一直是金融经济领域研究的热点问题之一。自 Phillips 教授在时间序列分析的框架下用自回归系数大于 1 的爆炸性自回归过程定义资产价格泡沫以来，对金融资产泡沫的计量检验的相关文献日益增多。

早期最受欢迎的泡沫检验，如 Shiller（1981）的方程边界法、West（1987）的 West 两步法以及 Froot 和 Obstfeld（1991）的内生泡沫检验法等，虽然能检测股票价格是否偏离基本面价值，但忽略了泡沫本身具有的结构特征和理论性质。研究理性泡沫的相关文献（如 Blanchard，1979；Blanchard 和 Watson，1982；Shiller，1984；Tirole，1982，1985；Evans，1989；Olivier，2000）认为，一旦市场泡沫存在，价格将表现出爆炸性上涨的特征。然而，正如 Blanchard（1979）以及 Blanchard 和 Watson（1982）所描述的那样，理性泡沫不可能一直存在，当泡沫膨胀到一定高水平位后将会崩溃。针对此情况，Evan（1991）提出了一个周期性崩溃的泡沫模型，即在一定样本期内，含周期性崩溃的泡沫数据有爆炸性上升，也有下降，因此表现出与平稳数据相似的时间序列特征。因此，针对周期性崩溃的泡沫，用上述泡沫检验或直接用单位根检验常常会得出市场无泡沫的错误结论。

自 Phillips 等（2011）开创性地提出用递归右侧单位根检验的上确界（SADF 检验）识别资产价格泡沫以来，如何正确识别周期性崩溃的泡沫以及确定泡沫的起始时点和终止时点有了明确的计量工具。随后，Homm 和 Breitung（2012）基于递归 Chow 型 DF 检验统计量的上确界构建了 Chow-DF 泡沫检验，并利用 Chow 检验的思想来估计单位根过程到爆炸过程的转变时点。Harvey 等（2015）则比较了 SADF 检验和 Chow-DF 检验对不同类型的泡沫进行检验的适用情况，并提出一个联合假设（UR）泡沫检验。Phillips 等（2015a，2015b）考虑到市场可能存在多个泡沫的情况，将 SADF 检验扩展到广义 SADF（GSADF）检验，并提出了用于识别多个泡沫起始时点和终止时点的后向递归 SADF（BSADF）检验统计量。BSADF 检验可以实时检测泡沫起始时点和终止时点，该方法的提出是泡沫检验领域又一里程碑式的突破。

本章在第一节至第四节详细介绍了资产价格泡沫的定义及其检验的理论基础，针对 SADF 检验、Chow-DF 检验、UR 检验、GSADF 检验等现有泡沫检验的模型设定，检验统计量的构造思想及其渐近性质，以及实时估计泡沫起始时点和终止时点的动态算法等进行了分析和解读。最后是本章小结。

第一节　资产价格泡沫的定义与 SADF 泡沫检验

泡沫检验具有里程碑式突破意义的工作是 Phillips 等（2011）基于递归右侧 ADF 单位根检验统计量的上确界提出的 SADF 泡沫检验，其主要思想是当市场处于无泡沫的弱有效期，资产价格将服从随机游走，当市场存在泡沫时，资产价格将爆炸性持续上升。这一泡沫的界定由 Malkiel 和 Fama（1970）对弱有效市场的定义（价格服从随机游走的市场为弱有效市场）引申而来，这意味着在时间序列分析的框架下用爆炸性自回归过程定义资产价格泡沫不仅清晰直观，还具有坚实的理论基础。

一　资产价格泡沫的定义及其检验的理论基础

根据股利贴现模型，基本面价值由所持股票未来可获得的预期股利流的现值确定，即：

$$P_t=\frac{1}{1+R_t}E_t(P_{t+1}+D_{t+1}) \tag{2.1}$$

其中，P_t 表示股票在时点 t 的实际价格（分红前），D_t 表示在时点 $t-1$ 至 t 期间股票持有者获得的实际股利，$R_t>0$ 表示在时点 t 的贴现率。由 Campbell 和 Shiller（1988）可知，式（2.1）的对数线性近似表达式可得出：

$$p_t=p_t^f+b_t \tag{2.2}$$

且

$$p_t^f=\frac{\kappa-\gamma}{1-\rho}+(1-\rho)\sum_{i=1}^{\infty}\rho^i E_t d_{t+1+i} \tag{2.3}$$

$$b_t=\lim_{i\to\infty}\rho^i E_t p_{t+i} \tag{2.4}$$

$$E_t(b_{t+1})=\frac{1}{\rho}b_t=[1+\exp(\overline{d-p})]b_t \tag{2.5}$$

其中，$p_t=\log(P_t)$，$d_t=\log(D_t)$，$\gamma=\log(1+R)\rho=1[1+\exp(\overline{d-p})]$，$\overline{d-p}$ 是对数股价股利比的平均值，$\kappa=-\log(\rho)-(1-\rho)\log\left(\frac{1}{\rho}-1\right)$，$0<\rho<1$。

我们把 p_t^f 看作股票价格的基本面价值，即由预期股利现值确定的部分，把 b_t 看作理性泡沫成分，则：

$$b_t=\frac{1}{\rho}b_{t-1}+\varepsilon_t=(1+g)b_{t-1}+\varepsilon_t \tag{2.6}$$

且 $E_{t-1}(\varepsilon_t)=0$，$g=\frac{1}{\rho}-1=\exp(\overline{d-p})>0$ 表示泡沫对数增长率。

当泡沫存在时，$b_t\neq0$。由于 b_t 的爆炸增长性，无论 d_t 是平稳序列抑或单位根序列，p_t 和 Δp_t 同样具有爆炸增长性。因此，Phillips 等（2011）开创性地在时间序列分析的框架下用爆炸自回归过程来刻画泡沫膨胀过程，即：

$$y_t=\mu_t+\rho y_{t-1}+\varepsilon_t \tag{2.7}$$

在某些特定子区间内 $\rho>1$，y_t 表示股价股利比序列。

直观看来，我们可以直接使用右侧单位根检验来判断价格序列是否有爆炸根，但正如 Evan（1991）所讨论的那样，若价格含一个周期性崩溃的泡沫，标准单位根检验很难探测到爆炸根的存在。

二　SADF 检验统计量的构造思想及其渐近性质

Phillips 等（2011）提出的 SADF 泡沫检验的核心思想是，基于向前递归的一系列 ADF 检验统计量的上确界构造 SADF 检验统计量，根据统计量和其临界值的相对大小判断是否存在泡沫。

首先，用一个三阶段模型描述周期性崩溃的泡沫：刚开始，资产价格处在无泡沫的弱有效市场，此时价格序列服从随机游走（单位根过程）；其次，市场运行形成了泡沫，在泡沫期，资产价格快速上涨，价格序列被刻画成一个自回归系数大于 1 的中度爆炸过程；最后，泡沫破灭，市场再回到弱有效期，价格序列服从一个带截距的随机游走。即数据生成过程为：

$$y_t = y_{t-1}I\{t<\tau_e\}+\rho y_{t-1}I\{\tau_e<t<\tau_f\}+\left(\sum_{k=1}^{t}\varepsilon_k+y_{\tau_f}^*\right)I\{t>\tau_f\}+\varepsilon_t I\{t\leqslant\tau_f\} \tag{2.8}$$

其中，$\rho=1+cT^{-\alpha}$，T 为样本长度，$c>0$，且 $\alpha\in(0,1)$，$y_{\tau_f}^*=y_{\tau_f}+y^*$，$y^*=O_p(1)$。$\tau_e$ 和 τ_f 分别表示泡沫的起始时点和终止时点。

SADF 检验的原假设为 H_0：$\rho=1$，备择假设为 H_1：$\rho>1$，检验具体步骤如下：

（1）设定最小样本长度（窗宽）为 $\tau_0=\lfloor Tr_0\rfloor$，其中 T 为待检验数据 $\{y_t\}_{t=1}^{T}$ 的样本长度。

（2）对前 $\tau=\lfloor Tr\rfloor$ 个子样本数据进行 ADF 检验，$r_0\leqslant r\leqslant 1$。检验方程式为：

$$y_t=\alpha+\beta y_{t-1}+\sum_{j}^{p}\varphi_j\Delta y_{t-j}+\varepsilon_t,\quad t=2,\cdots,\tau \tag{2.9}$$

得到相应的 ADF 检验统计量，记作 ADF_r。

（3）将检验的子样本动态地向前递推，即不断增加子样本长度 τ，重复步骤（2），可以得到 ADF 检验统计量序列 $\{ADF_r\}_{r=r_0}^{r=1}$，则 SADF 检验统计量为该序列的上确界，且有：

$$\sup_{r\in[r_0,\ 1]} ADF_r \xrightarrow{d} \sup_{r\in[r_0,\ 1]} \frac{\int_0^r \widetilde{W}\mathrm{d}W}{\left(\int_0^r \widetilde{W}^2\mathrm{d}r\right)^{1/2}} \tag{2.10}$$

当 SADF 检验统计量的取值大于其右侧临界值时，我们拒绝无泡沫的原假设，认为待检验数据中存在泡沫。

（4）进一步，通过比较 ADF 检验统计量序列和相应临界值序列的相对大小估计泡沫的起始时点和终止时点。泡沫起始和终止时点的估计量分别记为 $\hat{\tau}_e=\lfloor T\hat{r}_e \rfloor$ 和 $\hat{\tau}_f=\lfloor T\hat{r}_f \rfloor$，且有：

$$\hat{r}_e=\inf_{r_0\leqslant s\leqslant 1}\{s:\ ADF_s>cv_{\beta_T}^{adf}(s)\} \tag{2.11}$$

$$\hat{r}_f=\inf_{\hat{r}_e\leqslant s\leqslant 1}\{s:\ ADF_s<cv_{\beta_T}^{adf}(s)\} \tag{2.12}$$

其中，$cv_{\beta_T}^{adf}(s)$ 是基于样本量为 $\tau_s=\lfloor Ts \rfloor$ 时 $\mathrm{ADF_s}$ 统计量的渐近分布在右侧 $100\beta_{\mathrm{T}}\%$ 处的临界值，β_{T} 是单侧检验的显著性水平。

Phillips 等（2011）证明了泡沫起始时点和终止时点的估计量的一致性，即当 $T\longrightarrow\infty$ 时，给定 $\frac{1}{cv_{\beta_T}^{adf}(f)}+\frac{cv_{\beta_T}^{adf}(f)}{T^{1-\alpha/2}}\longrightarrow 0$，有 $\hat{r}_e\xrightarrow{p}r_e$，$\hat{r}_f\xrightarrow{p}r_f$。

第二节 Chow-DF 泡沫检验

Homm 和 Breitung（2012）在 SADF 检验的构造基础上，将其他单位根检验统计量也应用于探寻随机游走过程向爆炸过程转变的时点，从而得到一系列基于递归单位根检验统计量序列上确界的泡沫检验方法。仿真实验表明，基于递归 Chow 型 DF 检验统计量的上确界（Chow-DF）检验要比 SADF 检验的功效更高，特别是当随机游走过程向爆炸过程转变的时点出现在样本后期的时候。

考虑一个时变的一阶自回归过程，即：

$$y_t=\rho_t y_{t-1}+\varepsilon_t \tag{2.13}$$

在原假设下，y_t 全程服从一个随机游走过程，即：

$$H_0: \rho_t=1, \quad t=1, 2, \cdots, T \tag{2.14}$$

而在备择假设下，y_t 开始是一个随机游走过程，然后在未知时点 $\lfloor \tau^* T \rfloor$ 转变为一个爆炸过程，即：

$$H_0: \rho_t=\begin{cases}1, & t=1, \cdots, \lfloor \tau^* T \rfloor \\ \rho^*>1, & t=\lfloor \tau^* T \rfloor+1, \cdots, T\end{cases} \tag{2.15}$$

其中，$\tau^* \in (0, 1)$。

Chow-DF 检验的构造思想是使用 Chow 检验来检测自回归参数是否存在结构突变。假设当 $t=1, \cdots, \lfloor \tau T \rfloor$ 时，$\rho_t=1$，当 $t=\lfloor \tau T \rfloor+1, \cdots, T$ 时，$\rho_t-1=\delta>0$，模型可写作：

$$\Delta y_t=\delta(y_{t-1} I_{t>\lfloor \tau T \rfloor})+\varepsilon_t \tag{2.16}$$

其中，$I_{\{.\}}$ 是一个示性函数，当 $t>\lfloor \tau T \rfloor$ 时，取值为 1，否则取值为 0。Chow 检验的原假设为 H_0：$\delta=0$，备择假设为 H_1：$\delta>0$。检验统计量为：

$$DFC_\tau = \frac{\sum_{t=\lfloor \tau T \rfloor+1}^{T} \Delta y_t y_{t-1}}{\tilde{\sigma}_\tau \sqrt{\sum_{t=\lfloor \tau T \rfloor+1}^{T} y_{t-1}^2}} \tag{2.17}$$

其中

$$\tilde{\sigma}_\tau^2 = \frac{1}{T-2}\sum_{t=2}^{T}[\Delta y_t - \hat{\delta}_\tau(y_{t-1} I_{t>\lfloor \tau T \rfloor})]^2 \tag{2.18}$$

且 $\hat{\delta}_\tau$ 是式（2.16）中 δ 的最小二乘估计量。则 Chow-DF 检验统计量是基于递归 Chow 型 DF 检验统计量的上确界，可用于检测在 $\tau \in [0, 1-\tau_0]$ 区间内从单位根过程向爆炸过程的结构突变，即：

$$\sup DFC(\tau_0) = \sup_{\tau \in [0, 1-\tau_0]} DFC_\tau \tag{2.19}$$

且 Chow-DF 检验统计量的渐近分布为：

$$\sup DFC(\tau_0) \xrightarrow{d} \sup_{\tau \in [0,\ 1-\tau_0]} \frac{\int_{\tau}^{1} W(r)\mathrm{d}W(r)}{\sqrt{\int_{\tau}^{1} W(r)^2 \mathrm{d}r}} \tag{2.20}$$

值得注意的是，如果待检验的时间序列没有退均值或退趋势，那么 DFC_τ和 Chow-DF 检验统计量在原假设下的渐近分布受初始值的影响。此时，我们可以使用退均值或退趋势后的数据构建检验统计量。

第三节　UR 泡沫检验

Harvey 等（2015）发现在周期性崩溃的泡沫模型设定下，SADF 检验和 Chow-DF 检验的功效呈现出很大差异。当泡沫出现在样本的前中阶段，SADF 检验的功效显著高于 Chow-DF 检验，而当泡沫出现在样本的后期，Chow-DF 检验的表现要更好。同时，假如泡沫扩张后可能伴随的大幅崩溃，SADF 检验的功效几乎不受影响，而 Chow-DF 检验功效会大幅损失。考虑到实际应用中不能提前预判泡沫的起始时点在样本的位置，也不知道泡沫什么时候大幅崩溃，Harvey 等（2015）结合了 SADF 检验和 Chow-DF 检验构建了识别泡沫的联合假设（UR）检验统计量。

考虑如下一个数据生成过程：

$$y_t=\begin{cases} y_{t-1}+v_t & t=2,\ \cdots,\ \lfloor \tau_1 T \rfloor \\ (1+\delta)y_{t-1}+v_t & t=\lfloor \tau_1 T \rfloor+1,\ \cdots,\ \lfloor \tau_2 T \rfloor \\ y_{t-1}+v_t & t=\lfloor \tau_2 T \rfloor+2,\ \cdots,\ T \end{cases} \tag{2.21}$$

其中，$\delta \geqslant 0$，$y_1=v_1$，v_t 服从一个鞅差分过程，且条件方差为 σ^2，$\sup_t E(v_t^4)<\infty$，$v_1=o_p(T^{-1/2})$。另外，$y_{\lfloor \tau_2 T \rfloor+1}=y_{\lfloor \tau_2 T \rfloor}+v_{\lfloor \tau_2 T \rfloor+1}+y^* I(\delta>0)$，也就是说数据生成过程 y_t 在$\lfloor \tau_1 T \rfloor$ 时点之前都是单位根过程，之后直到$\lfloor \tau_2 T \rfloor$ 时点为止，y_t 具有一个爆炸根，而在第三阶

段，该序列有两种情况回归到单位根过程。情况一，$y^*=0$，即第三阶段的单位根过程以爆炸阶段的最后一个值开始；情况二，$y^*=y_{\lfloor\tau_1T\rfloor}-v_{\lfloor\tau_2T\rfloor}$，即第三阶段的单位根过程的初始值由第一阶段的单位根过程的最后一个值决定，此时意味着爆炸性泡沫会破灭，y_t 回落到爆炸阶段出现前的水平。

定义原假设和备择假设分别是 H_0：$\delta=0$ 和 H_1：$\delta>0$，将 δ 写作 c/T 的形式，则备择假设相应地变成 $c>0$。联合假设（UR）检验的拒绝 H_0 条件为：

$$SADF>\lambda_\gamma cv_\gamma^1 \quad or \quad \sup DFC>\lambda_\gamma cv_\gamma^2 \tag{2.22}$$

其中，cv_γ^1 和 cv_γ^2 分别表示 SADF 检验和 Chow-DF 检验在显著性水平为 γ 下原假设对应的渐近临界值，λ_γ 是一个规模常数，其取值使得 UR 检验的渐近尺度等于显著性水平 γ。因此，UR 检验统计量为：

$$UR=\max\left(SADF,\ \frac{cv_\gamma^1}{cv_\gamma^2}\sup DFC\right) \tag{2.23}$$

则检验的拒绝条件为：

$$UR>cv_\gamma^{UR} \tag{2.24}$$

由此我们可知 $\lambda_\gamma=\frac{cv_\gamma^{UR}}{cv_\gamma^1}$，即可通过仿真实验获取 UR 检验和 SADF 检验的渐近临界值，从而计算 λ_γ 的取值。

假定最小样本长度（窗宽）为 $\tau_0=\lfloor 0.1T\rfloor$，表 2.1 报告了不同显著性水平下，SADF 检验和 Chow-DF 检验的渐近临界值以及 λ_γ 的取值。

表 2.1　不同显著性水平下，SADF 检验和 Chow-DF 检验的渐近临界值以及 λ_γ 的取值

γ	SADF 检验：cv_γ^1	Chow-DF 检验：cv_γ^2	λ_γ
0.10	1.138	1.245	1.240
0.05	1.411	1.608	1.171
0.01	1.929	2.259	1.104

仿真结果发现，在不同δ下，UR 检验的渐近功效始终非常接近于（正好低于）SADF 检验和 Chow-DF 检验二者渐近功效的较高值。从这个意义上来说，当在样本期包含整个泡沫区间的情况下，UR 检验的功效大部分来自 SADF 检验，而在最后一个样本仍处于泡沫期的情况下，UR 检验的功效大部分来自 Chow-DF 检验。更多的实验发现，UR 检验有效地结合了 SADF 检验和 Chow-DF 检验的优点，从而提供了一个尺度可控且稳健的泡沫检验方法。

第四节　GSADF 泡沫检验

Phillips 等（2011）提出的 SADF 检验可以通过精确的计量量化手段来检测金融市场泡沫是否存在，并估计泡沫形成和破灭的时点。该方法不仅是一种简单的事后检测技术，还可以使用截至分析时点的更新数据进行实时的持续性检测，从而形成预警机制，这可以用于监管机构进行市场检测。特别是，SADF 检验仅针对数据存在单个泡沫时有效。然而从历史经验来看，当样本足够长时，资产价格数据中往往存在多个泡沫。

多个泡沫的计量识别要比单个泡沫识别困难得多，主要是复杂的非线性结构涉及多种突变，这些突变会大幅度降低现有检验识别泡沫的能力。因此，Phillips 等（2015a，2015b）采用了双重递归右侧 ADF 单位根检验统计量的上确界，从而提出了一种广义的 sup ADF（GSADF）检验。

一　GSADF 检验的理论基础和模型设定

分析资产价格泡沫的常用框架是资产定价公式：

$$P_t = \sum_{i=0}^{\infty} \left(\frac{1}{1+r_f}\right)^i E_t(D_{t+i} + U_{t+i}) + B_t \tag{2.25}$$

其中，P_t 是资产分配股利之后的价格，D_{t+i} 是第 $t+i$ 期资产的回报（如股利等），r_f 是无风险利率，U_{t+i} 表示第 $t+i$ 期不可观察的基本面价值，B_t 是泡沫成分，则 $P_t^f = P_t - B_t$ 通常被称为市场基本面，B_t 满足下鞅（submartingale）性质：

$$E_t(B_{t+1}) = (1+r_f)B_t \tag{2.26}$$

一方面，在没有泡沫的情况下（$B_t=0$），资产价格的波动主要由股息序列和不可观察的基本面等控制，例如，如果 D_t 是一个单位根过程，而 U_t 是一个单位根或平稳过程，那么资产价格和股价股利比也是单位根过程。另一方面，在存在泡沫的情况下（$B_t \neq 0$），资产价格将是一个爆炸过程，因此，在不可观察的基本面是单位根过程，而股利序列在差分后平稳的条件下，可以使用资产价格序列或股价股利比序列的爆炸性特征作为推断泡沫存在的经验证据。

对统计量渐近理论和使用的临界值而言，原假设下的模型设定是非常重要的。正如 Phillips 等（2014）研究的那样，截距项、确定性趋势项以及是否存在结构突变等因素对用于泡沫检验的右侧单位根检验的渐近理论产生实质性影响。由 Phillips 等（2014）的分析结果可知，从历史数据来看，允许价格序列带有渐近可忽略的截距项是具有经验真实性的。因此，原假设对应的模型设定为：

$$y_t = dT^{-\eta} + y_{t-1} + \varepsilon_t, \quad \varepsilon_t \sim iid(0, \sigma^2) \tag{2.27}$$

其中，d 是一个常数，T 是样本长度，η 用于控制 $T \longrightarrow \infty$ 时截距项的量纲阶数。当 $\eta>0$ 时，截距项对线性趋势而言是相对小的，当 $\eta>1/2$ 时，截距项对 y_t 的鞅成分（随机游走）而言是相对小的，当 $\eta<1/2$ 时，$T^{-1/2}y_t$ 的渐近性质像一个带截距项的布朗运动。我们主要关注的是 $\eta>1/2$ 的情况，此时 y_t 的量纲阶数与标准随机游走的量纲阶数相同。

二　GSADF 检验的构造思想及其统计量渐近性质

Phillips 等（2015a，2015b）提出的 GSADF 泡沫检验的核心思想是，在起点、终点双重滚动的子样本窗口内进行 ADF 回归，从而得到若干个 ADF 检验统计量。基于 ADF 检验统计量序列的上确界构造 GSADF 检验统计量。特别地，假设滚动窗口从总样本的第 r_1T

个样本点开始，到第 r_2T 个样本点结束，令 $r_w=r_2-r_1$ 表示滚动窗口的长度，$r_w>0$。则相应的 ADF 回归方程为：

$$\Delta y_t = \hat{\alpha}_{r_1,r_2} + \hat{\beta}_{r_1,r_2} y_{t-1} + \sum_{j}^{p} \hat{\varphi}_{r_1,r_2}^{j} \Delta y_{t-j} + \hat{\varepsilon}_t \tag{2.28}$$

其中，p 是滞后阶数，回归的子样本长度为 $T_w=\lfloor Tr_w \rfloor$，对应的 ADF 检验统计量记作 $ADF_{r_1}^{r_2}$。

对于 GSADF 检验，我们允许滚动窗口的终点 $r_2 \in [r_0, 1]$，其中 r_0 代表最小的窗口长度。相对应的，滚动窗口的起点 r_1 可以从 0 变动到 r_2-r_0，则在所有可行的 r_1 和 r_2 范围内进行双重递归，得到最大的 ADF 检验统计量，并将其定义为 GSADF 统计量：

$$GSADF = \sup_{r_2 \in [r_0,1], r_1 \in [0, r_2-r_0]} ADF_{r_1}^{r_2} \tag{2.29}$$

图 2.1 分别绘制了 SADF 检验和 GSADF 检验的递归程序。

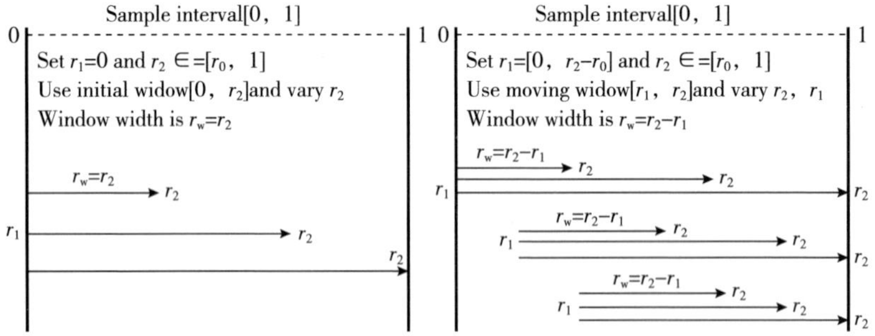

图 2.1　SADF 检验和 GSADF 检验的递归程序

不难发现，SADF 检验中子样本的起点被固定，而在进行 GSADF 检验时，ADF 回归的滚动窗口存在双重递归，即不仅终点 r_2 可以向前递归，而且起点 r_1 也可以不断向前递归。

原假设下，根据泛函连续映射定理，不难得到 GSADF 检验统计量的渐近性质，即 GSADF $\xrightarrow{d}$

$$\sup_{\substack{r_2 \in [r_0, 1], \\ r_1 \in [0, r_2 - r_0]}} \left\{ \frac{\frac{1}{2} r_w [W(r_2)^2 - W(r_1)^2 - r_w] - \int_{r_1}^{r_2} W(r) dr [W(r_2) - W(r_1)]}{r_w^{1/2} \left\{ r_w \int_{r_1}^{r_2} W(r)^2 dr - \left[\int_{r_1}^{r_2} W(r) dr \right]^2 \right\}^{1/2}} \right\} \tag{2.30}$$

三　实时检测泡沫的 BSADF 检验——估计泡沫的起始时点和终止时点

为了实时估计多个泡沫的起始时点和终止时点，Phillips 等（2015a，2015b）还提出了一种向后递归的程序，即 BSADF 检验。我们首先固定滚动窗口的终点 r_2，其中 $r_2 \in [r_0, 1]$，r_0 代表最小的窗口长度。而对于每一个 r_2，不断地将滚动窗口的起点向前递归，即 r_1 从 0 增加到 $r_2 - r_0$。因此，BSADF 检验统计量定义为：

$$BSADF_{r_2}(r_0) = \sup_{r_1 \in [0, r_2 - r_0]} ADF_{r_1}^{r_2} \tag{2.31}$$

假设数据仅存在单个泡沫，SADF 检验对应的实时估计泡沫起始时点和终止时点的程序是 BSADF 检验的一种特例，即 $r_1 = 0$。图 2.2 分别绘制了 SADF 检验和 BSADF 检验估计泡沫起始时点和终止时点的递归程序。

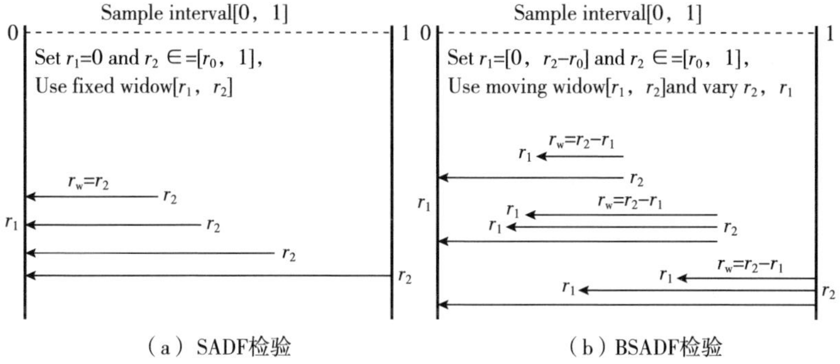

图 2.2　SADF 检验和 BSADF 检验估计泡沫起始时点和终止时点的递归程序

当模型存在单个泡沫时，数据生成过程为：

$$y_t = y_{t-1}I\{t < \tau_e\} + \delta_T y_{t-1}I\{\tau_e < t < \tau_f\} + \left(\sum_{k=1}^{t}\varepsilon_k + y_{\tau_f}^*\right)I\{t > \tau_f\} + \varepsilon_k I\{t \leqslant \tau_f\} \tag{2.32}$$

其中，$\delta_T = 1 + cT^{-\alpha}$，$c>0$，且 $\alpha \in (0,\ 1)$，$y_{\tau_f}^* = y_{\tau_f} + y^*$，$y^* = O_p(1)$。$\tau_e$ 和 τ_f 分别表示泡沫的起始时点和终止时点。

类似 SADF 检验，我们通过比较 ADF 检验统计量序列和相应临界值序列的相对大小估计泡沫的起始时点和终止时点。泡沫起始时点和终止时点的估计量分别记为 $\hat{\tau}_e = \lfloor T\hat{r}_e \rfloor$ 和 $\hat{\tau}_f = \lfloor T\hat{r}_f \rfloor$，且：

$$\hat{r}_e = \inf_{r_2 \in [r_0, 1]}\{r_2:\ \mathrm{BSADF}_{r_2}(r_0) > scv_{r_2}^{\beta_T}\} \tag{2.33}$$

$$\hat{r}_f = \inf_{r_2 \in [r_0, 1]}\{r_2:\ \mathrm{BSADF}_{r_2}(r_0) < scv_{r_2}^{\beta_T}\} \tag{2.34}$$

其中，$scv_{r_2}^{\beta_T}$ 是基于样本量$\lfloor Tr_2 \rfloor$ 的 SADF 检验统计量在 $100(1-\beta_T)\%$处的临界值，显著性水平 β_T 取决于样本长度 T，且当 $T \longrightarrow \infty$ 时，$\beta_T \longrightarrow 0$。

Phillips 等（2015a）证明了泡沫起始时点和终止时点的估计量的一致性，即当 $T \longrightarrow \infty$ 时，给定$\frac{1}{scv^{\beta_T}} + \frac{scv^{\beta_T}}{T^{1-\alpha/2}} \longrightarrow 0$，有（$\hat{r}_e$，$\hat{r}_f$）$\xrightarrow{p} (r_e,\ r_f)$。

当模型存在多个泡沫（以两个泡沫为例）时，数据生成过程为：

$$y_t = y_{t-1}I\{t \in N_0\} + \delta_T y_{t-1}I\{t \in B_1 \cup B_2\} + \left(\sum_{k=1}^{t}\varepsilon_k + y_{\tau_f}^*\right)I\{t \in N_2\} + \varepsilon_t I\{t \in N_0 \cup B_1 \cup B_2\} \tag{2.35}$$

其中，$N_0 = [1,\ \tau_{1e}]$，$B_1 = [\tau_{1e},\ \tau_{1f}]$，$N_1 = (\tau_{1f},\ \tau_{2e})$，$B_2 = [\tau_{2e},\ \tau_{2f}]$，$N_2 = (\tau_{2f},\ T)$，$\tau_{1e} = \lfloor Tr_{1e} \rfloor$ 和 $\tau_{1f} = \lfloor Tr_{1f} \rfloor$ 分别表示第一个泡沫的起始时点和终止时点，$\tau_{2e} = \lfloor Tr_{2e} \rfloor$ 和 $\tau_{2f} = \lfloor Tr_{2f} \rfloor$ 分别表示第二个泡沫的起始时点和终止时点。

假定泡沫的持续时间最短为 $\delta\log(T)/T$，其中 δ 是与样本频率相关的参数，则 BSADF 检验估计得到的泡沫起始时点和终止时点分别为：

$$\hat{r}_{1e}=\inf_{r_2\in[r_0,1]}\{r_2:\ BSADF_{r_2}(r_0)>scv_{r_2}^{\beta_T}\} \tag{2.36}$$

$$\hat{r}_{1f}=\inf_{r_2\in[\hat{r}_{1e}+\delta\log(T)/T,1]}\{r_2:\ BSADF_{r_2}(r_0)<scv_{r_2}^{\beta_T}\} \tag{2.37}$$

$$\hat{r}_{2e}=\inf_{r_2\in[\hat{r}_{1f},1]}\{r_2:\ BSADF_{r_2}(r_0)>scv_{r_2}^{\beta_T}\} \tag{2.38}$$

$$\hat{r}_{2f}=\inf_{r_2\in[\hat{r}_{2e}+\log(T)/T,1]}\{r_2:\ BSADF_{r_2}(r_0)<scv_{r_2}^{\beta_T}\} \tag{2.39}$$

同样的，当 $T\longrightarrow\infty$ 时，给定 $\frac{1}{scv^{\beta_T}}+\frac{scv^{\beta_T}}{T^{1-\alpha/2}}\longrightarrow 0$，有 $\hat{r}_{1e}\xrightarrow{p}r_{1e}$，$\hat{r}_{1f}\xrightarrow{p}r_{1f}$，$\hat{r}_{2e}\xrightarrow{p}r_{2e}$，$\hat{r}_{2f}\xrightarrow{p}r_{2f}$。

第五节　本章小结

本章详细介绍了 SADF 检验、Chow－DF 检验、UR 检验以及 GSADF 检验的模型设定、检验统计量的构造思想及其渐近性质，以及实时估计泡沫起始时点和终止时点的检验方法。

我们介绍了资产价格泡沫的定义及其检验的理论基础。从股利贴现模型出发，我们证明了在时间序列分析的框架下用爆炸性自回归过程定义资产价格泡沫的理论背景和合理性。而 SADF 检验作为首个基于递归右侧 ADF 单位根检验统计量上确界的泡沫检验，其优势在于可以正确识别周期性崩溃的泡沫。不仅如此，其检验统计量构造思想的独到之处更是被 Chow－DF 检验和 GSADF 检验借鉴。总的来说，在数据仅存在单个泡沫的情况下，SADF 检验和 Chow－DF 检验均具有良好的检验功效。特别地，在周期性崩溃的泡沫模型设定下，当泡沫扩张期出现在样本前中期时，SADF 检验要优于 Chow－DF 检验，而当泡沫扩张期出现在样本后期时，Chow－DF 检验的功效要高。在样本期存在多个泡沫的情况下，GSADF 检验的优势非常明显，不仅能正确识地别泡沫的存在，还能利用 BSADF 检验准确地估计多个泡沫的起始时点和终止时点。

除本章详细介绍的四种泡沫检验方法外，还有许多文献进行了相关研究，如 Harvey 等（2016）将周期性崩溃的泡沫三阶段模型扩展到四阶段模型，即增加了泡沫崩溃期。在该周期性崩溃的泡沫四阶段模型基础上，Harvey 等（2016）研究了时变方差对 SADF 检验的影响，Phillips 等（2018）则基于反向 BSADF 检验对泡沫崩溃期的起始时点和终止时点进行估计。本书也将在此基础上，对泡沫检验进行进一步的扩展和补充研究。

第三章　资产价格泡沫崩溃导致的危机和复苏时点的估计
——BIADF 检验

上一章，我们介绍了现有经典泡沫检验的模型设定、检验思想以及发展动向。特别是 Phillips 等（2015a，2015b）提出的 GSADF 检验，它不仅适合于检测长历史时间序列中存在的多个泡沫，还能实施泡沫的动态监测。考虑到现实资产价格泡沫崩溃时股票市场经历的漫长而复杂的复苏过程，例如，在 2008 年国际金融危机期间，中国股市经历了巨大的动荡。有专家指出，2004—2006 年，由美国房地产市场价格上涨导致的泡沫已经初步形成，而 2006 年年初中国 HS300 综合股票价格指数开始快速上涨。在短期内两次达到峰值后，在 2008 年泡沫破灭，HS300 指数大幅下跌，期间伴随着短暂的小幅上涨，直至 2011 年指数才回升到稳定状态。事实上，在许多情况下，资产价格泡沫崩溃的持续时间比价格上涨的泡沫期要更长，因此，在一个样本期内设定泡沫崩溃的模型显然不足以刻画这一特征。

Harvey 等（2016）将周期性崩溃的泡沫三阶段模型扩展到四阶段模型，三阶段模型描述的是价格最初处于有效市场水平，然后产生泡沫并不断累积，最后泡沫在一瞬间崩溃，并立即回落到有效市场水平的这一波动过程，而四阶段模型增加了一个平稳的均值回归过程，用来刻画从价格泡沫崩溃到恢复到正常有效市场的复苏过程，从而进一步完善了对资产价格泡沫产生和破灭这一完整过程的建模。但 Harvey 等（2016）没有提供确定金融危机的方法，即估计泡沫崩溃时点和市场复苏时点的检验。现有识别金融危机的常用方法是在不同的时间窗口内寻找价格大幅下跌的时期，如 Lee 等（2009）、Mun 和 Brooks（2012）、Malliaropulos 和 Migiakis（2018）和 Wei 等（2019）。但金融危机带来的余震什么时候结束，市场什么时候才能从危机中复苏？这些问题的答案是重要的，却仍然悬而未决。

虽然我们可以使用 Phillips 和 Shi（2018）提出的反向 BSADF 检验来监测由泡沫崩溃导致的金融危机和估计市场复苏时点，但他们提出的方法存在三个重大缺陷：一是运算复杂，估计泡沫的起始、崩溃和复苏时点需要进行两个不同的双重递归回归，即基于原样本数据的 BSADF 检验和基于反向样本的递归回归。二是由于对泡沫崩溃时点（危机起始时点）的重复估计，识别出的危机期可能与识别出的泡沫期重叠。三是对于崩溃速度快、持续时间短的危机，反向 BSADF 检验的危机检测率较低，如无法检测到 1986—1987 年的“黑色星期一”危机事件。因此，他们的方法在实际应用中存在较大限制。

本章的目标是对现有方法进行改善，找到一种新的，能更方便、更准确地实时监测金融危机的检验方法。我们将从理论分析和仿真模拟两方面证明该新方法的可行性，并与 Phillips 和 Shi（2018）提出的反向 BSADF 检验进行比较。最后我们将 BIADF 检验与 BSADF 检验结合应用于美国和中国股票市场，以识别市场可能存在的泡沫和金融危机，并确定泡沫的起始、终止和市场复苏时点估计量。基于美国股市数据的检验结果可以进一步验证新检验的有效性和优越性。另外，本章对中国股市存在的危机和市场复苏时点的实证研究，将是学术界第一次关注到中国股市从危机恢复到正常市场过程的相关研究。

本章的主要内容安排如下。第一节介绍了周期性崩溃的泡沫四阶段模型，并在该模型设定下提出了一个能有效识别因泡沫崩溃导致的金融危机，并正确估计市场复苏时点的检验方法，即基于向后双重递归 ADF 检验统计量下确界的 BIADF 检验。第二节推导了 BI-

ADF 检验统计量的渐近分布以及泡沫起始、终止和市场复苏时点估计量满足一致性的约束条件。在第三节利用蒙特卡洛仿真模拟考察了 BIADF 和 BSADF 检验的有限样本性质，并比较了 BIADF 检验和反向 BSADF 检验的危机成功检测率和市场复苏时点估计量的准确性。第四节我们将 BSADF 和 BIADF 检验结合应用到中美股票市场，以检验市场可能存在的泡沫和危机。第五节是本章小结。附录一给出了本章所有定理的详细理论证明过程。

第一节 周期性崩溃的泡沫四阶段模型和 BIADF 检验

根据 Phillips 和 Shi（2018），我们在模型中引入市场复苏时点，即指市场从泡沫崩溃复苏到正常状态的时点。假定 T_e、T_c 和 T_r 分别表示泡沫起始、终止和市场复苏时点，则 $B=[T_e, T_c]$ 表示泡沫期，$C=(T_c, T_r)$ 表示泡沫崩溃导致的危机期，$N_0=[1, T_e)$ 和 $N_1=(T_r, T]$ 代表弱有效的无泡沫期，因此，我们可以将数据生成过程设定为：

$$y_t=\begin{cases} dT^{-\eta}+y_{t-1}+\varepsilon_t, & t\in N_0\cup N_1 \\ \delta_T y_{t-1}+\varepsilon_t, & t\in B \\ \gamma_T y_{t-1}+\varepsilon_t, & t\in C \end{cases} \tag{3.1}$$

其中，d 为常数，T 表示样本长度，$\eta>1/2$，$\varepsilon_t\sim N(0, \sigma^2)$，$y_0=O_p(1)$，$\delta_T=1+c_1T^{-\alpha}$ 和 $\gamma_T=1-c_2T^{-\beta}$ 且 c_1，$c_2>0$ 和 α，$\beta\in[0, 1)$。泡沫扩张和崩溃的速度分别由参数 α 和 β 控制。α 取值越大，泡沫扩张过程越平稳，而 β 取值越大，在危机时期泡沫崩溃的速度越慢。

用于检测泡沫起始和终止时点的 PSY 策略是对每个观测 $t:=\lfloor fT\rfloor$ 进行 BSADF 检验（见图 2.2），其中 f 是时点 t 在样本 T 中的比例。令 f_1 和 f_2 是以下 ADF 回归所用到的样本的起点和终点：

$$\Delta y_t = \mu + (\rho - 1) y_{t-1} + \sum_{i=1}^{k} \phi_i \Delta y_{t-i} + \varepsilon_t \tag{3.2}$$

其中，$t=\lfloor f_1T \rfloor$，…，$\lfloor f_2T \rfloor$。相应的 ADF 检验统计量记为 $ADF_{f_1}^{f_2}$。子样本终点 f_2 的取值范围是 $[f_0, 1]$，f_0 是 ADF 回归中子样本的最小长度。对于每一个 f_2，我们不断增加子样本长度，即改变 f_1，f_1 的取值范围是 $[0, f_2-f_0]$。那么，我们可以得到 $(f_2-f_0)T$ 个 ADF 统计量，取其上确界，就可以得到 f_2 所对应的 BSADF 检验统计量的值。通过不断改变 f_2 的取值，重复上述操作，我们就可以得到 $(1-f_0)T$ 个 BSADF 检验统计量。即 BSADF 统计量为：

$$BSADF_f(f_0) = \sup_{f_1 \in [0, f-f_0], f_2=f} ADF_{f_1}^{f_2}, \quad f \in [f_0, 1] \tag{3.3}$$

其中，f_0 是 ADF 回归最小窗宽。

Leybourne 等（2007）介绍了一种双重递归的左侧检验，它基于子样本单位根检验统计量可以一致性区分样本数据被划分成的单位根过程部分和平稳过程部分。考虑到从危机期向正常有效市场的转变实际上是由 $\rho<1$ 的平稳过程突变为 $\rho=1$ 的单位根过程，因此与 BSADF 检验的构造思想类似，我们提出一种基于向后双重递归 ADF 检验统计量下确界的 BIADF 检验，用于识别危机的存在以及估计市场复苏时点，即：

$$BIADF_f(f_0) = \inf_{f_1 \in [0, f-f_0], f_2=f} ADF_{f_1}^{f_2}, \quad f \in [f_0, 1], \tag{3.4}$$

我们可以将 BIADF 检验与 BSADF 检验结合，以同时检测资本市场存在的泡沫和危机。这与 Phillips 和 Shi（2018）所提出的反向 BSADF 检验不同，并且更加方便。在本章中，检测泡沫和危机的程序基于同一个双重递归回归，可以同时计算得到 BSADF 检验和 BIADF 检验统计量的取值，从而同时确定泡沫起始、崩溃和市场复苏时点的估计量。

第二节　泡沫起始、终止和市场复苏时点估计量的渐近性质

无泡沫的原假设 H_0：$\delta_T=\gamma_T=1$，表示整个样本都处于无泡沫的弱有效市场，即对于任意 $t\in[1,\ T]$

$$y_t=\mu+y_{t-1}+\varepsilon_t \tag{3.5}$$

我们可以推出在原假设下，$BSADF_f(f_0)$ 和 $BIADF_f(f_0)$ 统计量的渐近分布如定理 3.1 所示。

定理 3.1　在无泡沫的原假设下，有 $BSADF_f(f_0)\xrightarrow{d}F_{1,f}(W,\ f_0)$，$BIADF_f(f_0)\xrightarrow{d}F_{2,f}(W,\ f_0)$，其中 W 是标准维纳过程，且：

$$F_{1,f}(W,\ f_0):=\sup_{f_1\in[0,\ f-f_0]}\left\{\frac{\frac{1}{2}f_w[W(f)^2-W(f_1)^2-f_w]-\int_{f_1}^{f}W(s)\mathrm{d}s\int_{f_1}^{f}\mathrm{d}W}{f_w^{1/2}\left\{f_w\int_{f_1}^{f}W(s)^2\mathrm{d}s-\left[\int_{f_1}^{f}W(s)\mathrm{d}s\right]^2\right\}^{1/2}}\right\}$$

$$F_{2,f}(W,\ f_0):=\inf_{f_1\in[0,\ f-f_0]}\left\{\frac{\frac{1}{2}f_w[W(f)^2-W(f_1)^2-f_w]-\int_{f_1}^{f}W(s)\mathrm{d}s\int_{f_1}^{f}\mathrm{d}W}{f_w^{1/2}\left\{f_w\int_{f_1}^{f}W(s)^2\mathrm{d}s-\left[\int_{f_1}^{f}W(s)\mathrm{d}s\right]^2\right\}^{1/2}}\right\}$$

我们通过将 BIADF 统计量与其左尾临界值序列进行比较来确定市场复苏时点，即市场复苏时点估计量是 BIADF 统计量第一次低于其临界值的时点。泡沫起始，崩溃和市场复苏时点的样本比例分别用 f_e、f_c 和 f_r 表示，其相应的估计量则分别为 $\hat{f}_e$、$\hat{f}_c$ 和 $\hat{f}_r$，则：

$$\hat{f}_e=\inf_{f\in[f_0,1]}\{f:\ BSADF_f(f_0)>scv^{\beta_T}\} \tag{3.6}$$

$$\hat{f}_c=\inf_{f\in[\hat{f}_e+L_T,1]}\{f:\ BSADF_f(f_0)<scv^{\beta_T}\} \tag{3.7}$$

$$\hat{f}_r = \inf_{f \in [\hat{f}_c, 1]} \{f: \ BIADF_f(f_0) < icv^{\beta_T}\} \tag{3.8}$$

其中，scv^{β_T} 是 $BSADF_f(f_0)$ 统计量在（$1-\beta_T$）100%处的临界值；icv^{β_T} 是 $BIADF_f(f_0)$ 统计量在 β_T100%处的临界值；$L_T=\delta\log(T)/T$ 是泡沫的持续最小久期，且 δ 是与样本频率相关的参数，具体表现为，样本为月度数据时对应的持续最小久期要大于周度数据。

假定 $\hat{f}_e$、$\hat{f}_c$ 和 $\hat{f}_r$ 由式（3.6）至式（3.8）定义，我们有：

定理 3.2 在存在泡沫和危机的备择假设下，假如以下条件成立：

$$\begin{cases} \dfrac{T^{\beta/2}}{scv^{\beta_T}} + \dfrac{scv^{\beta_T}}{T^{1-\alpha/2}} \longrightarrow 0 & \text{当 } \alpha<\beta \text{ 且 } 1+\alpha<2\beta \\[2ex] \dfrac{1}{scv^{\beta_T}} + \dfrac{scv^{\beta_T}}{T^{1-\alpha/2}} \longrightarrow 0 & \text{其他情况} \end{cases}$$

则在 $T \longrightarrow \infty$ 时，有 $\hat{f}_e \xrightarrow{p} f_e$，$\hat{f}_c \xrightarrow{p} f_c$。假如有：

$$\begin{cases} \dfrac{T^{\alpha/2}}{|icv^{\beta_T}|} + \dfrac{|icv^{\beta_T}|}{T^{1/2}} \longrightarrow 0 & \text{当 } \alpha>\beta \text{ 且 } 1+\beta<2\alpha \\[2ex] \dfrac{T^{(1-\alpha+\beta)/2}}{|icv^{\beta_T}|} + \dfrac{|icv^{\beta_T}|}{T^{1/2}} \longrightarrow 0 & \text{当 } \alpha>\beta \text{ 且 } 1+\beta>2\alpha \\[2ex] \dfrac{T^{\frac{1}{2}+\alpha-\beta}}{|icv^{\beta_T}|} + \dfrac{|icv^{\beta_T}|}{T^{(1-\beta+\alpha)/2}} \longrightarrow 0 & \text{当 } \alpha<\beta \text{ 且 } 1+\alpha>2\beta \\[2ex] \dfrac{1}{|icv^{\beta_T}|} + \dfrac{|icv^{\beta_T}|}{T^{\frac{1}{2}+\alpha-\beta}} \longrightarrow 0 & \text{当 } \alpha<\beta \text{ 且 } 1+\alpha<2\beta \end{cases}$$

则在 $T \longrightarrow \infty$ 时，有 $\hat{f}_r \xrightarrow{p} f_r$。

定理 3.2 的结果表明，泡沫起始、终止和市场复苏时点估计量的一致性约束条件取决于泡沫扩张和崩溃的相对速度，即参数 α 和 β 的相对大小。另外从定理 3.2 中我们可以发现，本章对 BSADF 和 BIADF 检验统计量临界值施加的约束要比 Phillips 和 Shi（2018）对

BSADF 和反向 BSADF 检验统计量临界值施加的约束更宽松。

虽然定理 3.2 中时点估计量的一致性约束条件看起来是复杂且严格的，但从稍后章节所报告的有限样本性质可知，无论 α 和 β 的相对大小如何，$\hat{f}_e$、$\hat{f}_c$ 和 $\hat{f}_r$ 的平均偏误和标准差仿真结果都是令人满意的。因此，我们默认检验统计量临界值的收敛速度满足这些约束条件。也就是说，在实际应用中，我们认为泡沫起始、终止和市场复苏时点的估计量与真实时点一致，如 Anundsen 等（2016）和 Tsvetanov 等（2016）。

第三节　BIADF 检验和（反向）BSADF 检验的有限样本性质及其比较

本节报告了 BSADF 检验和 BIADF 检验的有限样本性质，并比较了 BIADF 检验和反向 BSADF 检验在检测危机和估计市场复苏时点两方面的优劣性。本章使用的基本模型参数设定为：$y_0=100$，$d=c_1=c_2=1$，$T=100$。为了实验结果具有可比性，我们考虑 σ 有两种取值，$\sigma=1$ 和 $\sigma=6.79$，后者是沿用 Phillips 等（2015a，2015b）和 Phillips 和 Shi（2018）的设定。我们通过 2000 次重复实验得到 $\beta_T=0.05$ 时相应的临界值序列，最小窗宽是根据规则 $f_0=0.01+1.8/\sqrt{T}$ 设定。

我们关注的指标有泡沫和危机的成功检测率，以及泡沫起始时点估计量 $\hat{f}_e$、泡沫终止时点估计量 $\hat{f}_c$ 和市场复苏时点估计量 $\hat{f}_r$ 的平均偏误和标准差，其中成功检测到泡沫和危机是指 $f_e<\hat{f}_e<f_c$ 和 $f_e<\hat{f}_c<f_r$。本章设定泡沫持续的最小久期为 $d_{BT}=(f_c-f_e)T\geqslant\log(T)$，即要求估计到的泡沫至少持续三期，而对危机持续的久期 $d_{CT}=(f_r-f_c)T$ 不施加任何限制。

一　BSADF 检验和 BIADF 检验的有限样本性质

首先，我们考察单位根过程中漂移项对泡沫和危机检测的影响。

我们固定参数 $\alpha=0.6$、$\beta=0.1$、$f_e=0.3$、$d_{BT}=\lfloor 0.2T \rfloor$ 和 $d_{CT}=\lfloor 0.2T \rfloor$。让参数 η 在集合 {0.6，1，2} 中变化，则漂移项取值范围为 {0.063，0.01，0.000}。对于每一种参数设定，我们重复了 2000 次仿真实验。泡沫和危机的成功检测率，以及 $\hat{f}_e$、$\hat{f}_c$ 和 $\hat{f}_r$ 的平均偏误和标准差结果如表 3.1 所示。

表 3.1　不同漂移项下 BSADF 检验和 BIADF 检验的结果

	$\eta=0.6$	$\eta=1$	$\eta=2$
	$\sigma=1$		
泡沫成功检测率	0.957	0.953	0.965
$\hat{f}_e-f_e$	0.02（0.02）	0.02（0.02）	0.02（0.02）
$\hat{f}_c-f_c$	0.00（0.02）	0.00（0.03）	0.00（0.03）
危机成功检测率	0.993	0.989	0.989
$\hat{f}_r-f_r$	−0.02（0.00）	−0.02（0.00）	−0.02（0.00）
	$\sigma=6.79$		
泡沫成功检测率	0.900	0.876	0.873
$\hat{f}_e-f_e$	0.06（0.04）	0.06（0.05）	0.06（0.05）
$\hat{f}_c-f_c$	0.00（0.03）	0.00（0.04）	0.00（0.04）
危机成功检测率	0.922	0.907	0.898
$\hat{f}_r-f_r$	−0.02（0.00）	−0.02（0.00）	−0.02（0.01）

注：表中括号里的数值是相应估计量的标准误。

如表 3.1 所示，当 $\eta>0.5$ 时，参数 η 对泡沫和危机的成功检测率，以及 $\hat{f}_e$、$\hat{f}_c$ 和 $\hat{f}_r$ 的平均偏误和标准差均没有实质性影响，这与渐近理论一致。而随着 σ 的增加，泡沫和危机的成功检测率减少，并且泡沫起始时点估计量 $\hat{f}_e$ 的平均偏误和标准差增加。当 $\sigma=1$ 时，泡沫成功检测率超过了 95%。例如，当 $\sigma=1$ 和 $\eta=0.6$ 时，泡沫成功检测率为 95.7%，$\hat{f}_e$ 的平均偏误和标准差均为 0.02，而保持 η 不变而 σ 增加到 6.79 时，泡沫成功检测率降低到 90.0%，$\hat{f}_e$

的平均偏误和标准差分别增加到 0.06 和 0.04。另外，我们可以发现除了 $\sigma=6.79$ 且 $\eta=2$ 时的危机成功检测率为 89.8%，其他情况对应的危机的成功检测率都在 90%以上。

接着，为了进一步考察 BSADF 检验和 BIADF 检验的有限样本性质，根据定理 3.2 中关于泡沫起始、终止和市场复苏时点估计量的一致性约束条件，我们对（α，β）的取值考虑四种不同的设定情况。其中情况 1 为（α，β）=（0.6，0.1），情况 2 为（α，β）=（0.6，0.4），情况 3 为（α，β）=（0.4，0.6），情况 4 为（α，β）=（0.1，0.6）。令 $\eta=0.6$、$f_e=0.3$、$d_{BT}=\lfloor 0.2T\rfloor$ 和 $d_{CT}=\lfloor 0.2T\rfloor$。表 3.2 报告了 BSADF 检验和 BIADF 检验对泡沫和危机的识别和估计结果。

表 3.2　不同（α，β）设定下 BSADF 检验和 BIADF 检验的结果

	情况 1	情况 2	情况 3	情况 4
		$\sigma=1$		
泡沫成功检测率	0.957	0.943	0.950	0.960
$\hat{f}_e-f_e$	0.02（0.02）	0.02（0.02）	0.01（0.02）	0.01（0.01）
$\hat{f}_c-f_c$	0.00（0.02）	0.01（0.03）	0.05（0.03）	0.04（0.03）
危机成功检测率	0.993	0.987	0.989	0.991
$\hat{f}_r-f_r$	-0.02（0.00）	-0.02（0.00）	-0.02（0.00）	-0.02（0.00）
		$\sigma=6.79$		
泡沫成功检测率	0.900	0.879	0.958	0.970
$\hat{f}_e-f_e$	0.06（0.04）	0.06（0.06）	0.03（0.03）	0.02（0.01）
$\hat{f}_c-f_c$	0.00（0.03）	0.01（0.04）	0.05（0.03）	0.04（0.03）
危机成功检测率	0.922	0.917	0.985	0.992
$\hat{f}_r-f_r$	-0.02（0.02）	-0.02（0.02）	-0.02（0.02）	-0.02（0.00）

注：表中括号里的数值是相应估计量的标准误。

从表 3.2 中可以看出，对于（α，β）的四种参数设定，泡沫和危机的成功检测率基本高于 90%，且 $\hat{f}_e$、$\hat{f}_c$ 和 $\hat{f}_r$ 的精确性也足够高。特别是，不论 α 和 β 的相对大小如何，在估计市场复苏时点 f_r 时总是存在两个观察偏误（早于真实日期），并且 $\hat{f}_r$ 的标准差接近于零。然而，泡沫起始时点的估计量 $\hat{f}_e$ 在 $\alpha<\beta$ 时相对更为准确，而在 $\alpha>\beta$ 时则存在一个较大的正向偏误，特别是当 $\sigma=6.79$ 时，平均偏误 $\hat{f}_e-f_e=0.06$。这恰好与泡沫终止时点的估计结果相反，即在 $\alpha>\beta$ 时估计的平均偏误更小。

更为具体的是当 $\alpha>\beta$ 时，我们观察到随着 β 的增加，$\hat{f}_e-f_e$ 不变而 $\hat{f}_c-f_c$ 增加，这意味着随着泡沫崩溃的速度变慢，泡沫起始时点估计量 $\hat{f}_e$ 的平均偏误不变，而泡沫终止时点估计量 $\hat{f}_c$ 的平均偏误会稍微增加。比如说，当 $\sigma=1$ 时，情况 1 和情况 2 泡沫起始时点估计量的平均偏误均为 0.02，而泡沫终止时点估计量的平均偏误从情况 1 的 0.00 增加到情况 2 的 0.01。当 $\alpha<\beta$ 时，随着 α 的增加，$\hat{f}_c-f_c$ 增加。总而言之，α 和 β 的取值比较接近时，泡沫起始时点 f_e 和终止时点 f_c 的准确性略差。

二　BIADF 检验和反向 BSADF 检验的有限样本性质及其比较

本小节我们重点考察危机持续的久期 d_{CT} 对 BIADF 检验的影响，并通过比较 BIADF 检验和反向 BSADF 检验的危机成功检测率和市场复苏时点估计量的准确性来突出 BIADF 检验的优势。

根据 Phillips 和 Shi（2018）的设定，我们考虑三种崩溃模式：突然崩溃（$\beta=0.1$，$d_{CT}=\lfloor 0.01T \rfloor$），干扰崩溃（$\beta=0.5$，$d_{CT}=\lfloor 0.1T \rfloor$），平滑崩溃（$\beta=0.9$，$d_{CT}=\lfloor 0.2T \rfloor$）。突然崩溃（sudden collapse）的特征是资产价格突然下跌，这与 PSY 模型对泡沫崩溃模式的设定一致。平滑崩溃（smooth collapse）是指资产价格平滑而持续性地缓慢下跌。而干扰崩溃（disturbing collapse）被认为是介于这两种极端模式之间的崩溃。图 3.1 绘制了模型（3.1）式在三种不同崩溃模式下的数据。

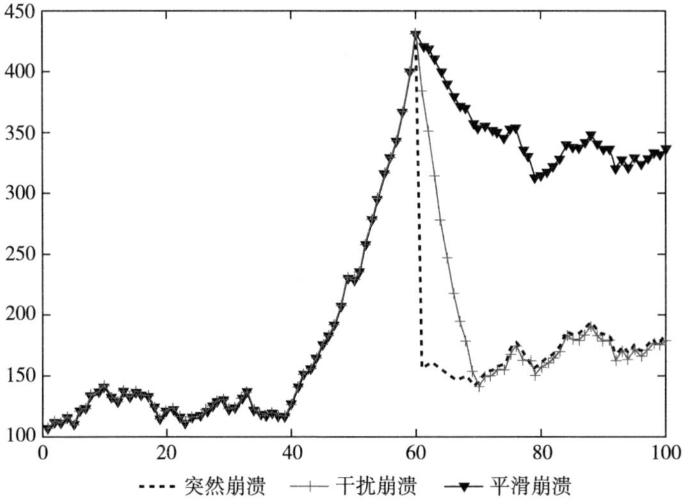

图 3.1　模型（3.1）在三种不同崩溃模式下的数据

表 3.3 报告了在不同崩溃模式下 BSADF 检验与 BIADF 检验估计得到的泡沫和危机的成功检测率，以及泡沫起始时点估计量 $\hat{f}_e$、泡沫终止时点估计量 $\hat{f}_c$ 和市场复苏时点估计量 $\hat{f}_r$ 的平均偏误和标准差。模型其他参数设定为：$\eta=0.6$、$\alpha=0.6$、$f_e=0.3$ 和 $d_{BT}=\lfloor 0.2T \rfloor$。

表 3.3　不同崩溃模式下 BSADF 检验和 BIADF 检验的结果

	突然崩溃	干扰崩溃	平滑崩溃
	$\sigma=1$		
泡沫成功检测率	0.957	0.943	0.950
$\hat{f}_e-f_e$	0.02（0.02）	0.02（0.02）	0.02（0.02）
$\hat{f}_c-f_c$	0.00（0.02）	0.02（0.03）	0.10（0.04）
危机成功检测率	0.993	0.987	0.989
$\hat{f}_r-f_r$	0.17（0.00）	0.08（0.00）	0.04（0.02）

续表

	突然崩溃	干扰崩溃	平滑崩溃
$\sigma=6.79$			
泡沫成功检测率	0.900	0.881	0.901
$\hat{f}_e-f_e$	0.06（0.04）	0.06（0.06）	0.06（0.05）
$\hat{f}_c-f_c$	-0.00（0.03）	0.02（0.05）	0.08（0.05）
危机成功检测率	0.917	0.901	0.498
$\hat{f}_r-f_r$	0.17（0.02）	0.08（0.03）	0.11（0.11）

注：表中括号里的数值是相应估计量的标准误。

我们从表3.3中发现，对于三种不同的崩溃模式，泡沫成功检测率接近或高于90%，并且泡沫起始时点的估计量 $\hat{f}_e$ 不受崩溃模式的影响。在突然崩溃模式下，BSADF检验对泡沫终止时点的估计比在平滑崩溃下的估计更准确。例如，当 $\sigma=1$ 时，在突然崩溃模式下，泡沫终止时点估计量的平均偏误 $\hat{f}_c-f_c$ 为零，但在平滑崩溃模式下，平均偏误增加了十个观测点，且 $\hat{f}_c$ 的标准差从0.02增加到0.04。

表3.3中的结果显示：当 $\sigma=1$ 时，在这三种崩溃模式下BIADF检验的危机成功检测率均高于98%；当 $\sigma=0.69$ 时，突然崩溃下危机成功检测率最高，为91.7%，而平滑崩溃下最低，为49.8%。这一发现可以解释为，当资产价格平滑缓慢下降时，价格的巨大波动性将削弱BIADF检验识别危机的能力，即价格的下降可以解释成是较大的波动率导致的，而不是存在下降趋势。在突然崩溃下，BIADF检验对市场复苏时点的估计要比在干扰崩溃下的估计准确性更低，而且危机持续时间越长，崩溃过程越平滑，对市场复苏时点的估计平均误差就越小。具体来说，突然崩溃和干扰崩溃对应的市场复苏时点估计量的平均偏误 $\hat{f}_r-f_r$ 分别是0.17和0.08。也就是说，干扰崩溃下BIADF检验估计的市场复苏时点更接近真实市场复苏时点。与估计量平均偏误相比，估计量的标准差在不同崩溃模式下改变较小，当 $\sigma=1$ 时，估计的市场复苏时点估计量的标准差在突然崩

溃和干扰崩溃下都接近于零值，平滑崩溃下 $\hat{f}_r$ 的标准差也仅为0.02。

与表3.2中的情况1的结果相比，可以发现在其他参数设定相同的条件下，当危机持续的久期从$\lfloor 0.2T \rfloor$缩短到$\lfloor 0.01T \rfloor$时，$\hat{f}_r - f_r$ 从−0.02增加到0.17。因此，结合表3.2的结果我们可以得出结论，市场复苏时点估计值的平均偏差受危机持续久期 d_{CT} 的影响大于受泡沫崩溃速度 β 的影响。

为了进一步评价BIADF检验和反向BSADF检验在不同崩溃模式下识别危机和估计市场复苏时点的优势，我们在 $\eta = 0.6$，$\sigma = 6.79$，$f_e = 0.4$，$\alpha = 0.6$ 的条件下对比BIADF检验和反向BSADF检验得到的危机成功检测率和市场复苏时点估计量的平均偏误和标准差。结果如表3.4所示。

表3.4　　BIADF检验和反向BSADF检验的比较

	突然崩溃	干扰崩溃	平滑崩溃
危机成功检测率			
BIADF检验	0.87	0.87	0.39
反向BSADF检验	0.44	0.97	0.89
$\hat{f}_r - f_r$ 的平均偏误（标准差）			
BIADF检验	0.17（0.02）	0.08（0.03）	0.09（0.09）
反向BSADF检验	0.00（0.02）	−0.03（0.02）	−0.10（0.07）

注：表中括号里的数值是相应估计量的标准误。

仿真结果显示对于突然崩溃，BIADF检验的危机成功检测率为87.4%，而反向BSADF检验仅有44%，这表明BIADF检验对突然崩溃的成功检测率大幅提高。另外我们还发现，BIADF检验的危机成功检测率在突然崩溃情况下虽然比在平滑崩溃下更高，但市场复苏时点的估计准确性却下降，这一结论符合我们的直觉预期。然而用反向BSADF检验得到的结果却刚好相反，即在突然崩溃下，它成功检测到危机的概率更小，估计的市场复苏时点也更为准确。

第四节　金融危机何时复苏到正常市场状态——基于中美股市的分析

众所周知，金融泡沫和金融危机均对实体经济有潜在的破坏性影响。21世纪初互联网泡沫（详细分析见 Ljungqvist and Wilhelm，2003；Basco，2014）和2008年国际金融危机（如 Campello et al.，2010；Frankel and Saravelos，2012；Li et al.，2017）的持续负面影响让我们认识到时刻监测资本市场泡沫的重要性。在本节中，我们将 BIADF 检验与 BSADF 检验结合应用于美国和中国股票市场，以识别市场泡沫和金融危机的个数，并确定泡沫的起始时点估计量 $\hat{f}_e$、终止时点估计量 $\hat{f}_c$ 和市场复苏时点估计量 $\hat{f}_r$。

一　美国股票市场的实证研究

Phillips 等（2015a）基于标准普尔500综合价格指数（S&P500）的实际股价和股息数据识别了1871—2010年美国股票市场存在的资产价格泡沫，但由于模型设定缺陷，他们没有考虑到对可能存在的危机进行检测。对此，Phillips 和 Shi（2018）利用纳斯达克综合价格指数的相关数据和反向 BSADF 检验来识别由泡沫崩溃导致的金融危机，并得到相应的市场复苏时点估计量。为了比较反向 BSADF 检验和 BIADF 检验在实证应用中识别由泡沫崩溃导致的金融危机和估计市场复苏时点的可行性和优劣，仿照 Phillips 和 Shi（2018），本章应用 BSADF 检验和 BIADF 检验对美国股票市场可能存在的泡沫和危机进行了研究。

本章以标准普尔500综合价格指数①代表美国股票市场。我们

① 本章只能使用 S&P500 的股价指数和股息数据，因为我们无法从公共网站获得 Phillips 和 Shi（2018）中使用的纳斯达克综合价格指数的股息数据。幸运的是，我们发现使用 S&P500 股价指数或纳斯达克综合价格指数的相关数据对泡沫和危机的检测结果不产生实质性的影响。

从施淑萍的个人主页①上获取了 1973 年 1 月至 2013 年 8 月期间，S&P500 实际价格指数和股息的月度数据，一共有 488 个样本点。基于 S&P500 价格股息率，我们定位了美国股市的泡沫和危机时期，BSADF 和 BIADF 检验的结果如图 3.2 所示。图中用实线绘制了 S&P500 的价格股息率，左（右）侧分别表示泡沫（危机）期识别的结果，虚线表示 BSADF（BIADF）检验统计量 95%（5%）临界值序列，该临界值序列是由样本量为 488 的 2000 次重复仿真实验得到的。根据 $f_0=0.01+1.8/\sqrt{T}$，我们设定最小窗口大小为 44 个观测值，ADF 回归中滞后阶数为 1。

从图 3.2（a）的结果来看，BSADF 检验检测到美国股市分别在 1986—1987 年和 1995—2001 年存在两个投机泡沫行为，这与 Phillips 和 Shi（2018）基于纳斯达克综合指数检测到的结果相似。这表明 S&P500 指数的典型泡沫与纳斯达克综合指数对应的泡沫相同，本质原因是它们都是代表美国股票市场的综合价格指数。1986—1987 年的泡沫起始和终止时点是 1986 年 5 月至 6 月和 1987 年 6 月至 9 月，这一泡沫导致了 1987 年 10 月出现的“黑色星期一”（详细见 Gencay and Gradojevic，2010）。从历史数据来看，“黑色星期一”更像是一次突然崩溃，我们估计的泡沫终止时点只比真实崩溃时点早一个月，这验证了 BSADF 检验在突然崩溃下可以提供高精度的泡沫终止时点估计量。对于 1995—2001 年的另一个泡沫事件，估计的泡沫起始和终止时点分别是 1995 年 11 月至 1996 年 6 月和 1996 年 9 月至 2001 年 2 月，这导致了 21 世纪初互联网泡沫的崩溃。21 世纪初的互联网泡沫在 2000 年 8 月达到顶峰，我们的泡沫终止时点估计量是 2001 年 2 月，因此存在 6 个样本的延迟。这一发现验证了 BSADF 检验在平滑崩溃下对泡沫终止时点的估计存在一些延迟。

① 施淑萍的个人主页：https：//sites. google. com/site/shupingshi/home/codes.

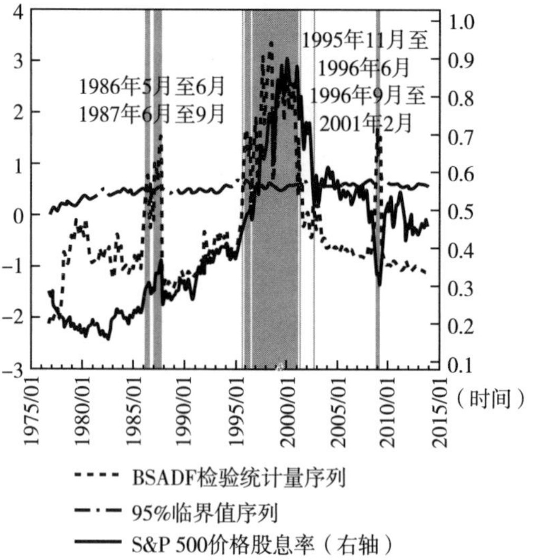

（a）泡沫期的识别（BSADF）

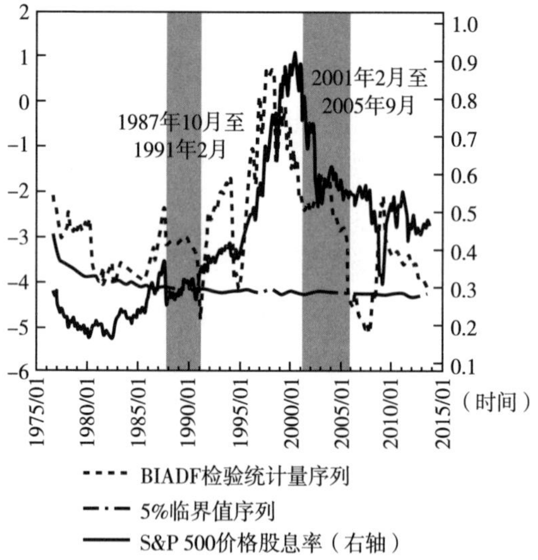

（b）危机期的识别（BIADF）

图 3.2　泡沫期和危机期的识别（美国股市）

我们将 BIADF 统计量与图 3.2（b）中的 5%临界值序列进行比较以识别危机的存在。不难看出，BIADF 检验成功地检测到 1987

年10月的“黑色星期一”危机事件，然而Phillips和Shi（2018）并没有发现这一次典型的突然崩溃，对此，他们解释成当崩溃是快速而短期的时，反向BSADF成功检测到危机的概率较低。因此，这一危机事件的成功检测进一步验证了本章所提出的BIADF检验具有更高的危机成功检测率。BIADF检验的结果也表明1987年10月开始的“黑色星期一”危机事件导致美国股票市场直到1991年2月才复苏。

对于互联网泡沫崩溃导致的危机，BIADF检验的结果表明该危机从2001年2月开始，持续了56个月后，直到2005年9月才完全恢复到正常市场。我们估计得到的复苏时点虽然晚于Phillips和Shi（2018）得到的复苏时点估计量（2004年4月），但已知Chen等（2018）在检验互联网泡沫崩溃的影响时所使用的样本周期为1995年至2005年，这与我们的估计结果是一致的。另外，Phillips和Shi（2018）估计的互联网泡沫期为1996年2月至2000年12月，估计的危机时期为2000年2月至12月和2004年2月至4月，这表明估计的危机期和泡沫扩张期相互重叠。这是因为利用反向BSADF检验检测危机，需要在反向样本的基础上进行第二次双重递归回归，并再次估计泡沫终止（危机起始）时点。反向BSADF检验估计的危机起始日期可能早于BSADF检验确定的泡沫终止时点，这会导致已识别的泡沫扩张期与已识别的危机期相重叠。而在本章中，我们可以同时获得BSADF和BIADF的统计量。也就是说，可以基于一次双重递归回归同时估计泡沫的起始、终止和市场复苏时点，从而避免了泡沫终止时点的重复估计，因此本章中所估计的危机期和泡沫期不再重叠。

二 中国股票市场的实证研究

本小节中，我们应用BSADF检验和BIADF检验来检测中国股票市场存在的泡沫和危机，以及估计泡沫起始、终止和市场复苏时点。这是学术界首次考察中国股市从危机恢复到正常市场过程的相关研究。

作为一个新兴资本市场，中国的股票市场受到了国内外学者的广泛关注。Jiang 等（2010）和 Sornette 等（2015）运用对数周期性幂律（Log-periodic Power Law，LPPL）模型研究了中国股市存在的泡沫，并对该方法估计泡沫起止时点的性质进行了事后分析。王少平和赵钊（2019）应用 GSADF 和 BSADF 检验对中国股市潜在投机泡沫的起止时间进行了识别，并进行一系列反事实仿真实验分析，找到市场泡沫和行业泡沫间的引导关系。He 等（2019）基于投机泡沫开发了一个久期依赖检验，发现随着泡沫持续时间的延长，泡沫崩溃的概率也随之增加。也就是说，投机行为推动的价格快速上涨并生成泡沫，泡沫持续一段时间后崩溃并引发危机。因此，我们可以利用 BIADF 检验来识别和估计这一类由泡沫崩溃导致的危机（bubble-led crisis）。

在这一小节中，我们应用 BSADF 和 BIADF 检验来检测以沪深 300（HS300）综合价格指数为代表的中国股市所存在的泡沫以及其导致的危机，该指数包含了中国两个主要股票交易中心数据——上海证券交易所和深圳证券交易所。我们使用 2005 年 1 月 7 日至 2017 年 12 月 29 日的周度数据，该数据从 Wind 经济数据库下载。样本期间包括中国股市的两大典型事件：2008 年的股市暴跌（Gomez and Lamb，2013）和 2015 年股市暴跌（王少平和赵钊，2019）。图 3.3 中的实线描绘了总共为 631 周的样本点。我们可以利用 BSADF 和 BIADF 检验来定位泡沫和危机事件，估计泡沫的起始和终止时点以及市场复苏时点，进一步探索和比较泡沫和危机事件的持续时间。图 3.3（a）和图 3.3（b）分别报告了 BSADF 和 BIADF 检验的结果，（a）和（b）图中阴影区域分别代表我们估计出来的泡沫期和危机期。有限样本临界值序列是通过 2000 次重复的蒙特卡洛模拟获得的，其中样本量 T 为 631，最小窗口为 51。

图 3.3 中的结果显示，在 2006—2008 年和 2015—2016 年，中国股票市场存在两个投机性泡沫行为，刚好分别与 2008 年的股市暴

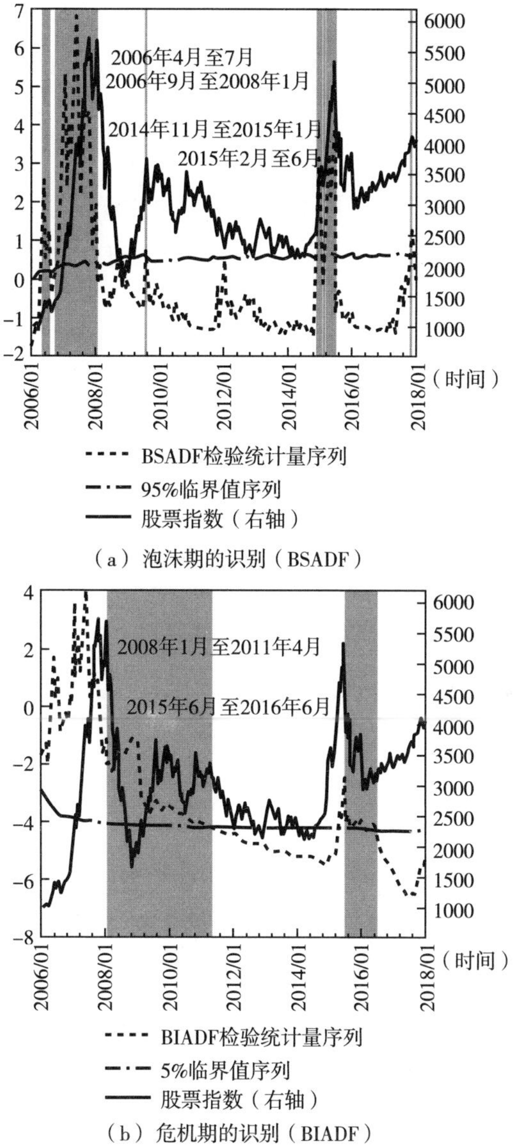

图 3.3　泡沫期和危机期的识别（中国股市）

跌和 2015 年的股灾相对应。这种由泡沫崩溃导致的危机均开始于价格的快速增长。对于2008年的股市暴跌，HS300自2006年4月21日起开始迅速上涨，从而形成市场泡沫，经历了22个月的繁荣扩张期后于2008年1月25日崩溃。而泡沫崩溃所导致的这场危机却持续了三年多（39个月），直至2011年4月29日，HS300才恢复到正常市场的水平。2015年股市暴跌前后也有类似特征。在危机出现之前，HS300指数于2014年11月28日泡沫爆发增长，但增长仅仅持续了7个月便于2015年6月19日停止。可泡沫崩溃所导致的股市暴跌一直持续到2016年6月24日，也就是说，市场从这一危机事件中复苏经历了将近12个月。

泡沫的存在对经济可能不是一件好事，防止此类泡沫的产生始终是金融市场的重要监控目标之一。王少平和赵钊（2019）使用BSADF检验对我国沪深300指数及其若干个一级行业指数进行泡沫检验，结果发现我国股市2015年的泡沫主要由金融地产行业、可选消费行业和公用事业行业的泡沫所引导。这些具有引导市场泡沫作用的行业泡沫发生的时点形成了突出的风险点，因此金融监管的关键在于实时识别这些突出风险点，及时遏制这类投机泡沫的产生，以稳定经济的发展。

现有文献验证了市场泡沫和行业泡沫之间存在明显的传导机制，那么自然引发出另一个问题，即在危机期间，各行业和市场在复苏过程中是否也存在传导机制呢？如果存在，哪些行业相较于市场更早地从危机中复苏，而哪些行业的复苏滞后于市场？全球行业分类标准（GICS）作为一个在世界范围内得到广泛认可的行业分类模型，将整体经济划分成11个一级行业。本章对我国沪深300指数及11个一级行业指数进行BSADF检验和BIADF检验，从而对上述问题进行研究与探讨。市场和行业数据来源于Wind数据库，我们下载了2005年1月至2017年12月的周度收盘价格。由于我们估计市场复苏时点的依据是BIADF检验统计量及其临界值的相对大小，而在这里使用的有限样本临界值是不变的，故我们可以通过将这11个行业的BIADF检验统计量序列和沪深300指数的BIADF统计量序列进行格兰杰（Granger）因果关系检验①，从而判断哪些行业的复苏对市场复苏产生引导作用。以2015年股市暴跌事件为例，表3.5给出了市场和各行业估计的泡沫起点、终点和复苏时点，以及格兰杰因果检验的p值。

表3.5　2015年股市暴跌期间沪深300指数及GICS一级行业指数的危机检验结果

	2015年股市暴跌			格兰杰因果检验（p值）	
	泡沫起点	泡沫终点	复苏时点	市场→行业	行业→市场
沪深300	2014年11月	2015年6月	2016年6月	—	—
能源	2014年12月	2015年6月	2016年3月	0.054*	0.061*
材料	2014年8月	2015年6月	2015年12月	0.164	0.026**
工业	2014年9月	2015年6月	2016年4月	0.205	0.012**
可选消费	2014年9月	2015年6月	2015年12月	0.030**	0.101
日常消费	2014年9月	2015年6月	2016年2月	0.065*	0.037**
医疗保健	2015年3月	2015年6月	2015年12月	0.108	0.110
金融	2014年11月	2015年6月	2016年5月	0.033**	0.046**
信息技术	2014年9月	2015年6月	2016年3月	0.034**	0.046**
电信服务	2014年11月	2015年6月	2016年6月	0.070*	0.089*
公用事业	2014年8月	2015年6月	2016年7月	0.015**	0.006***
房地产	2014年9月	2015年6月	2016年4月	0.132	0.074*

注：*表示在10%的显著性水平下显著，**表示在5%的显著性水平下显著，***表示在1%的显著性水平下显著。

表3.5的结果表明，2015年股市暴跌事件期间，整体市场从2014年11月出现泡沫，而泡沫崩溃导致的危机于2016年6月复苏。而能源和医疗保健行业的泡沫形成时点晚于市场泡沫起点，行

① 沪深300指数和11个行业的BIADF检验统计量序列均为单位根过程，因此这里使用的是BIADF检验统计量的差分数据，再加上考虑到变量间可能存在的线性或非线性关系，本章采用的是Diks和Panchenko（2006）提出的非参数格兰杰因果关系检验。

业复苏时点早于市场复苏时点。这意味着能源和医疗保健行业的运行相对稳健，行业泡沫持续时间比较短，泡沫崩溃后行业也能很快从危机中复苏。非参数格兰杰因果检验的结果进一步证实了，这两个行业与市场间不存在明显的传导关系。我们发现，材料、工业、可选消费、日常消费、信息技术和房地产等行业的泡沫形成时点早于市场泡沫，相应地行业复苏时点也早于整体市场。从格兰杰因果关系检验结果可知，在5%的显著性水平下，材料、工业、日常消费和信息技术等行业的复苏是市场复苏的格兰杰原因，这些行业的复苏对市场复苏产生了显著的引导作用。另外，金融、信息技术和公用事业等行业的复苏和市场复苏之间存在显著的双向传导关系。

综上所述，泡沫累积形成的市场短暂繁荣以泡沫崩溃而结束，随之而来的是市场的大幅衰退。甚至在某些情况下，泡沫崩溃会引发严重的金融危机。市场的复苏需要经历复杂而漫长的调整，并且市场复苏与各行业复苏之间存在显著的传导机制。

第五节　本章小结

本章提出了一个新的 BIADF 检验来识别由泡沫崩溃导致的危机，并能有效一致地估计市场复苏时点，即市场恢复到正常状态的时点。通过将 BSADF 检验与之结合使用来同时估计泡沫的起始和终止时点。与 Phillips 和 Shi（2018）使用反向 BSADF 检验来识别和监测危机相比，我们提出的新方法易于实现，并且计算效率更高。因为该方法基于一次双重递归回归可以同时获取 BSADF 和 BIADF 检验统计量的值，从而同时确定泡沫起始、终止和市场复苏时点的估计量。本章是对现有泡沫检验前沿理论进一步的扩展，体现了本书的理论创新和对现实经济研究的应用创新。

我们在无泡沫原假设下推导了 BSADF 和 BIADF 检验统计量的渐近性质，以及在存在泡沫和危机的备择假设下给出了泡沫起始、终止和市场复苏时点估计量具有一致性的约束条件。这些约束条件依赖于泡沫膨胀速度 α 和崩溃速度 β 的相对大小。结果发现 BIADF 检验施加的一致性约束要比 Phillips 和 Shi（2018）的约束更宽松，这进一步充分体现了本书理论研究的优越性和创新性。

蒙特卡洛仿真表明，单位根过程所含的漂移项对泡沫和危机的成功检测率，以及泡沫起始时点估计量 $\hat{f}_e$、终止时点估计量 $\hat{f}_c$、与市场复苏时点估计量 $\hat{f}_r$ 的平均偏误和标准差均没有实质性影响。另外，在不同模型参数设定下，基于 $\hat{f}_e$、$\hat{f}_c$ 和 $\hat{f}_r$ 的平均偏误和标准差结果都是令人满意的，且泡沫成功检测率和危机成功检测率多数高于 90%。通过将 BIADF 检验和反向 BSADF 检验进行比较，发现 BIADF 检验对突然崩溃的成功检测率更高，且相对于突然崩溃，我们的 BIADF 检验对平滑崩溃的市场复苏时点提供了更准确的估计，这与反向 BSADF 检验的结果相反。考虑到平滑崩溃比突然崩溃更难确定市场复苏时点的事实，我们认为 BIADF 检验具有更强的应用价值。

我们将 BIADF 检验与 BSADF 检验结合应用于美国和中国股票市场，以识别市场可能存在的泡沫和危机的个数，并确定泡沫的起始、终止和市场复苏时点估计量。基于美国股市数据的检验结果，我们发现 BIADF 检验成功地检测到 1987 年的“黑色星期一”危机事件，而反向 BSADF 检验没有检测到这一典型突然危机。BIADF 检验的结果表明，1987 年 10 月开始的“黑色星期一”危机事件导致美国股票市场直到 1991 年 2 月才复苏。我们检测到美国股市的另一个泡沫是 21 世纪的互联网泡沫，估计的互联网泡沫期为 1995 年 11 月至 1996 年 6 月和 1996 年 9 月至 2001 年 2 月，估计的危机时期为 2001 年 2 月至 2005 年 9 月，这表明因为避免了对泡沫终止日期的重复估计，BIADF 检验估计的危机期和泡沫扩张期不再像反向 BSADF 检验结果那样相互重叠。互联网泡沫危机的市场复苏时点为 2005 年 9 月。

对于中国的股票市场，我们的实证结果发现在 2006—2011 年和

2014—2016年分别存在一个由泡沫崩溃导致的危机事件。一个是2008年的股市暴跌。在危机爆发之前，HS300迅速上涨了22个月，随后自2008年1月经历了39个月的衰退期，直到2011年4月才恢复到市场正常状态。另一个是2015年的股市暴跌。市场指数自2014年11月经历了7个月的繁荣期，并于2015年6月起持续了12个月的危机期。市场复苏时点是2016年6月。从这个角度上说，本章的BIADF检验为检验资本市场泡沫和危机提供了一个新视角，体现出本书的应用创新。

第四章　一种区分泡沫和单位根过程的新检验
——DBF 泡沫检验

自 Phillips 等（2011）提出 SADF 检验以来，研究特定资本市场是否存在泡沫的文献在不断增加，如 Etienne 等（2014）、Tsvetanov 等（2016）、Giglio 等（2016）、Anundsen 等（2016）、Guo 等（2019）、Pesaran 和 Johnsson（2020）等。上一章我们阐述了正确识别市场泡沫的重要性——由于股市的短期非理性繁荣是以随后的长期低迷为代价的，因此金融监管需要及时消除这类泡沫的产生，以防止因泡沫崩溃导致的危机。

然而，并非所有资产价格的快速上涨都是由自回归系数大于 1 的爆炸过程（泡沫）导致的。与市场指数不同，单只股票价格主要取决于其上市公司的基本面价值。如广泛使用的戈登增长模型，它根据未来股息支付的净现值（股利现值估价模型）来评估股票价格的合理性（Brealey and Myers，2012）。在存在摩擦或信息不对称的情况下，投资者通常用高昂的成本来获取有关资产基本面和流动性交易者行为的信息。股票价格与资产基本面价值之间可能存在如 Grossman 和 Stiglitz（1980）以及 Kyle（1985）所描述的线性相关关系，也可能存在如 Banerjee 等（2018）所描述的非线性相关关系。Balke 和 Wohar（2009）将股票价格分解为基本面成分和泡沫成分，发现一旦股息增长或股权回报率存在持续性上涨，泡沫成分对股价走势的贡献就可以忽略不计。也就是说，当（长期）基本面有了实质性改善时，预计资产价格将急剧上涨，这可能会非线性地改变“长期增长路径”。此时，资产价格的快速上涨并不是由泡沫导致的，而是因为基本面显著改善导致的。本章我们将重点聚焦于单只股票价格快速上涨的原因。

在早期文献中，我们使用带有截距项和线性趋势项的单位根过程描述资产价格的基本面。然而，当基本面在某时点存在显著改善时，线性趋势单位根过程并不能充分捕获快速上涨的价格序列中非线性改变的“长期增长路径”（至少对于某些子周期而言）。虽然我们可以设定许多种趋势函数来逼近非线性确定性趋势，在文献中关于最合适的选择标准也尚无共识，但总的来说，不建议选择过于笼统的趋势函数。因为可能会导致无法有效区分具有可加性趋势成分的单位根过程与平稳过程（Phillips and Xiao，1998）。在本章中，我们扩展 Harvey 等（2011）对非线性趋势的设定，即允许在某个未知时点价格数据出现二次时间趋势项（以下简称“二次趋势”）。

图 4.1 绘制了中度爆炸过程和含局部二次趋势的单位根过程（unit root with a partial quadratic trend break，URQ）的时间序列。不难发现，这两种时间序列有极其相似的增长轨迹。假如资产价格序列是一个中度爆炸过程，价格的上涨更多地来自泡沫累积。因此，当资产价格序列是一个中度爆炸过程时，我们可以使用泡沫检验的方法来监控，如使用 BSADF 检验估计泡沫的起始和终止时点。假如价格序列是一个含局部二次趋势的单位根过程，其上涨主要是由（长期）基本面显著的改善所非线性推动的。即使基本面改善结束了，价格停止快速上涨，也不会出现下跌。此时，我们可以使用有效市场的相关理论对价格序列进行分析，如使用资本资产定价模型。然而我们发现，现有文献和泡沫检验如 SADF 检验、GSADF 检验等均无法对中度爆炸过程和含局部二次趋势的单位根过程进行有效区分。因此，正确判断资产价格是由泡沫膨胀导致的中度爆炸过程还是由基本面显著改善而形成的含局部二次趋势的单位根过程是一个重要但还未解决的问题。

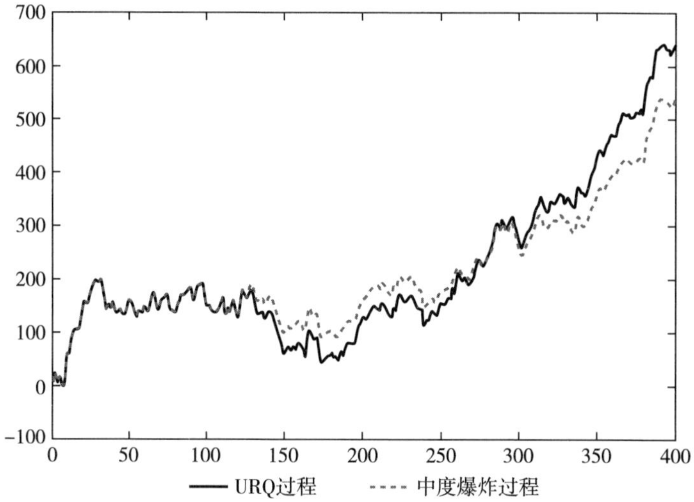

图 4.1　中度爆炸过程和含局部二次趋势的单位根（URQ）过程

针对含局部二次趋势的单位根过程，我们提出了一个基于 GLS 退趋势的 ADF 型 DBF 泡沫检验，并推导了在原假设和备择假设下检验统计量的渐近分布。Kim 和 Perron（2009）、Harris 等（2009）均发现，基于未知突变时点估计量的单位根检验统计量与基于真实已知突变时点的单位根检验统计量的渐近分布并不总是相同的。因此，本章对含局部二次趋势的单位根过程进行单位根检验同样面临这一问题。二次时间趋势项的存在，导致未知突变时点估计量的收敛速度不再满足基于突变时点估计量的单位根检验统计量渐近分布与基于真实突变时点的统计量渐近分布相同的条件。因此，我们构造了基于截断数据的 DBF 泡沫检验，该检验统计量的渐近分布与基于真实已知突变时点的单位根检验统计量渐近分布相同。更重要的是，DBF 泡沫检验不仅能区分单位根过程和平稳过程，还能用于区分由资产泡沫导致的中度爆炸过程和由基本面显著改善所形成的含局部二次趋势的单位根过程。因此，本章内容是对现有含确定性时间趋势和结构突变的单位根检验和爆炸检验前沿理论的进一步扩展，体现了本书的理论创新。

本章的主要内容安排如下。第一节引入含局部二次趋势的单位根过程，该数据过程的确定性时间趋势在未知时点由线性函数突变为二次函数，在该理论框架下提出了一种基于退趋势数据的单位根检验。第二节介绍并分析了常用的三种退趋势方法的适用条件和优劣比较。第三节推导了基于 GLS 退趋势的 DBF 检验统计量的渐近分布，并在突变时点未知情况下，提出了估计未知时点的方法，并得到了估计量的一致性和收敛速度。第四节利用蒙特卡洛仿真模拟的方法考察了 DBF 泡沫检验的有限样本性质，进一步考察 DBF 检验正确区分资产泡沫和显著改善的基本面的能力。第五节是本章小结。附录二给出了本章所有定理的详细理论证明过程。

第一节　含局部二次趋势的单位根过程及其检验

考虑时间序列 $\{y_t\}$ 由如下的含局部二次趋势的单位根过程生成，记为 URQ 过程：

$$y_t = z(\delta^0)_t' \gamma + u_t, \quad t=1, \cdots, T \tag{4.1}$$

$$u_t = \rho u_{t-1} + \varepsilon_t, \quad t=2, \cdots, T \tag{4.2}$$

我们假定确定性趋势函数有两种设定。模型 A 中确定性趋势函数由截距项、线性趋势项、二次趋势项构成，即 $z(\delta^0)_t = [1, t, DQ_t(\delta^0)]'$，且 $\gamma = (\beta_1, \beta_2, \beta_3)'$；模型 B 中确定性趋势函数由截距项和二次趋势项构成，即 $z(\delta^0)_t = [1, DQ_t(\delta^0)]'$，且 $\gamma = (\beta_1, \beta_3)'$。其中 $DQ_t(\delta^0) := I(t > T_b^0)(t - T_b^0)^2$，$T_b^0 = \delta^0 T$ 是确定性时间趋势由线性函数突变为二次函数的时点，即二次趋势项出现的真实时点。突变比例 $\delta^0 = 0$ 表示全样本一直存在二次趋势项，而 $\delta^0 = 1$ 表示二次趋势项始终未出现，即 Said 和 Dickey（1984）所提出的经典单位根检验模型。

URQ 过程的初始条件 u_1 满足 $T^{-1/2} u_1 \xrightarrow{p} 0$。新息过程 ε_t 满足 Phillips 和 Solo（1992）给出的一般化假设。

假设 4.1　令 $\varepsilon_t = C(L)v_t$，$C(L) := \sum_{i=0}^{\infty} C_i L^i$，$C_0 = 1$，对所有的 $|z| \leqslant 1$，有 $C(z) \neq 0$，$\sum_{i=0}^{\infty} i|C_i| < \infty$。其中 v_t 是一个均值为零、方差为 σ^2 的独立同分布序列，且对于某些 $r \geqslant 4$，有 $E|v_t|^r < K < \infty$。

在假设 4.1 中我们将新息过程 ε_t 表述为一个无穷阶的 MA 过程。基于此，可以刻画数据生成过程存在的序列自相关特征。另外，我们对二次趋势项的参数进行如下假设：

假设 4.2　$\beta_3 \neq 0$ 且 $0 < \underline{\delta} \leqslant \delta^0 \leqslant \bar{\delta} < 1$。

假设 4.2 是结构突变文献中的标准假设，在推导本章节所有的渐近结果时起到重要作用。该假设基本上保证了二次趋势项的存在，并且突变时点前后的子样本都是渐近不可忽略的。

鉴于含局部二次趋势的单位根过程存在明显的确定性趋势，且确定性趋势存在结构突变和二次函数，我们对退趋势后的待检验数据进行单位根检验。假定 $\tilde{y}_t$ 为退趋势后的数据，我们构造了一个 DBF 泡沫检验以区分泡沫和 URQ 单位根过程，其检验统计量是基于 ADF 回归方程（4.3）中自回归系数估计量 $\hat{\rho}$ 的 t 统计量：

$$\tilde{y}_t = \rho \tilde{y}_{t-1} + \sum_{i=0}^{p-1} \varphi_i \Delta \tilde{y}_{t-i} + e_t, \quad t = p+2, \cdots, T \tag{4.3}$$

我们可以根据赤池信息准则（Akaike Information Criterion，AIC）和贝叶斯信息准则（Bayesian Information Criterion，BIC）等信息准则选择滞后阶数 p。DBF 检验统计量为：

$$\tau_q(\delta^0) = (C_{11}\hat{\sigma}^2)^{-\frac{1}{2}}(\hat{\rho} - 1) \tag{4.4}$$

其中，$C_{11}\hat{\sigma}^2$ 是方差估计矩阵的第一个元素，C_{11} 是 $(X'X)^{-1}$ 的第一个元素，$X = (\tilde{y}_{t-1}, \Delta\tilde{y}_{t-j}, \cdots, \Delta\tilde{y}_{t-p})$，$\hat{\sigma}^2 = (T-p-1)^{-1}\sum_{t=p+2}^{T}\hat{e}_t^2$，$\hat{e}_t$ 是由回归方程（4.3）得到的残差序列。

不难看出，DBF 检验统计量的渐近性质与退趋势数据 $\tilde{y}_t$ 密切相关，而退趋势数据 $\tilde{y}_t$ 的渐近性质取决于退趋势的方法。在下一节中，我们将介绍三种不同退趋势方法，并通过分析这三种退趋势方法的适用条件，选择最适合含局部二次趋势单位根过程的退趋势方法。

第二节 三种退趋势方法及其比较

当单位根过程的截距和（或）斜率存在未知结构突变时，我们采用最小化残差平方和的方法估计突变比例，并基于退趋势后的数据构造单位根检验。现有文献常用的退趋势的方法有三种：OLS 退趋势、GLS 退趋势和递归（RLS）退趋势。

早期文献中普遍使用的方法是 OLS 退趋势，如 Bai（1994）、Bai 和 Perron（1998）、Perron 和 Zhu（2005）以及 Kim 和 Perron（2009）。我们考虑以下三种存在结构突变的模型：

$$y_t = z(T_1)'_t\theta + u_t = z_{t,1}\theta_1 + z(T_1)'_{t,2}\theta_2 + u_t \tag{4.5}$$

其中，扰动项 u_t 服从一个 ARMA(p, q)过程，$z_{t,1}=(1, t)'$，$\theta_1=(\mu, \beta)'$，$z(T_1)_{t,2}=\begin{cases}DU_t & \text{模型 A1}\\ DT_t & \text{模型 A2}\\ (DU_t, DT_t)' & \text{模型 A3}\end{cases}$，$\theta_2=\begin{cases}\mu_b & \text{模型 A1}\\ \beta_b & \text{模型 A2}\\ (\mu_b, \beta_b)' & \text{模型 A3}\end{cases}$。

当 $t\leqslant T_1$ 时，$DU_t=DT_t=0$；当 $t>T_1$ 时，$DU_t=1$，$DT_t=t-T_1$。$T_1=\lambda^c T$ 表示真实的突变时点，且 $0<\lambda^c<1$。

我们将模型 A1 称为水平位移模型，A2 称为增长率改变模型，A3 称为混合模型。由于真实的突变时点未知，我们需要估计突变比例 λ^c，并推导基于突变比例估计量的单位根检验统计量的渐近分布。

我们可以通过最小化 OLS 退趋势回归方程的残差平方和来估计突变时点，即基于回归方程为：

$$y_t = z(T_b)'_t\theta + u_t \tag{4.6}$$

得到残差项 $\hat{u}_t$。其中 $z(T_b)_t=[z_{t,1}, z(T_b)_{t,2}]'$，$\theta=(\theta_1, \theta_2)'$，$T_b=\lambda T$，$\lambda$ 表示任意一个可能的突变比例。那么，突变时点估计量

$\hat{\lambda}_i^{OLS} = \min_\lambda \sum \hat{u}_t^2$，$i=1, 2, 3$。假定由回归式（4.6）估计的 θ 记为 $\hat{\theta}$，则基于 OLS 退趋势后的数据 $\hat{y}_t = y_t - z(T_b)_t'\hat{\theta}$ 可构造单位根检验统计量。

根据 Kim 和 Perron（2009）的分析，我们可知对于模型 A1，突变时点估计量 $\hat{\lambda}_1^{OLS} - \lambda^c = o_p(T^{-1/2})$；对于模型 A2 和模型 A3，$\hat{\lambda}_2^{OLS} - \lambda^c = \hat{\lambda}_3^{OLS} - \lambda^c = O_p(T^{-1/2})$。但只有当突变比例估计量 $\hat{\lambda}$ 满足 $\hat{\lambda} - \lambda^c = o_p(T^{-1/2})$ 时，基于突变比例估计量的单位根检验统计量的渐近分布与突变已知时的统计量分布相同。因此，当单位根过程的斜率存在未知结构突变时，$\hat{\lambda}^{OLS}$ 的收敛速度并不能保证基于 $\hat{\lambda}^{OLS}$ 的单位根检验统计量的渐近分布与突变已知时的统计量分布相同。

幸运的是，Perron 和 Rodriguez（2003）、Harris 等（2009）以及 Carrion-i-Silvestre 等（2009）发现，当使用 GLS 退趋势方法时，通过最小化 GLS 退趋势回归方程的残差平方和得到的突变比例估计量的收敛速度将会加快。回归方程（4.6）运用 GLS 转化可得：

$$y_{\bar{c},t} = X_{\bar{c},t}(T_b)'\theta + u_{\bar{c},t} \tag{4.7}$$

计算得到残差项 $\hat{u}_{\bar{c},t}$，此时的突变时点估计量为 $\hat{\lambda}_i^{GLS} = \min_\lambda \sum \hat{u}_{\bar{c},t}^2$，$i=1, 2, 3$。其中 $y_{\bar{c},t} = \begin{cases} y_1 & t=1 \\ y_t - \bar{\rho}_T y_{t-1} & t=2, \cdots, T \end{cases}$，$X_{\bar{c},t}(T_b) = \begin{cases} z(T_b)_1 & t=1 \\ z(T_b)_t - \bar{\rho}_T z(T_b)_t & t=2, \cdots, T \end{cases}$，且 $\bar{\rho}_T := 1 - \bar{c}T$，$\bar{c}$ 为 GLS 回归的参数。给定显著性水平，$\bar{c}$ 的选择使检验渐近功效（power）等于 0.5。假定由回归式（4.7）估计的 θ 记为 $\hat{\theta}_{\bar{c}}$，则基于 GLS 退趋势后的数据 $\tilde{y}_t = y_t - X_t(T_b)'\hat{\theta}_{\bar{c}}$ 可构造单位根检验统计量。

Harris 等（2009）证明了当单位根过程的斜率存在结构突变时，基于最小化 GLS 退趋势回归的残差平方和可以得到突变比例估计量 $\hat{\lambda}^{GLS}$，且 $\hat{\lambda}^{GLS} - \lambda^c = O_p(T^{-1})$。此时，基于 $\hat{\lambda}^{GLS}$ 的单位根检验统计量的渐近分布与突变已知时的统计量分布相同。

还有一种退趋势的方法能更准确地捕捉到数据特征可能存在的

结构突变，即运用递归回归来估计模型参数。Shin 和 So（2001）提出递归均值调整法，旨在用 t 时刻的均值而不是全局样本的均值来退趋势。结果发现，在单位根检验中用递归均值调整法比用普通最小二乘法得到的自回归参数估计量的偏误更小，检验功效更高。Rodrigues（2013）将递归退趋势法扩展到单位根过程存在结构突变的框架下。

若我们使用递归退趋势法得到退趋势后的数据，则式（4.6）中确定性趋势变量的参数估计量是基于前 t 个样本计算的：

$$\hat{\theta}_t = \left(\sum_{k=1}^{t} z(T_b)_k' z(T_b)_k\right)^{-1} \sum_{k=1}^{t} z(T_b)_k y_k, \quad t = 2, \cdots, T \tag{4.8}$$

则残差项 $\hat{u}_t^* = y_t - z(T_b)_t'\hat{\theta}_t$，此时通过最小化递归退趋势回归方程的残差平方和来估计突变时点所得到的突变比例估计量为 $\tilde{\lambda} = \min_\lambda \sum \hat{u}_t^{*2}$。我们可基于退趋势数据 $y_t^* = y_t - z(T_b)_t'\hat{\theta}_t$ 构建单位根检验统计量。

接下来，我们对 OLS 退趋势、GLS 退趋势和递归退趋势进行比较分析。

首先，考虑对未知结构突变的估计情况。从现有文献来看，基于 GLS 退趋势法得到的突变比例估计量的收敛速度要快于基于 OLS 退趋势法得到的突变比例估计量，而由于递归退趋势的回归方程与 OLS 退趋势的回归方程都基于式（4.6），仅回归估计时所用的样本数量不一样，故而基于递归退趋势得到的突变比例的收敛速度与基于 OLS 退趋势法得到的突变比例估计量的收敛速度相等。因此，我们可知由 GLS 退趋势法得到的突变比例估计量的收敛速度是最快的，即最能保证基于突变比例估计量的单位根检验统计量的渐近分布与突变已知时的统计量分布相同。

其次，考虑退趋势数据的性质。当扰动项 u_t 存在较高的序列自相关时，使用普通最小二乘法估计模型（4.6）所得到的参数估计量存在不可忽略的偏差（Shaman and Stine，1988；Roy and Fuller，2001；Tanizaki et al.，2006）。所以，当待检验数据是单位根过程或自回归系数较大的平稳过程时，使用 OLS 退趋势法得到的退趋势数据存在明显偏差。此时使用 GLS 退趋势和递归退趋势法能更准确地估计到数据的确定性趋势成分以及可能存在的结构突变。

最后，通过蒙特卡洛仿真实验，我们分析上述三种退趋势方法对含结构突变的单位根检验的影响。设定数据生成过程（4.5）中的 $\mu=\beta=0$，$\mu_b=\beta_b=1$，$u_t=\rho u_{t-1}+\varepsilon_t$，$\rho=1-c/T$，$c=\{0, 1, 2, \cdots, 30\}$，初始值 $u_0=0$，误差项服从标准正态分布 $\varepsilon_t \sim i.i.d.N(0, 1)$，样本长度 $T=100$，真实的突变比例 $\lambda^c=0.5$。基于 OLS 退趋势、GLS 退趋势和递归退趋势的单位根检验结果分别记为 τ^{OLS}、τ^{GLS} 和 τ^{RCS}。所有的结果都基于 $N=2000$ 次仿真模拟在 5%显著性水平下得到。图 4.2 和图 4.3 分别绘制了样本长度为 100 和 1000 时，不同模型下，基于三种退趋势方法得到的单位根检验的功效曲线。

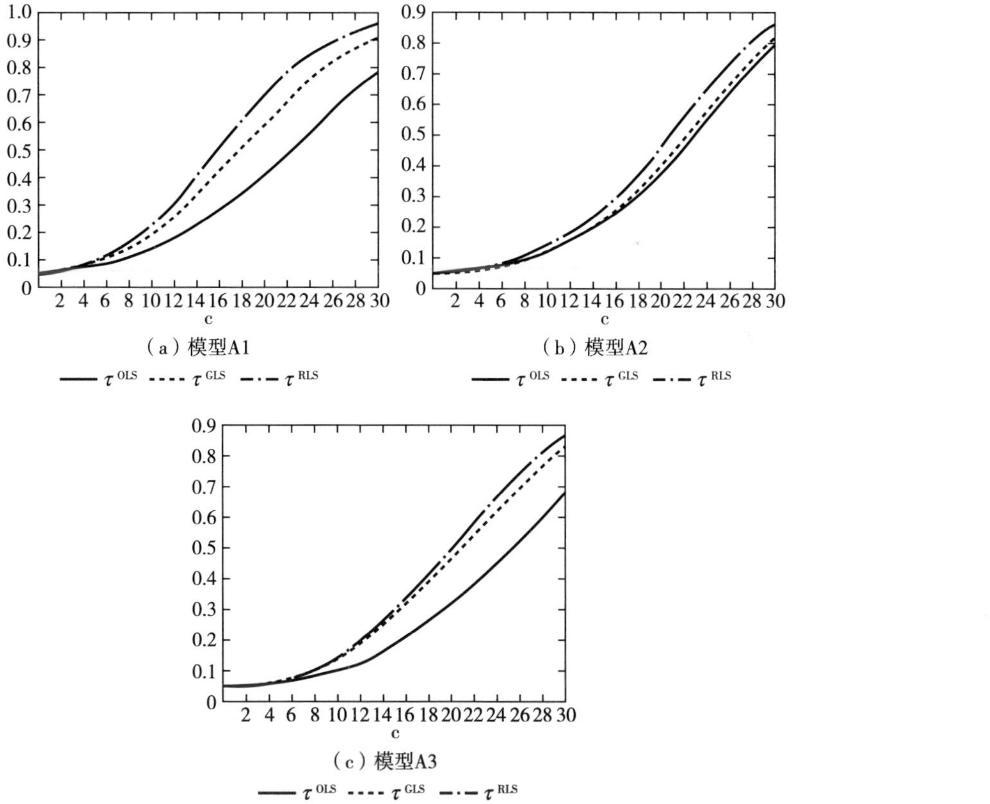

图 4.2　$T=100$ 时基于 OLS 退趋势、GLS 退趋势和递归退趋势的单位根检验的功效曲线

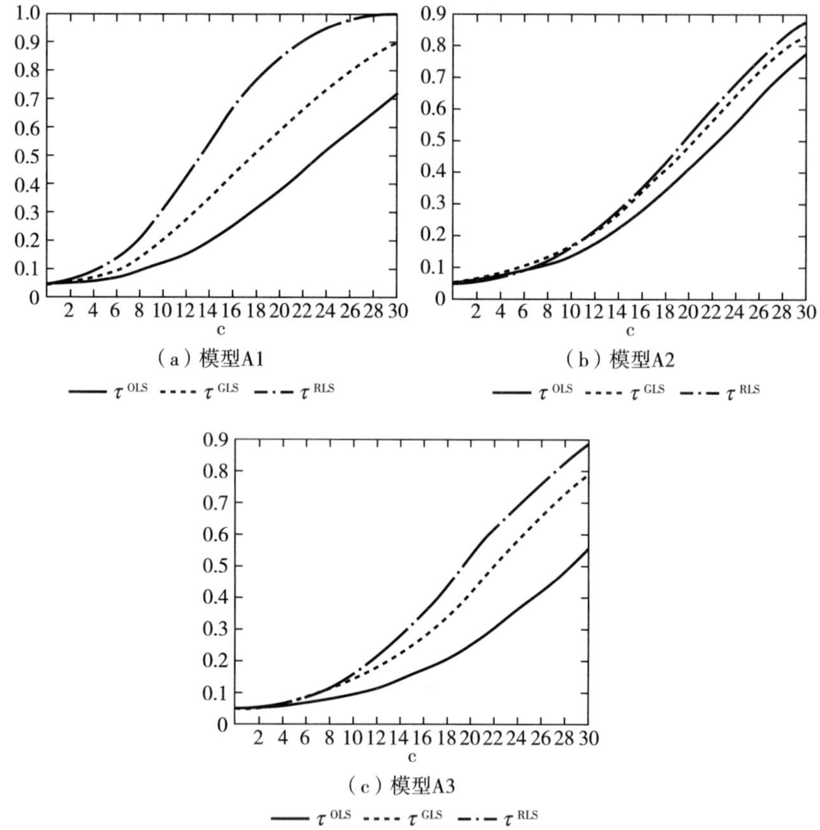

图 4.3 T=1000 时基于 OLS 退趋势、GLS 退趋势和递归退趋势的单位根检验的功效曲线

从图 4.2 中我们可知，当样本量为 100 时，基于 GLS 退趋势的单位根检验功效优于基于全样本 OLS 退趋势和基于递归退趋势的单位根检验功效。在 c 的取值较小时，基于上述三种退趋势的单位根检验功效相差无几，如对于 $c=3$ 的模型 A1，基于 GLS 退趋势的单位根检验功效为 0.083，而基于全样本 OLS 退趋势和基于递归退趋势的单位根检验功效均为 0.062。但随着 c 增加，基于 GLS 退趋势和递归退趋势的单位根检验功效显著优于基于全样本 OLS 退趋势的单位根检验，特别是对于模型 A1 和模型 A3。

图 4.3 的结果证实，即使增加样本长度，基于 GLS 退趋势的单

位根检验功效仍然要高于基于全样本 OLS 退趋势和基于递归退趋势的单位根检验功效。

第三节　区分泡沫和单位根过程的新检验
——DBF 泡沫检验

从上一节的分析中可知，当数据存在较高的序列相关和存在未知结构突变时，基于 GLS 退趋势的单位根检验更好。因此，为了更有效地检验含局部二次趋势的单位根过程，以及正确区分由资产泡沫导致的中度爆炸过程和由基本面显著改善所形成的含局部二次趋势的单位根过程，我们基于 GLS 退趋势的数据构建 DBF 检验统计量。

此时，对于在区间 $[\underline{\delta}, \bar{\delta}]$ 内任意一个可能的突变比例 δ，式（4.4）构建的 DBF 检验统计量 $\tau_q(\delta)$ 是基于 GLS 退趋势数据 $\tilde{y}_t = y_t - z(\delta)_t'\tilde{\gamma}$ 的，其中 $\tilde{\gamma}$ 是通过以下回归方程（4.9）估计得到。

$$\boldsymbol{y}_{\bar{\rho}} = \boldsymbol{Z}_{\bar{\rho},\delta}\boldsymbol{\gamma} + \boldsymbol{U}_{\bar{\rho}} \tag{4.9}$$

其中，$\boldsymbol{y}_{\bar{\rho}} := (y_1,\ y_2 - \bar{\rho}y_1,\ \cdots,\ y_T - \bar{\rho}y_{T-1})'$，$\boldsymbol{Z}_{\bar{\rho},\boldsymbol{\delta}} := [z(\delta)_1,\ z(\delta)_2 - \bar{\rho}z(\delta)_1,\ \cdots,\ z(\delta)_T - \bar{\rho}z(\delta)_{T-1}]'$，$\boldsymbol{U}_{\bar{\rho}} = (u_1,\ u_2 - \bar{\rho}u_1,\ \cdots,\ u_T - \bar{\rho}u_{T-1})$，且 $\bar{\rho} := 1 + \bar{c}/T$，选定 $\bar{c}$ 使得检验功效包络函数（Power Envelope）等于 0.5。

一　突变已知条件下 DBF 泡沫检验统计量的渐近分布

首先，假设真实突变时点 T_b^0 和突变比例 δ^0 已知，即 $\delta = \delta^0$。我们考察 DBF 检验统计量的渐近分布。为了使渐近分布的左尾可用于单位根过程对平稳过程的假设检验，右尾可用于单位根检验对中度爆炸过程的假设检验，我们在 local-to-unity 的假设 H_c：$\rho = 1 + c/T$ 下建立定理 4.1。

定理 4.1　令 y_t 由数据生成过程（4.10）和（4.20）生成，在假设 4.1 和假设 4.2 成立时，在 local-to-unity 的假设 H_c：$\rho = 1 + c/T$

下，有 $\tau_q(\delta^0)\xrightarrow{p}\xi^{c,\bar{c},\delta^0}$。特别地，有：

（a）对于模型 A，

$$\tau_{q,1}(\delta^0)\xrightarrow{d}\frac{1}{2}\frac{J_1(c,\ \bar{c},\ \delta^0)}{[J_2(c,\ \bar{c},\ \delta^0)]^{1/2}}=:\xi_1^{c,\bar{c},\delta^0} \tag{4.10}$$

（b）对于模型 B，

$$\tau_{q,2}(\delta^0)\xrightarrow{d}\frac{1}{2}\frac{K_1(c,\ \bar{c},\ \delta^0)}{[K_2(c,\ \bar{c},\ \delta^0)]^{1/2}}=:\xi_2^{c,\bar{c},\delta^0} \tag{4.11}$$

其中：

$$J_1(c,\ \bar{c},\ \delta^0):=V_{c,\ \bar{c}}^{(1)}(1,\ \delta^0)^2-2V_{c,\ \bar{c}}^{(2)}(1,\ \delta^0)-1$$

$$J_2(c,\ \bar{c},\ \delta^0):=\int_0^1 V_{c,\ \bar{c}}^{(1)}(r,\ \delta^0)^2\mathrm{d}r-2\int_{\delta^0}^1 V_{c,\ \bar{c}}^{(2)}(r,\ \delta^0)\mathrm{d}r$$

$$K_1(c,\ \bar{c},\ \delta^0):=W_c(1)^2-2V_{c,\ \bar{c}}^{(3)}(1,\ \delta^0)-1$$

$$K_2(c,\ \bar{c},\ \delta^0):=\int_0^1 W_c(r)^2\mathrm{d}r-2\int_{\delta^0}^1 V_{c,\ \bar{c}}^{(3)}(r,\ \delta^0)\mathrm{d}r$$

$$V_{c,\ \bar{c}}^{(1)}(r,\ \delta^0):=W_c(r)-R_{1,\ c,\ \bar{c}}r$$

$$V_{c,\ \bar{c}}^{(2)}(r,\ \delta^0):=R_{2,\ c,\ \bar{c}}(r-\delta^0)^2\cdot\left[W_c(r)-R_{1,\ c,\ \bar{c}}r-\frac{1}{2}R_{2,\ c,\ \bar{c}}(r-\delta^0)^2\right]$$

$$V_{c,\ \bar{c}}^{(3)}(r,\ \delta^0):=R_{3,\ c,\ \bar{c}}(r-\delta^0)^2\left[W_c(r)-\frac{1}{2}R_{3,\ c,\ \bar{c}}(r-\delta^0)^2\right]$$

$$R_{1,\ c,\ \bar{c}}:=\pi_{\bar{c}}^{-1}(\alpha_{3,\ \bar{c}}N_{1,\ c,\ \bar{c}}-\alpha_{2,\ \bar{c}}N_{2,\ c,\ \bar{c}})$$

$$R_{2,\ c,\ \bar{c}}:=\pi_{\bar{c}}^{-1}(\alpha_{1,\ \bar{c}}N_{2,\ c,\ \bar{c}}-\alpha_{2,\ \bar{c}}N_{1,\ c,\ \bar{c}})$$

$$R_{3,\ c,\ \bar{c}}:=\alpha_{3,\ \bar{c}}^{-1}N_{2,\ c,\ \bar{c}}$$

$$\alpha_{1,\ \bar{c}}:=1-\bar{c}+\bar{c}^2/3$$

$$\alpha_{2,\ \bar{c}}:=\frac{1}{4}\bar{c}^2\left(1+\frac{1}{3}\delta^0\right)(1-\delta^0)^3-\bar{c}(1-\delta^0)^2+(1-\delta^0)^2$$

$$\alpha_{3,\ \bar{c}}:=\frac{1}{5}\bar{c}^2(1-\delta^0)^5-\bar{c}(1-\delta^0)^4+\frac{4}{3}(1-\delta^0)^3$$

$$\pi_{\bar{c}}:=\alpha_{1,\ \bar{c}}\alpha_{3,\ \bar{c}}-\alpha_{2,\ \bar{c}}^2$$

$$N_{1,c,\bar{c}} := (1-\bar{c})W_c(1) + \bar{c}^2\int_0^1 rW_c(r)\mathrm{d}r$$

$$N_{2,c,\bar{c}} := [2(1-\delta^0) - \bar{c}(1-\delta^0)^2][W_c(1) - W_c(\delta^0)] - 2\int_{\delta^0}^1 W_c(r)\mathrm{d}r + \bar{c}^2\int_{\delta^0}^1 (r-\delta^0)^2 W_c(r)\mathrm{d}r$$

且 $W_c(r) := \int_0^r e^{(r-s)c}\mathrm{d}W(s)$ 是一个标准的 Ornstein-Uhlenbeck 过程。

与 Phillips（1987）类似，定理 4.1 为 DBF 检验统计量给出了一个一致连续的渐近分布函数。特别地，当 $c=0$ 时对应着 DBF 检验的单位根原假设 H_0：$\rho=1$；当 $c>0$ 时对应检验的爆炸侧备择假设；当 $c<0$ 时对应检验的平稳侧备择假设。

当 $\delta^0=1$ 时，待检验数据不存在二次趋势项，此时检验统计量与 Smeekes（2013）基于 GLS 退趋势所得到的标准 ADF 检验统计量的渐近分布相同；而当 $\delta^0=0$ 时，待检验数据的全样本一直含有二次趋势项，此时定理 4.1 提供的检验统计量渐近分布不依赖于二次趋势项系数，这是与 Harvey 等（2011）给出的结果最大的区别。

二　突变未知条件下 DBF 泡沫检验统计量的渐近分布

在实证应用时，真实突变时点通常是未知的，我们需要估计二次趋势突变在样本中出现的位置，即估计真实的突变比例 δ^0。根据 Perron 和 Zhu（2005）以及 Carrion-i-Silvestre 等（2009），我们通过最小化 GLS 退趋势回归的残差平方和来估计突变比例，即：

$$\hat{\delta} = \arg\min_{\delta\in[\underline{\delta},\bar{\delta}]} \boldsymbol{y}_{\bar{\rho}}'(I-P_\delta)\boldsymbol{y}_{\bar{\rho}} \tag{4.12}$$

其中，$\boldsymbol{y}_{\bar{\rho}} := (y_1, y_2-\bar{\rho}y_1, \cdots, y_T-\bar{\rho}y_{T-1})'$，$P_\delta$ 是由 $\boldsymbol{Z}_{\bar{\rho},\delta}$ 构造的投影矩阵，即 $P_\delta = \boldsymbol{Z}_{\bar{\rho},\delta}(\boldsymbol{Z}_{\bar{\rho},\delta}'\boldsymbol{Z}_{\bar{\rho},\delta})^{-1}\boldsymbol{Z}_{\bar{\rho},\delta}'$，则估计的突变时点 $\hat{T}_b=\hat{\delta}T$。

定理 4.2 详细给出了突变比例估计量 $\hat{\delta}$ 的渐近性质以及基于突变比例估计量的 DBF 检验统计量 $\tau_q(\hat{\delta})$ 的渐近性质。

定理 4.2　在假设 4.1 和假设 4.2 成立时，用式（4.12）估计得到突变比例 $\hat{\delta}$，有：

（a）当 $T\to\infty$ 时，$\hat{\delta}\xrightarrow{p}\delta^0$；

（b）$\hat{\delta}-\delta^0=O_p(T^{-3/2})$；

（c）当 $T\to\infty$ 时，假如有 $\hat{\delta}-\delta^0=o_p(T^{-3/2})$，则 $\tau_q(\hat{\delta})\xrightarrow{p}\xi^{c,\bar{c},\delta^0}$。

定理4.2揭示了在假设4.1和假设4.2成立时，突变比例估计量依概率收敛到真实的突变比例，且突变比例估计量的收敛速度越快，基于突变比例估计量的DBF检验统计量的渐近分布与基于真实突变比例的检验统计量的渐近分布越接近。

根据定理4.2（b）和（c），我们可知通过式（4.12）估计得到突变比例估计量的收敛速度不足以保证基于突变比例估计量的DBF检验统计量的渐近分布与真实突变比例已知时检验统计量的渐近分布相同。值得注意的是，此时基于突变比例估计量的DBF检验统计量并不是发散的，而是收敛到某个可能涉及许多冗余参数的分布函数，如分布函数含有二次趋势项的真实系数等。因此，直接计算基于突变比例估计量的DBF检验统计量的渐近分布是相对复杂且在实证应用中不适用的。

为了解决这个问题，我们采用了Kim和Perron（2009）提出的基于截断数据（trimmed data）构造单位根检验。这个方法的思路主要是删除包含估计的突变时点在内的某个窗口内的样本点。假定窗口宽度为 $2\psi(T)$，其中 $\psi(T)\equiv\vartheta T^{\theta}$，$\vartheta>0$，且 $-3/2<\theta<0$；因此被删除的样本点为从 $T_l+1\equiv T[\hat{\delta}-\psi(T)]+1$ 到 $T_h\equiv T[\hat{\delta}+\psi(T)]$。我们有 $T_lT=\hat{\delta}-\psi(T)\xrightarrow{p}\delta^0$，$T_hT=\hat{\delta}+\psi(T)\xrightarrow{p}\delta^0$，且：

$$T_l-T_b^0=T[\hat{\delta}-\psi(T)]-T\delta^0=[T^{-\frac{3}{2}-\theta}T^{\frac{3}{2}}(\hat{\delta}-\delta^0)-\vartheta]T^{\theta+1}\xrightarrow{p}-\infty$$

$$T_b^0-T_h=T\delta^0-T[\hat{\delta}-\psi(T)]=[T^{-\frac{3}{2}-\theta}T^{\frac{3}{2}}(\delta^0-\hat{\delta})-\vartheta]T^{\theta+1}\xrightarrow{p}-\infty$$

事实上，窗宽的增长速度相对样本长度是缓慢的，但是却足以将真实的突变比例包含进去。因此，我们可以构造如下基于截断数据的DBF泡沫检验：（1）在真实突变比例未知时，通过式（4.12）得到突变时点估计量 $\hat{T}_b=\hat{\delta}T$，设定被删除的窗宽为 $2\psi(T)$，找到 T_l 和 T_h；（2）删除窗口内的样本，即移除从 T_l+1 到 T_h 的数据点，将窗口后面的样本数据向下移动 $B(T)=y_{T_h}-y_{T_l}$，则可得到一个样本长度为 $T_r\equiv T-2\psi(T)T$ 的新数据序列 $\{y_t^n\}$，其中：

$$y_t^n=\begin{cases}y_t, & t\leqslant T_l\\ y_{t+T_h-T_l}-B(T), & t>T_l\end{cases} \tag{4.13}$$

（3）基于新数据序列 $\{y_t^n\}$ 和回归式（4.14）：

$$\Delta\tilde{y}_t^n=(\rho-1)\tilde{y}_{t-1}^n+\sum_{j=1}^{p}\phi_j\Delta\tilde{y}_{t-j}^n+e_t^n\quad t=p+2,\ \cdots,\ T \tag{4.14}$$

得到 ρ 的最小二乘估计量 $\hat{\rho}^n$，以及残差序列 $\{\hat{e}_t^n\}$，$\tilde{y}_t^n$ 是新截断数据 y_t^n 的 GLS 退趋势数据。

我们可计算构建 $\hat{\rho}^n$ 的 t 统计量，即基于截断数据的 DBF 检验统计量为：

$$\tau_q(\hat{\delta}_{tr})=[C_{11}^n(\hat{\sigma}^n)^2]^{-\frac{1}{2}}(\hat{\rho}^n-1) \tag{4.15}$$

其中，$\hat{\delta}_{tr}=T_l/T_r$，$C_{11}^n(\hat{\sigma}^n)^2$ 是方差估计矩阵的第一个元素，C_{11}^n 是 $(X^{n'}X^n)^{-1}$ 的第一个元素，$X^n=(\tilde{y}_t^n,\ \Delta\tilde{y}_{t-1}^n,\ \cdots,\ \Delta\tilde{y}_{t-p}^n)$，$(\hat{\sigma}^n)^2=(T-p-1)^{-1}\sum_{t=p+2}^{T}(\hat{e}_t^n)^2$。

定理 4.3 建立了突变时点未知条件下 DBF 检验统计量的渐近性质。

定理 4.3　假定数据 y_t 由数据生成过程（4.1）和（4.2）生成，在假设 4.1 和假设 4.2 成立时，基于截断数据的 DBF 检验统计量与突变比例已知条件下的 DBF 检验统计量有相同的渐近分布，即 $\tau_q(\hat{\delta}_{tr})\xrightarrow{p}\xi^{c,\bar{c},\delta^0}$。

第四节　DBF 泡沫检验的有限样本性质及其比较

我们设计了一系列的蒙特卡洛仿真实验来评估本章提出的区分

泡沫和单位根过程的 DBF 检验统计量的有限样本性质。我们在 5% 显著性水平下评估 DBF 检验实际的尺度和功效。所有的仿真结果都是通过 10000 次重复模拟实验得到的。由于 DBF 检验统计量的渐近分布与确定性趋势的系数无关，不失一般性，我们设定 $\gamma=(\beta_1, \beta_2, \beta_3)'=(0, 0, 0.05)'$，即数据生成过程为 $y_t=0.05DQ_t(\delta^0)+u_t$，$u_t=\rho u_{t-1}+\varepsilon_t$。

根据 Elliott 等（1996）的皮特曼渐近相对有效原理，为了保证 DBF 检验渐近功效包络在 50%，我们选定在进行单位根过程对平稳过程的左尾检验时，模型 A 所对应的 GLS 退趋势回归参数 $\bar{c}=-14.5$，模型 B 所对应的 $\bar{c}=-7.5$；而在进行单位根过程对爆炸过程的右尾检验时，模型 A 和模型 B 所对应的 $\bar{c}=1.5$。

一　单位根原假设下检验统计量的分布函数

我们考虑在单位根原假设下，二次趋势突变对 DBF 检验统计量有限样本分布的影响。此时，我们设定 $\rho=1$，样本长度 $T=400$，ε_t 服从标准正态分布 $N(0, 1)$。图 4.4 绘制了真实突变比例 δ^0 已知，且从 0 到 1 变化时，DBF 检验统计量有限样本分布函数在原假设下的概率密度曲线。

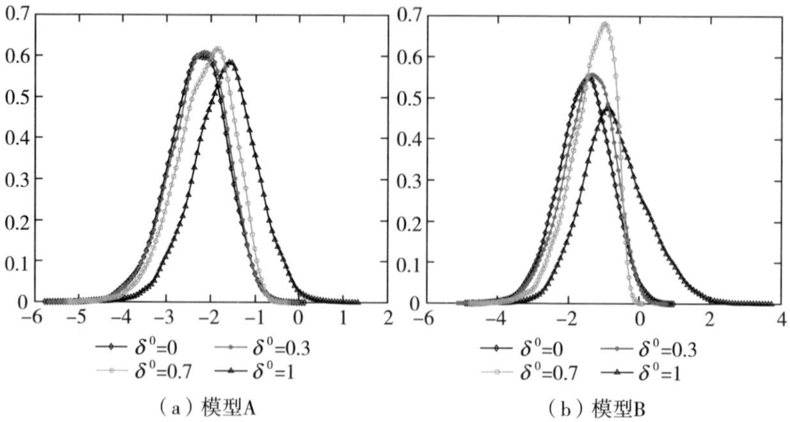

图 4.4　不同突变比例下 DBF 检验统计量有限样本分布函数的概率密度函数曲线

图4.4说明，随着δ^0的增加，DBF检验统计量有限样本分布函数向右移动。当$\delta^0=0$时，即全样本一直存在二次趋势项，DBF检验统计量有限样本分布函数的概率密度函数曲线用带菱形的曲线表示，在图4.4（a）中该带菱形的曲线对应模型A的$\xi_1^{c,\bar{c},\delta^0}$，图4.4（b）对应的是模型B的$\xi_2^{c,\bar{c},\delta^0}$。当$\delta^0=1$时，DBF检验统计量有限样本分布函数的概率密度函数曲线用带有三角形的曲线表示，此时数据中不存在二次趋势项，DBF检验等价于标准ADF检验，针对模型A的检验统计量对应于标准ADF检验中用第三种检验式计算得到的ADF单位根检验统计量，针对模型B的检验统计量对应于标准ADF检验中用第二种检验式计算得到的ADF单位根检验统计量。

图4.4显示，一旦δ^0的值偏离1，如当$\delta^0=0.7$时，相应地概率密度曲线就会向左移动，并且相应的各百分位点和临界值更小。特别地，$\delta^0=0$所对应的有限样本分布比$\delta^0=1$的分布向左移动更多。因此基于含二次趋势项的检验回归式所得到的单位根统计量通常比基于不含二次趋势项的检验回归式所得到的统计量要小，因此若忽略了二次趋势项的存在而选择错误的检验回归式进行检验，将会导致临界值不适用，从而产生错误的结论。

另外，不同突变比例所对应的DBF检验统计量有限样本分布的变化意味着，当二次趋势突变出现的位置估计错误，从而使用错误的渐近分布和临界值进行检验时，也可能导致结论错误。例如某次检验所使用的突变比例偏大，所用的检验统计量分布右移，结果可能落在检验的左侧拒绝域内，从而可能判定待检验数据为平稳过程。但实际上使用真实的突变比例所对应的检验统计量分布要更靠左，从而检验结果可能在接受域内，即判断待检验数据为单位根过程。因此，正确使用DBF检验在实证研究中是至关重要的。

二　有限样本下DBF检验的尺度和功效性质

接下来，在我们评估有限样本下，当突变时点未知条件时基于截断数据的DBF检验统计量$\tau_q(\hat{\delta}_{tr})$的尺度和功效性质。为了比较，我们还报告了基于真实突变时点的检验统计量$\tau_q(\delta^0)$和基于突变时点估计量的检验统计量 $\tau_q(\hat{\delta})$ 的结果。我们设定数据生成过程中 δ^0 的取值为 {0, 0.3, 0.5, 0.7, 1}，ρ 的取值为 {1, 0.9, 0.8, 0.5}，样本长度 $T=\{100, 200, 400\}$，扰动项 $\varepsilon_t \sim i.i.d.N(0, 1)$。所有结果都是基于标准正态分布的临界值得到的。表 4.1 列出了扰动项 ε_t 服从标准正态分布时 DBF 检验在模型 A 中的有限样本性质①。

表 4.1　　5%显著性水平下 DBF 检验的有限样本尺度和功效 [$\varepsilon_t \sim i.i.d.N(0, 1)$]

δ^0	ρ	$T=100$			$T=200$			$T=400$		
		$\tau_q(\delta^0)$	$\tau_q(\hat{\delta})$	$\tau_q(\hat{\delta}_{tr})$	$\tau_q(\delta^0)$	$\tau_q(\hat{\delta})$	$\tau_q(\hat{\delta}_{tr})$	$\tau_q(\delta^0)$	$\tau_q(\hat{\delta})$	$\tau_q(\hat{\delta}_{tr})$
0	1	0.037	0.005	0.000	0.043	0.000	0.000	0.050	0.000	0.000
	0.9	0.172	0.004	0.000	0.596	0.000	0.000	0.998	0.000	0.000
	0.8	0.562	0.000	0.000	0.992	0.000	0.000	1.000	0.000	0.000
	0.5	1.000	0.000	0.000	1.000	0.000	0.000	1.000	0.000	0.000
0.3	1	0.048	0.137	0.048	0.053	0.141	0.052	0.052	0.147	0.048
	0.9	0.169	0.289	0.149	0.599	0.704	0.595	0.997	0.998	0.633
	0.8	0.586	0.685	0.436	0.996	0.999	0.991	1.000	1.000	0.967
	0.5	0.999	1.000	0.976	1.000	1.000	1.000	1.000	1.000	1.000
0.5	1	0.049	0.139	0.056	0.048	0.133	0.048	0.047	0.120	0.042
	0.9	0.171	0.310	0.146	0.606	0.698	0.416	0.996	0.998	0.752
	0.8	0.599	0.717	0.465	0.991	0.996	0.880	1.000	1.000	0.978
	0.5	0.998	0.999	0.970	1.000	1.000	0.996	1.000	1.000	1.000
0.7	1	0.051	0.099	0.061	0.056	0.119	0.052	0.047	0.091	0.041
	0.9	0.208	0.308	0.204	0.659	0.749	0.561	0.999	0.999	0.962
	0.8	0.652	0.741	0.559	0.998	0.999	0.958	1.000	1.000	0.999
	0.5	1.000	1.000	0.983	1.000	1.000	1.000	1.000	1.000	1.000

① 对模型 B 而言，DBF 检验的结果类似，本书不再赘述。

续表

δ^0	ρ	$T=100$			$T=200$			$T=400$		
		$\tau_q(\delta^0)$	$\tau_q(\hat{\delta})$	$\tau_q(\hat{\delta}_{tr})$	$\tau_q(\delta^0)$	$\tau_q(\hat{\delta})$	$\tau_q(\hat{\delta}_{tr})$	$\tau_q(\delta^0)$	$\tau_q(\hat{\delta})$	$\tau_q(\hat{\delta}_{tr})$
1	1	0.058	0.096	0.096	0.055	0.102	0.099	0.050	0.103	0.103
	0.9	0.280	0.257	0.252	0.814	0.734	0.719	0.999	0.999	0.998
	0.8	0.796	0.688	0.660	0.998	0.996	0.994	1.000	1.000	1.000
	0.5	1.000	1.000	1.000	1.000	1.000	1.000	1.000	1.000	1.000

由表 4.1 的结果可知，当突变比例 $\delta^0=0$ 是已知条件时，即数据生成过程不存在二次趋势项是先验信息时，我们用 DBF 检验统计量可得到正确的尺度和良好的检验功效。但数据生成过程不存在二次趋势项是未知信息时，不对二次趋势项的存在性进行检验判定，直接用最小化 GLS 退趋势回归残差平方和估计二次趋势出现的位置，则基于突变比例估计量和基于截断数据的 DBF 检验均不适用，此时 $\tau_q(\hat{\delta})$ 和 $\tau_q(\hat{\delta}_{tr})$ 检验得到的尺度和功效均为 0。这个实验结果表明，当数据不存在二次趋势项时，使用估计的突变比例所对应的 DBF 检验统计量临界值来进行单位根检验将得到错误的结论。因此，考虑到二次趋势项存在的不确定性，我们可以使用 Harvey 等（2011）提出的一个基于二次趋势项系数构建的联合拒绝假设检验进行预检验，从而正确判断二次趋势的存在性。当突变比例 $\delta^0=0$ 或 $\delta^0=1$ 时，基于截断数据的 DBF 检验结果出现尺度扭曲的另一个可能的原因是，在 δ^0 取极值情况时，使用最小化 GLS 退趋势回归残差平方和法估计的突变比例不够准确，从而导致使用了错误的检验临界值。

正如假设 4.2 表述的那样，本章主要讨论的是 $0<\underline{\delta}\leqslant\delta^0\leqslant\bar{\delta}<1$ 的情况，即默认二次趋势项存在。当突变比例 $\delta^0\neq0$ 和 $\delta^0\neq1$ 时，我们不难发现基于截断数据的 DBF 检验尺度与基于真实突变比例的 DBF 检验尺度非常相似，而基于突变比例估计量的 DBF 检验结果并不理想。例如当 $\delta^0=0.3$，$T=200$ 时，$\tau_q(\delta^0)$ 的尺度为 0.053，

$\tau_q(\hat{\delta}_{tr})$ 的尺度为0.052，二者相近且均接近于显著性水平5%；而 $\tau_q(\hat{\delta})$ 的尺度为0.141，存在明显的尺度扭曲，这进一步证实了基于突变比例估计量的DBF检验统计量与基于真实突变比例的检验统计量的渐近分布不相同。而且，$\tau_q(\delta^0)$ 和 $\tau_q(\hat{\delta}_{tr})$ 两个检验的功效也均表现良好，且随着自相关系数 ρ 和样本长度T的增加，DBF检验的功效也明显增加。总言之，DBF检验在扰动项服从标准正态分布时具有良好的有限样本性质。

此外，我们还考察序列自相关的存在对DBF检验的影响。假设扰动项 ε_t 服从一阶自回归过程AR（1）：

$$\varepsilon_t = 0.3\varepsilon_{t-1} + v_t, \quad v_t \sim i.i.d.N(0,\ 1)$$

我们使用贝叶斯信息准则选择回归式（4.3）和式（4.12）中的滞后阶数 p。表4.2报告了扰动项服从AR（1）过程时模型A对应的DBF检验统计量的有限样本性质。

表4.2　5%显著性水平下DBF检验的有限样本尺度和功效 [$\varepsilon_t \sim AR(1)$]

δ^0	ρ	$T=100$			$T=200$			$T=400$		
		$\tau_q(\delta^0)$	$\tau_q(\hat{\delta})$	$\tau_q(\hat{\delta}_{tr})$	$\tau_q(\delta^0)$	$\tau_q(\hat{\delta})$	$\tau_q(\hat{\delta}_{tr})$	$\tau_q(\delta^0)$	$\tau_q(\hat{\delta})$	$\tau_q(\hat{\delta}_{tr})$
0	1	0.053	0.020	0.002	0.051	0.000	0.000	0.047	0.001	0.008
	0.9	0.161	0.015	0.000	0.501	0.000	0.000	0.988	0.000	0.015
	0.8	0.395	0.008	0.000	0.927	0.000	0.000	1.000	0.009	0.093
	0.5	0.949	0.000	0.000	0.999	0.000	0.012	1.000	0.370	0.729
0.3	1	0.051	0.149	0.068	0.061	0.159	0.061	0.047	0.132	0.040
	0.9	0.140	0.271	0.133	0.527	0.628	0.520	0.989	0.994	0.779
	0.8	0.384	0.492	0.324	0.937	0.962	0.922	1.000	1.000	0.963
	0.5	0.949	0.956	0.776	1.000	1.000	0.998	1.000	1.000	0.782
0.5	1	0.052	0.148	0.077	0.047	0.148	0.050	0.047	0.123	0.044
	0.9	0.155	0.268	0.142	0.531	0.659	0.421	0.992	0.996	0.848
	0.8	0.411	0.537	0.346	0.938	0.959	0.808	1.000	1.000	0.975
	0.5	0.938	0.957	0.778	0.999	1.000	0.961	0.999	0.999	0.856

续表

δ^0	ρ	$T=100$			$T=200$			$T=400$		
		$\tau_q(\delta^0)$	$\tau_q(\hat{\delta})$	$\tau_q(\hat{\delta}_{tr})$	$\tau_q(\delta^0)$	$\tau_q(\hat{\delta})$	$\tau_q(\hat{\delta}_{tr})$	$\tau_q(\delta^0)$	$\tau_q(\hat{\delta})$	$\tau_q(\hat{\delta}_{tr})$
0.7	1	0.046	0.109	0.073	0.055	0.111	0.054	0.052	0.102	0.048
	0.9	0.162	0.269	0.194	0.586	0.682	0.528	0.997	0.999	0.964
	0.8	0.432	0.517	0.382	0.955	0.965	0.900	1.000	1.000	0.998
	0.5	0.942	0.961	0.848	0.998	0.999	0.983	1.000	1.000	0.975
1	1	0.059	0.096	0.083	0.059	0.106	0.106	0.044	0.105	0.104
	0.9	0.226	0.229	0.220	0.710	0.657	0.639	1.000	0.997	0.994
	0.8	0.549	0.503	0.501	0.977	0.957	0.950	1.000	1.000	1.000
	0.5	0.983	0.953	0.934	0.998	1.000	0.999	1.000	1.000	1.000

从表 4.2 的结果我们发现，由于本章提出的 DBF 检验统计量是 ADF 型统计量，待检验数据的差分滞后项的加入有效地消除了序列自相关的影响。特别地，随着样本长度的增加，由序列自相关带来的影响几乎可以省略。例如，当 $\delta^0=0.5$，$T=100$ 时，$\tau_q(\delta^0)$ 的尺度为 0.052，$\tau_q(\hat{\delta}_{tr})$ 的尺度为 0.077。此时，基于真实突变比例的检验表现良好，而基于截断数据的 DBF 检验存在轻微尺度扭曲。而当 $\delta^0=0.5$，T 增加到 200 时，$\tau_q(\delta^0)$ 的尺度为 0.047，$\tau_q(\hat{\delta}_{tr})$ 的尺度为 0.050，二者相近且均表现良好，接近于显著性水平 5%。在 $T=100$ 的小样本下，DBF 检验的功效略微有些损失，但随着样本长度和自相关系数的增加，大多数检验功效快速增加到接近 100%。

当扰动项过程遵循一个自回归滑动平均 ARMA（p，q）过程时，允许 p 和 q 的取值变化，得到的尺度和功效结果在数值量上相似，尤其是在样本量较大时。因此，无论是从检验尺度的角度，还是从检验功效的角度，DBF 检验在扰动项含有序列自相关时都具有良好的有限样本性质。

三　DBF 泡沫检验区分资产泡沫和显著改善的基本面的能力

在前文的讨论中，我们发现图 4.1 的两个数据生成过程产生的数据特征非常相似，其中含局部二次趋势的单位根过程为 $y_t=0.1+$

$0.01t+0.01I\{t>T_b^0\}(t-T_b^0)^2+u_t$，$u_t=u_{t-1}+\varepsilon_t$，中度爆炸过程的数据生成过程为 $y_t=1/T+y_{t-1}I\{t\leqslant T_e\}+1.01y_{t-1}I\{t>T_e\}+\varepsilon_t$，且 $T_b^0=T_e=0.3T$，$T=400$，$\varepsilon_t=0.3\varepsilon_{t-1}+\upsilon_t$，$\upsilon_t\sim N(0,8)$。面对如图 4.1 中所示的两个极其相似的数据序列，我们很难用传统的单位根检验进行区分。在本小节中，我们探索 DBF 泡沫检验区分资产泡沫和显著改善的基本面的能力。

右尾单位根检验在检测爆炸侧备择假设方面具有广泛的实证意义。例如，Diba 和 Grossman（1988）将右尾 Dickey-Fuller 检验应用于股票价格和股利系列，但没有发现泡沫存在的证据。然而 Evans（1991）通过仿真实验证实，对于周期性崩溃的泡沫，右尾单位根检验会错误地得出泡沫不存在结论，除非泡沫不发生崩溃。Cavaliere 等（2020）引入了非因果自回归 $AR^+(k)$ 过程 $x_t=\rho_1x_{t+1}+\cdots+\rho_kx_{t+k}+\varepsilon_t$，以对经济和金融时间序列中的泡沫和爆炸性行为建模。根据上述分析，由于没有发生崩溃（至少在采样期内）的中度爆炸过程与含局部二次趋势的单位根过程非常相似，所以我们更关注没有发生崩溃的中度爆炸过程 $y_t=\mu+y_{t-1}I\{t\leqslant T_e\}+\rho_Ay_{t-1}I\{t>T_e\}+\varepsilon_t$，而不是周期性崩溃的泡沫或非因果自回归过程。因此，在本章我们使用右尾 DBF 检验对由资产泡沫导致的中度爆炸过程和由基本面显著改善所形成的含局部二次趋势的单位根过程进行辨别。

考虑以下四种数据生成过程：

DGP 1：由模型 A 生成的 URQ 过程：

$$y_t=0.1+0.01t+0.01DQ_t(\delta^0)+u_t,\qquad u_t=u_{t-1}+\varepsilon_t$$

DGP 2：带截距项的中度爆炸过程：

$$y_t=\frac{1}{T}+y_{t-1}I\{t\leqslant T_e\}+\rho_Ay_{t-1}I\{t>T_e\}+\varepsilon_t$$

DGP 3：由模型 B 生成的 URQ 过程：

$$y_t=0.1+0.01DQ_t(\delta^0)+u_t,\qquad u_t=u_{t-1}+\varepsilon_t$$

DGP 4：不带截距项的中度爆炸过程：

$$y_t=y_{t-1}I\{t\leqslant T_e\}+\rho_Ay_{t-1}I\{t>T_e\}+\varepsilon_t$$

其中 $T_e=0.3T$，$T=400$，扰动项服从 $\varepsilon_t=0.3\varepsilon_{t-1}+v_t$，$v_t \sim N(0,8)$。

根据 Phillips 等（2011）可知，对于大多数爆炸性增长的经济和金融数据而言，爆炸根 ρ_A 的取值集中在［1.005，1.05］区间内。因此，我们设定 $\rho_A \in \{1.01, 1.02, 1.03, 1.04, 1.05\}$。另外，实际数据的二次趋势突变可能出现在样本的早期、中期或后期，故而我们相应地设定 $\delta^0 \in \{0.3, 0.4, 0.5, 0.6, 0.7\}$。当 $\rho_A=1.01$ 且 $\delta^0=0.3$ 时，由模型 A 生成的 URQ 过程和带截距项的中度爆炸过程如图 4.1 所示。为了比较，表 4.3 报告了基于右尾 ADF 检验、右尾 DBF 检验、SADF 检验、GSADF 检验以及 Chow-DF 检验等拒绝原假设的概率。95%的临界值是通过 2000 次蒙特卡洛仿真获得的。每组参数的结果基于 2000 次重复仿真实验。

表 4.3　ADF、DBF、SADF、GSADF、Chow-DF 等检验区分资产泡沫和基本面改善的结果

检验	DPG：URQ 过程（δ^0）					DGP：中度爆炸过程（ρ_A）				
	0.3	0.4	0.5	0.6	0.7	1.01	1.02	1.03	1.04	1.05
	DGP 1					DGP 2				
ADF	0.673	0.643	0.539	0.351	0.162	0.828	0.995	1.000	1.000	1.000
DBF	0.016	0.019	0.018	0.022	0.020	0.163	0.182	0.928	0.998	1.000
SADF	0.940	0.742	0.441	0.224	0.135	0.845	0.995	1.000	1.000	1.000
GSADF	0.919	0.756	0.579	0.413	0.271	0.874	0.995	1.000	1.000	1.000
Chow-DF	0.971	0.869	0.664	0.420	0.216	0.893	0.997	1.000	1.000	1.000
	DGP 3					DGP 4				
ADF	0.673	0.643	0.539	0.351	0.162	0.828	0.995	1.000	1.000	1.000
DBF	0.076	0.073	0.072	0.067	0.069	0.398	0.132	0.937	0.997	1.000
SADF	0.940	0.740	0.437	0.219	0.134	0.844	0.994	1.000	1.000	1.000
GSADF	0.917	0.755	0.577	0.413	0.269	0.871	0.995	1.000	1.000	1.000
Chow-DF	0.971	0.867	0.663	0.416	0.211	0.892	0.995	1.000	1.000	1.000

表4.3中的主要发现可以总结如下。

第一，当真实的数据生成过程为含局部二次趋势的单位根过程（DGP 1和DGP 3）时，右尾DBF检验拒绝含局部二次趋势的单位根过程原假设的概率很小。例如，当待检验数据为由模型A生成的URQ过程，且$\delta^0=0.3$时，右尾DBF检验拒绝单位根原假设的概率为1.6%，当待检验数据为由模型B生成的URQ过程时，右尾DBF检验拒绝单位根原假设的概率为7.6%。因此，我们认为右尾DBF检验可以成功正确地辨别URQ过程。

第二，当待检验数据真实的数据生成过程是URQ过程，SADF检验、GSADF检验以及Chow-DF检验等泡沫检验拒绝单位根原假设而接受爆炸过程备择假设的概率很高。例如，当待检验数据为由模型A生成的URQ过程，且$\delta^0=0.3$时，SADF检验、GSADF检验以及Chow-DF检验判定待检验数据是爆炸过程的概率分别为94.0%、91.9%和97.1%。随着δ^0增加，含二次趋势项的样本点减少，泡沫检验错误识别URQ过程的概率降低。另外，我们发现直接使用右尾ADF检验时，拒绝单位根原假设而接受爆炸过程的概率同样较高，这意味着当回归方程中忽略了二次趋势项的存在时，得到的检验统计量将偏大，从而更可能拒绝单位根原假设。也就是说，右尾ADF检验、SADF检验、GSADF检验以及Chow-DF检验等都错误地将URQ过程判定为爆炸过程。

第三，当真实数据生成过程为中度爆炸过程（DGP 2和DGP 4）时，右尾DBF检验同样具有检测爆炸过程的能力，即拒绝含局部二次趋势的单位根过程原假设的概率较高。特别是当$\rho_A \geqslant 1.03$时，DBF泡沫检验和SADF检验、GSADF检验以及Chow-DF检验等泡沫检验在成功检测到爆炸行为方面几乎没有差异。例如，当待检验数据由带截距项的中度爆炸过程生成，且$\rho_A=1.04$时，右尾DBF检验拒绝含局部二次趋势的单位根过程原假设而检测到爆炸行为的概率为99.8%，SADF检验等泡沫检验检测到爆炸行为的概率为100%，二者相差无几。但是当ρ_A较小时，二次项的设定会削弱DBF泡沫检验检测爆炸行为的能力，从而导致 SADF 等泡沫检验的结果要优于 DBF 泡沫检验。

概括言之，仿真结果表明 DBF 泡沫检验可以成功地正确将由资产泡沫导致的中度爆炸过程和由基本面显著改善所形成的含局部二次趋势的单位根过程区分开，而 ADF 检验、SADF 检验、GSADF 检验、Chow-DF 检验等极有可能错误地将含局部二次趋势的单位根过程判定为爆炸过程。

显然，DBF 泡沫检验是对现有单位根文献的很好补充。在实证应用时，我们可以将 DBF 泡沫检验与 SADF 检验等一起结合使用，以区分由资产泡沫导致的中度爆炸过程和由基本面显著改善所形成的含局部二次趋势的单位根过程。

第五节 本章小结

本章的重点是原创性地定义了含局部二次趋势的单位根（URQ）过程，该单位根过程的确定性时间趋势在未知时点由线性函数转变为二次函数。更特别的是，含局部二次趋势的单位根过程与中度爆炸过程（泡沫）产生的数据特征和时间序列轨迹非常相似，而现有文献中的 ADF 检验、SADF 检验、GSADF 检验、Chow-DF 检验等方法无法对这两种数据过程加以区分。因此，本章的另一个具有重大意义的工作是，我们针对含局部二次趋势的单位根过程提出了一个新的 DBF 泡沫检验，并证实了 DBF 泡沫检验可以有效区分由资产泡沫导致的中度爆炸过程和由基本面显著改善所形成的含局部二次趋势的单位根过程。

首先，鉴于含局部二次趋势的单位根过程的确定性趋势成分较为复杂，我们采用了基于退趋势数据的单位根检验方法。我们分析了现有文献中常用的三种退趋势方法：OLS 退趋势、GLS 退趋势和递归退趋势，并运用仿真模拟实验的方法比较了不同模型设定下基于这三种退趋势方法的单位根检验的功效。结果发现，当数据存在较高的序列相关和存在未知结构突变时，基于 GLS 退趋势的单位根检验功效优于基于全样本 OLS 退趋势和基于递归退趋势的单位根检验功效。因此，为了更好地对含局部二次趋势的单位根过程进行检验，我们基于 GLS 退趋势的数据构建 DBF 检验统计量。

接着，在包含平稳根、单位根、爆炸根等原假设和备择假设的 local-to-unity 假设 H_c：$\rho=1+c/T$ 下，我们推导了 DBF 检验统计量的渐近分布是泛函 $\xi^{c,\bar{c},\delta^0}$。结果发现 $\xi^{c,\bar{c},\delta^0}$ 独立于二次趋势项的系数，但依赖于二次趋势项在样本中出现的位置，即真实的突变比例 δ^0。故而，在真实突变比例未知时，我们可以通过最小化 GLS 退趋势回归的残差平方和来估计突变比例，并且突变比例估计量 $\hat{\delta}$ 以 $T^{3/2}$ 的收敛速度依概率收敛到真实的突变比例 δ^0。遗憾的是，该收敛速度不足以保证基于突变比例估计量的 DBF 检验统计量的渐近分布与真实突变比例已知时检验统计量的渐近分布相同。因此，我们采用了基于截断数据构造 DBF 检验，并从理论上证明了基于截断数据的 DBF 检验统计量与突变比例已知条件下的 DBF 检验统计量有相同的渐近分布。

最后，本章设计了一系列的蒙特卡洛仿真实验来评估新提出的 DBF 检验统计量的有限样本性质。主要体现在以下三方面：第一，研究突变比例对 DBF 检验统计量有限样本分布的影响发现，随着突变比例 δ^0 的减少，相应的概率密度曲线就会向左移动，并且相应的各百分位点和临界值更小。这意味着，当二次趋势突变比例估计失误时，将会导致检验使用的渐近分布和临界值错误，从而可能导致单位根检验的结论错误。第二，我们证实了无论是在扰动项服从独立正态分布情况下，还是存在序列自相关情况下，基于真实突变比例的 DBF 检验和基于截断数据的 DBF 检验在扰动项服从标准正态分布和扰动项含有序列自相关情况下都具有良好的有限样本尺度和功效性质。而基于突变时点估计量的 DBF 检验存在严重的尺度扭曲。第三，本章还设计了一组仿真实验用于评估 DBF 泡沫检验区分资产泡沫和显著改善的基本面。仿真结果表明，与现有的 ADF 检验、SADF 检验、GSADF 检验、Chow-DF 检验等以较高的概率错误地将 URQ 过程判定为爆炸过程的结果相比，我们新提出的 DBF 泡沫检验却可以有效区分由资产泡沫导致的中度爆炸过程和由基本面显著改善所形成的含局部二次趋势的单位根过程。

第五章　时变方差下的 DBF 泡沫检验

在上一章中，我们介绍了快速上涨的价格序列不一定是中度爆炸过程（泡沫），还可能是由基本面显著改善而形成的含局部二次趋势的单位根过程。此外，我们提出的 DBF 泡沫检验可以对这两种非常相似的数据过程进行识别和区分。然而，上一章的理论结果都是基于扰动项方差为常数的假设。大量研究表明，许多宏观经济和金融变量的方差存在明显的结构变化，甚至具有时变波动性（如 Kim and Nelson，1999；Justiniano and Primiceri，2008）。

正如 Hamori 和 Tokihisa（1997）所指出的那样，时变方差的存在会对单位根检验产生极大的影响，如导致严重的尺度扭曲和功效损失。Kim 等（2002）在允许扰动项方差存在一个结构突变的框架下，提出了一种新的单位根检验统计量，但该检验统计量的渐近分布依赖于结构突变出现的位置。Cavaliere 和 Taylor（2007，2008a）通过数值化仿真模拟的方法对存在多种形式结构变化的扰动项方差进行一致估计，并得到单位根检验的临界值。Cavaliere 和 Taylor（2008b）在允许时变方差的条件下，从理论上推导了单位根检验统计量的渐近分布，但该分布依赖于时变方差的具体形式。于是，他们提出了一个基于 Wild Bootstrap 样本的单位根检验，它与原单位根检验有相同的渐近分布，却不要求已知有关时变方差形式的具体信息，因此可以得到有效的临界值。Cavaliere 等（2011）将 Harris 等（2009）提出的基于 GLS 退趋势的含趋势项突变的单位根检验扩展到时变方差的框架下，并证明了基于最小化残差平方和法得到的突变比例估计量在同方差假定下和在时变方差下的渐近性质相同。同样考虑到方差存在结构变化的影响，Smeeks 和 Taylor（2012）在 Harvey 等（2011）的检验基础上设计了基于 OLS 退趋势和基于 GLS 退趋势的 Wild Bootstrap 单位根检验，结果发现 Wild Bootstrap 版检验对时变方差稳健。

在本章中，我们将放松上一章对扰动项同方差的假定，允许数据中存在方差的结构变化，甚至将方差形式扩展到随时间变化。因此，时变方差的存在对 DBF 泡沫检验将产生什么影响，DBF 检验统计量的渐近分布将如何改变，以及在时变方差假定下，DBF 泡沫检验是否还能识别资产泡沫与显著改善的基本面，是本章要研究的主要问题。此外，我们还需评估时变方差下，新提出的检验区分资产泡沫和显著改善的基本面的能力，并应用于考察中美股票市场中的苹果、阿里巴巴、贵州茅台和中国平安四只股票价格序列的数据特征。这四只股票在各自的样本期均表现出惊人的价格上涨和资产价值上升，其行为与爆炸过程相似。假如这些股票的价格序列是一个中度爆炸过程，则意味着价格的上涨是由泡沫导致的。此时，股票价格的上涨是短暂的，属于投机泡沫。但假如价格序列是一个含局部二次趋势的单位根过程，其上涨主要是由（长期）基本面的显著改善所非线性推动的，此时，股票价格的上涨有基本面的支撑，属于有投资价值的证券资产。因此，若能在时变方差下有效地检验股票价格序列是含局部二次趋势的单位根过程还是中度爆炸过程，将为准确认识资产价格特征，有效监管金融市场运行提供了新的计量工具。

本章的主要内容安排如下。第一节研究了时变方差下真实突变时点已知时 DBF 泡沫检验及其统计量渐近分布，并提出对时变方差稳健的 Wild Bootstrap DBF 检验。第二节在真实突变时点未知时，分析基于截断数据的 DBF 检验以及相应的 Wild Bootstrap DBF 检验的渐近性质。第三节利用蒙特卡洛仿真模拟的方法考察了时变方差下 Wild Bootstrap DBF 检验的有限样本性质，进一步考察时变方差下 Wild Bootstrap DBF 检验正确区分资产泡沫和显著改善的基本面的能力。第四节利用我们提出的新检验方法对中美股市上苹果、阿里巴巴、贵州茅台和中国平安四只股票的价格序列进行研究。第五节是本章小结。附录三给出了本章所有定理的详细理论证明过程。

第一节　时变方差下真实突变比例已知时的 DBF 泡沫检验

考虑如下的 URQ 过程：

$$y_t = z(\delta^0)_t'\gamma + u_t,\quad t=1,\ \cdots,\ T \tag{5.1}$$

$$u_t = \rho u_{t-1} + \varepsilon_t,\quad t=2,\ \cdots,\ T \tag{5.2}$$

同样，我们设定两种确定性趋势函数。模型 A 中确定性趋势函数由截距项、线性趋势项和二次趋势项构成，即 $z(\delta^0)_t=[1,\ t,\ DQ_t(\delta^0)]'$，且 $\gamma=(\beta_1,\ \beta_2,\ \beta_3)'$；模型 B 中确定性趋势函数由截距项和二次趋势项构成，即 $z(\delta^0)_t=[1,\ DQ_t(\delta^0)]'$，且 $\gamma=(\beta_1,\ \beta_3)'$。其中 $DQ_t(\delta^0):=I(t>T_b^0)(t-T_b^0)^2$，$T_b^0=\delta^0 T$ 是确定性时间趋势由线性函数突变为二次函数的时点，即二次趋势项出现的真实时点。

URQ 过程的初始条件 u_1 满足 $T^{-1/2}u_1 \xrightarrow{p} 0$。新息过程 $\{\varepsilon_t\}$ 服从如下的假设条件。

假设 5.1　令 $\varepsilon_t=C(L)e_t$，$e_t=\sigma_t v_t$，$C(L):=\sum_{i=0}^{\infty}C_iL^i$。(a) 对所有的 $|z|\leqslant 1$，有 $C(z)\neq 0$，且 $\sum_{i=0}^{\infty} i|C_i|<\infty$。(b) v_t 是一个均值为零，方差为 1 的独立同分布序列，且对于某些 $r\geqslant 4$，有 $E|v_t|^r<K<\infty$。(c) 波动率 $\sigma_t=\omega(t/T)$，其中 $\omega(\cdot)$ 是非随机的且严格为正。(d) 对于 $t<0$，有 $\sigma_t\leqslant\sigma^*<\infty$。

假设 5.1 允许扰动项 ε_t 同时存在时变方差和序列相关。由于波动率 σ_t 的存在，扰动项具有零均值和时变方差 σ_t^2。假设 5.1 (c)

和（d）对时变方差的约束仅仅是非随机、有界，且跳跃次数有限，因此我们考察的时变方差涵盖了极其广泛的波动率函数，如方差存在单次突变或多次突变的情况，甚至方差的波动率是一个平滑函数等。特别地，当 $\omega(s)\equiv\sigma$ 时，扰动项服从常数方差。另外，如 Cavaliere 和 Taylor（2009）所发现的那样，如果允许 $\omega(\cdot)$ 是随机的并且独立于 $\boldsymbol{v}_t$，其中 $\boldsymbol{v}_t$ 是满足某些矩条件的鞅差分序列，本章的主要结果并不会受到影响。

为了在时变方差下推导单位根检验统计量的渐近分布，参考 Cavaliere 和 Taylor（2008b），我们给出方差形式（variance profile）的定义：

$$\eta(r) := \left(\int_0^1 \omega(s)^2 \mathrm{d}s\right)^{-1}\int_0^r \omega(s)^2 \mathrm{d}s \tag{5.3}$$

其中，$\overline{\omega}^2 := \int_0^1 \omega(s)^2 \mathrm{d}s$ 可被解释为扰动项的渐近平均方差。根据 Cavaliere 和 Taylor（2007，2008b），有：

$$T^{-1/2}\sum_{t=1}^{\lfloor rT\rfloor} e_t \xrightarrow{d} \overline{\omega} W^{\eta}(r) \tag{5.4}$$

其中，$W^{\eta}(r) := W[\eta(r)] = \int_0^r \mathrm{d}W[\eta(r)]$ 表示方差转换的布朗运动，W（·）是一个标准的布朗运动。

假设 5.2　$\beta_3\neq 0$ 且 $0<\underline{\delta}\leqslant\delta^0\leqslant\overline{\delta}<1$。

同假设 4.2 一样，该假设保证了二次趋势项的存在。即本章暂不涉及检验二次趋势的存在性。

一　时变方差下 DBF 泡沫检验的渐近性质

DBF 泡沫检验基于 GLS 退趋势数据构建其检验统计量。当真实的突变比例已知时，DBF 泡沫检验的具体步骤如下。

第一步，对 y_t 和 $z(\delta^0)_t$ 进行 GLS 回归，并得到退趋势数据 $\tilde{y}_t = y_t - z(\delta^0)_t'\tilde{\gamma}$，其中 $\tilde{\gamma}$ 是通过以下 GLS 回归方程估计得到：

$$\mathbf{y}_{\bar{\rho}} = \boldsymbol{Z}_{\bar{\rho},\delta^0}\gamma + \boldsymbol{U}_{\bar{\rho}} \tag{5.5}$$

其中，$\mathbf{y}_{\bar{\rho}} := (y_1,\ y_2-\bar{\rho}y_1,\ \cdots,\ y_T-\bar{\rho}y_{T-1})'$，$\boldsymbol{Z}_{\bar{\rho},\delta^0} := [z(\delta^0)_1,$

$z(\delta^0)_2-\bar{\rho}z(\delta^0)_1$，…，$z(\delta^0)_T-\bar{\rho}z(\delta^0)_{T-1}]'$，$\boldsymbol{U}_{\bar{\rho}}=(u_1,\ u_2-\bar{\rho}u_1,\ \cdots,\ u_T-\bar{\rho}u_{T-1})$，且 $\bar{\rho}:=1+\bar{c}/T$，$\bar{c}$ 是 GLS 回归的可行性参数。

第二步，DBF 检验统计量 $\tau_q(\delta^0)$ 是基于以下辅助回归方程得到的：

$$\Delta\tilde{y}_t = (\rho - 1)\tilde{y}_{t-1} + \sum_{i=0}^{p-1}\delta_j\Delta\tilde{y}_{t-j} + e_t, \quad t = p + 2, \cdots, T \tag{5.6}$$

其中，滞后阶数 p 由贝叶斯信息准则等确定，即 $\tau_q(\delta^0)$ 可以写作：

$$\tau_q(\delta^0)=(C_{11}\hat{\sigma}^2)^{-\frac{1}{2}}(\hat{\rho}-1) \tag{5.7}$$

其中，$C_{11}\hat{\sigma}^2$ 是方差估计矩阵的第一个元素，C_{11} 是 $(X'X)^{-1}$ 的第一个元素，$X=(\tilde{y}_{t-1},\ \Delta\tilde{y}_{t-j},\ \cdots,\ \Delta\tilde{y}_{t-p})$，$\hat{\sigma}^2=(T-p-1)^{-1}\sum_{t=p+2}^{T}\hat{e}_t^2$，$\hat{e}_t$ 是回归方程（5.6）得到的残差序列。

定理 5.1 给出了扰动项存在时变方差的情况下 DBF 检验统计量的渐近性质。

定理 5.1 假定数据 y_t 由数据生成过程（5.1）和式（5.2）生成，假设 5.1 和假设 5.2 成立时，在 local-to-unity 的假设 H_c：$\rho=1+c/T$ 下，对于基于真实突变比例的 DBF 检验统计量 $\tau_q(\delta^0)$ 有：

（a）对于模型 A，

$$\tau_{q,1}(\delta^0)\xrightarrow{d}\frac{1}{2}\frac{J_1^{\eta}(c,\ \bar{c},\ \delta^0)}{[J_2^{\eta}(c,\ \bar{c},\ \delta^0)]^{1/2}}=:\xi_1^{\eta,c,\bar{c},\delta^0} \tag{5.8}$$

（b）对于模型 B，

$$\tau_{q,2}(\delta^0)\xrightarrow{d}\frac{1}{2}\frac{K_1^{\eta}(c,\ \bar{c},\ \delta^0)}{[K_2^{\eta}(c,\ \bar{c},\ \delta^0)]^{1/2}}=:\xi_2^{\eta,c,\bar{c},\delta^0} \tag{5.9}$$

其中：

$$J_1^{\eta}(c,\ \bar{c},\ \delta^0):=V_{1,\ c,\ \bar{c}}^{\eta}(1,\ \delta^0)^2-2V_{2,\ c,\ \bar{c}}^{\eta}(1,\ \delta^0)-1$$

$$J_2^{\eta}(c,\ \bar{c},\ \delta^0):=\int_0^1 V_{1,\ c,\ \bar{c}}^{\eta}(r,\ \delta^0)^2\mathrm{d}r-2\int_{\delta^0}^1 V_{2,\ c,\ \bar{c}}^{\eta}(r,\ \delta^0)\mathrm{d}r$$

$$K_1^{\eta}(c,\ \bar{c},\ \delta^0):=[W_c^{\eta}(1)]^2-2V_{3,\ c,\ \bar{c}}^{\eta}(1,\ \delta^0)-1$$

$$K_2^{\eta}(c,\ \bar{c},\ \delta^0) := \int_0^1 [W_c^{\eta}(r)]^2 \mathrm{d}r - 2\int_{\delta^0}^1 V_{3,\ c,\ \bar{c}}^{\eta}(r,\ \delta^0)\,\mathrm{d}r$$

$$V_{1,\ c,\ \bar{c}}^{\eta}(r,\ \delta^0) := W_c^{\eta}(r) - R_{1,\ c,\ \bar{c}}^{\eta} r$$

$$V_{2,\ c,\ \bar{c}}^{\eta}(r,\ \delta^0) := R_{2,\ c,\ \bar{c}}^{\eta}(r-\delta^0)^2 \cdot \left[W_c^{\eta}(r) - R_{1,\ c,\ \bar{c}}^{\eta} r - \frac{1}{2}R_{2,\ c,\ \bar{c}}^{\eta}(r-\delta^0)^2\right]$$

$$V_{3,\ c,\ \bar{c}}^{\eta}(r,\ \delta^0) := R_{3,\ c,\ \bar{c}}^{\eta}(r-\delta^0)^2\left[W_c^{\eta}(r) - \frac{1}{2}R_{3,\ c,\ \bar{c}}^{\eta}(r-\delta^0)^2\right]$$

$$R_{1,\ c,\ \bar{c}}^{\eta} := \pi_{\bar{c}}^{-1}(\alpha_{3,\ \bar{c}} N_{1,\ c,\ \bar{c}}^{\eta} - \alpha_{2,\ \bar{c}} N_{2,\ c,\ \bar{c}}^{\eta})$$

$$R_{2,\ c,\ \bar{c}}^{\eta} := \pi_{\bar{c}}^{-1}(\alpha_{1,\ \bar{c}} N_{2,\ c,\ \bar{c}}^{\eta} - \alpha_{2,\ \bar{c}} N_{1,\ c,\ \bar{c}}^{\eta})$$

$$R_{3,\ c,\ \bar{c}}^{\eta} := \alpha_{3,\ \bar{c}}^{-1} N_{2,\ c,\ \bar{c}}^{\eta}$$

$$\alpha_{1,\ \bar{c}} := 1 - \bar{c} + \bar{c}^2/3$$

$$\alpha_{2,\ \bar{c}} := \frac{1}{4}\bar{c}^2\left(1 + \frac{1}{3}\delta^0\right)(1-\delta^0)^3 - \bar{c}(1-\delta^0)^2 + (1-\delta^0)^2$$

$$\alpha_{3,\ \bar{c}} := \frac{1}{5}\bar{c}^2(1-\delta^0)^5 - \bar{c}(1-\delta^0)^4 + \frac{4}{3}(1-\delta^0)^3$$

$$\pi_{\bar{c}} := \alpha_{1,\ \bar{c}}\alpha_{3,\ \bar{c}} - \alpha_{2,\ \bar{c}}^2$$

$$N_{1,\ c,\ \bar{c}}^{\eta} := (1-\bar{c})W_c^{\eta}(1) + \bar{c}^2\int_0^1 rW_c^{\eta}(r)\,\mathrm{d}r$$

$$N_{2,\ c,\ \bar{c}}^{\eta} := [2(1-\delta^0) - \bar{c}(1-\delta^0)^2][W_c^{\eta}(1) - W_c^{\eta}(\delta^0)] - 2\int_{\delta^0}^1 W_c^{\eta}(r)\,\mathrm{d}r + \bar{c}^2\int_{\delta^0}^1 (r-\delta^0)^2 W_c^{\eta}(r)\,\mathrm{d}r$$

且 $W_c^{\eta}(r) := \int_0^r e^{(r-s)c}\mathrm{d}W[\eta(s)]$。

定理 5.1 给出了 local-to-unity 的假设 H_c：$\rho = 1 + c/T$ 下 DBF 检验统计量的渐近分布。可以看出，当数据存在时变方差特征时，检验统计量的渐近分布发生了变化，常数方差下检验的临界值也不再使用。因此，忽略时变方差的影响，直接使用常数方差的临界值进行 DBF 检验将导致检验结果不可信。

由定理 5.1 可知，$\tau_q(\delta^0)$ 的渐近分布取决于扰动项的时变方差

形式 $\eta(\cdot)$。但在实际数据中，要准确识别数据的时变方差形式是不现实的。因此，我们无法直接得到时变方差下 DBF 检验统计量的有效临界值。为了解决这一问题，在下一节中我们将在 Cavaliere 和 Taylor（2008b）的基础上提出 Wild Bootstrap DBF 检验，这将被证明是渐近有效的。

二　时变方差下 Wild Bootstrap DBF 检验的渐近性质

Wild Bootstrap 算法最早是由 Wu（1986）提出，而后被 Beran（1986）和 Liu（1988）进一步发展和完善，最终形成了用于处理线性回归中由于具有异方差而导致的估计量不稳键问题的方法。Cavaliere 和 Taylor（2008b）将 Wild Bootstrap 算法运用到时变方差下的单位根检验中，并证明了基于 Wild Bootstrap 的单位根检验与原单位根检验具有相同的渐近性质。因此，在本节中，我们提出了一个基于 Wild Bootstrap 的 DBF 检验。具体构造步骤如下：

第一步，生成 bootstrap 残差 $\varepsilon_t^b=\zeta_t\hat{\varepsilon}_t$，其中 $\hat{\varepsilon}_t$ 是 GLS 退趋势数据的差分序列，即 $\hat{\varepsilon}_t:=\tilde{y}_t-\tilde{y}_{t-1}$。$\zeta_t$ 服从均值为 0、方差为 1 的独立同分布，特别地，我们选择 ζ_t 是一个两点分布，且 $P(\zeta_t=1)=P(\zeta_t=-1)=0.5$。

第二步，由部分残差和序列构建 bootstrap 样本 $y_t^b=z(\delta^b)_t'\gamma^b+u_i^b$，其中 $u_i^b=\sum_{i=1}^{t}\varepsilon_i^b$，$\delta^b=\delta^0$。由于 DBF 检验统计量的渐近分布独立于确定性趋势的系数，因此，我们可设定 $\gamma^b:=\tilde{\gamma}$，$\tilde{\gamma}$ 由 $\mathbf{y}_{\bar{\rho}}$ 对 $\mathbf{Z}_{\bar{\rho},\delta^0}$ 的 GLS 估计得到。

第三步，基于 Bootstrap 样本 y_t^b 构建 Wild Bootstrap DBF 检验统计量，记为 $\tau_q^B(\delta^b)$。令 $\tilde{y}_t^b$ 表示 y_t^b 对 $z(\delta^b)_t$ 进行 GLS 退趋势回归得到的退趋势数据，即 $\tilde{y}_t^b:=y_t^b-z(\delta^b)_t'\tilde{\gamma}^b$，其中 $\tilde{\gamma}^b$ 是通过 GLS 回归方程式（5.10）估计得到。

$$\mathbf{y}_{\bar{\rho}}^b=\mathbf{Z}_{\bar{\rho},\delta^b}^b\gamma+\boldsymbol{U}_{\bar{\rho}}^b \tag{5.10}$$

其中，$\mathbf{y}_{\bar{\rho}}^b:=(y_1^b,\ y_2^b-\bar{\rho}y_1^b,\ \cdots,\ y_T^b-\bar{\rho}y_{T-1}^b)'$，$\boldsymbol{U}_{\bar{\rho}}^b=(u_1^b,\ u_2^b-$

$\bar{\rho}u_1^b$, …, $u_T^b-\bar{\rho}u_{T-1}^b$), $\mathbf{Z}_{\bar{\rho},\delta^b}^b := [z(\delta^b)_1,\ z(\delta^b)_2-\bar{\rho}z(\delta^b)_1,\ \cdots,\ z(\delta^b)_T-\bar{\rho}z(\delta^b)_{T-1}]'$。则 Wild Bootstrap DBF 检验统计量 $\tau_q^B(\delta^b)$ 为：

$$\tau_q^B(\delta^b)=[C_{11}^b(\hat{\sigma}^b)^2]^{-\frac{1}{2}}(\hat{\rho}^b-1) \tag{5.11}$$

其中，$C_{11}^b(\hat{\sigma}^b)^2$ 是方差估计矩阵的第一个元素，C_{11}^b 是 $(X^{b'}X^b)^{-1}$ 的第一个元素，$X^b=(\tilde{y}_t^b,\ \Delta\tilde{y}_{t-1}^b,\ \cdots,\ \Delta\tilde{y}_{t-p}^b)$，$(\hat{\sigma}^b)^2=(T-p-1)^{-1}\sum_{t=p+2}^{T}(\hat{e}_t^b)^2$，$\hat{\rho}^b$ 和 $\hat{e}_t^b$ 由辅助回归方程式（5.12）估计得到。

$$\Delta\tilde{y}_t^b=(\rho-1)\tilde{y}_{t-1}^b+\sum_{i=0}^{p-1}\delta_j\Delta\tilde{y}_{t-j}^b+e_t^b,\quad t=p+2,\ \cdots,\ T \tag{5.12}$$

其中，滞后阶数 p 由贝叶斯信息准则等确定。

第四步，计算 Wild Bootstrap DBF 检验的 p 值 p^b。在进行单位根过程对平稳过程的左尾检验时，$p^b=G^b[\tau_q(\delta^0)]$，在进行单位根过程对爆炸过程的右尾检验时，$p^b=1-G^b[\tau_q(\delta^0)]$，其中 $G^b(\cdot)$ 代表 $\tau_q^B(\delta^b)$ 的累积概率分布函数。

定理 5.2 给出了扰动项存在时变方差时，真实突变比例已知情况下，Wild Bootstrap DBF 检验统计量的渐近性质。

定理 5.2　假定数据 y_t 由数据生成过程（5.1）和过程（5.2）生成，假设 5.1 和假设 5.2 成立时，Wild Bootstrap DBF 检验统计量 $\tau_q^B(\delta^b)$ 由上述四个步骤构成，则：

（a）对于模型 A，$\tau_{q,1}^B(\delta^b)\xrightarrow{d}\xi_1^{\eta,0,\bar{c},\delta^0}$

（b）对于模型 B，$\tau_{q,2}^B(\delta^b)\xrightarrow{d}\xi_2^{\eta,0,\bar{c},\delta^0}$

定理 5.2 表示时变方差下，DBF 检验统计量和 Wild Bootstrap DBF 检验统计量在 local-to-unity 的假设 H_c：$\rho=1+c/T$ 中的 $c=0$ 时，即在单位根原假设 H_0：$\rho=1$ 下的渐近分布相同。因此，我们在进行假设检验时，可以基于 Wild Bootstrap DBF 检验获取渐近正确的 p 值和临界值。此外，定理 5.2 也表明了在时变方差下，Wild Bootstrap DBF 检验是渐近有效且稳健的。

第二节　时变方差下真实突变比例未知时的 DBF 泡沫检验

当真实突变比例未知时，我们需要确定突变比例估计量，并基于截断数据构造 DBF 泡沫检验。具体步骤如下。

第一步，我们通过最小化 GLS 退趋势回归的残差平方和来估计突变比例，即：

$$\hat{\delta}=\arg\min_{\delta\in[\underline{\delta},\bar{\delta}]}\mathbf{y}_{\bar{\rho}}'(I-P_{\delta})\mathbf{y}_{\bar{\rho}} \tag{5.13}$$

其中，δ 表示在区间 $[\underline{\delta},\ \bar{\delta}]$ 内任意一个可能的突变比例，$\mathbf{y}_{\bar{\rho}}:=(y_1,\ y_2-\bar{\rho}y_1,\ \cdots,\ y_T-\bar{\rho}y_{T-1})'$，$P_\delta$ 是由 $\mathbf{Z}_{\bar{\rho},\delta}$ 构造的投影矩阵，即 $P_\delta=\mathbf{Z}_{\bar{\rho},\delta}(\mathbf{Z}_{\bar{\rho},\delta}'\mathbf{Z}_{\bar{\rho},\delta})^{-1}\mathbf{Z}_{\bar{\rho},\delta}'$，且 $\mathbf{Z}_{\bar{\rho},\delta}:=[z(\delta)_1,\ z(\delta)_2-\bar{\rho}z(\delta)_1,\ \cdots,\ z(\delta)_T-\bar{\rho}z(\delta)_{T-1}]'$。再利用上一章介绍的基于截断数据法，得到新截断数据 $\{y_t^n\}$ 和相应的突变比例 $\hat{\delta}_{tr}$。

第二步，对 y_t^n 和 $z(\hat{\delta}_{tr})_t$ 进行 GLS 回归，并得到退趋势数据 $\tilde{y}_t^n=y_t^n-z(\hat{\delta}_{tr})_t'\tilde{\gamma}$，其中 $\tilde{\gamma}$ 是通过 GLS 回归方程式（5.14）估计得到。

$$\boldsymbol{y}_{\bar{\rho}}^{\boldsymbol{n}}=\mathbf{Z}_{\bar{\rho},\hat{\delta}_{tr}}\gamma+\boldsymbol{U}_{\bar{\rho}}^{\boldsymbol{n}} \tag{5.14}$$

其中，$\boldsymbol{y}_{\bar{\rho}}^{\boldsymbol{n}}:=(y_1^n,\ y_2^n-\bar{\rho}y_1^n,\ \cdots,\ y_T^n-\bar{\rho}y_{T-1}^n)'$，$\mathbf{Z}_{\bar{\rho},\hat{\delta}_{tr}}:=[z(\hat{\delta}_{tr})_1,\ z(\hat{\delta}_{tr})_2-\bar{\rho}z(\hat{\delta}_{tr})_1,\ \cdots,\ z(\hat{\delta}_{tr})_T-\bar{\rho}z(\hat{\delta}_{tr})_{T-1}]'$，$\boldsymbol{U}_{\bar{\rho}}^{\boldsymbol{n}}=(u_1^n,\ u_2^n-\bar{\rho}u_1^n,\ \cdots,\ u_T^n-\bar{\rho}u_{T-1}^n)$，且 $\bar{\rho}:=1+\bar{c}/T$，$\bar{c}$ 是 GLS 回归的可行性参数。

第三步，DBF 检验统计量 $\tau_q(\hat{\delta}_{tr})$ 是基于辅助回归方程式（5.15）得到。

$$\Delta\tilde{y}_t^n=(\rho-1)\tilde{y}_{t-1}+\sum_{i=0}^{p-1}\delta_j\Delta\tilde{y}_{t-j}^n+e_t^n,\qquad t=p+2,\ \cdots,\ T \tag{5.15}$$

其中，滞后阶数 p 由贝叶斯信息准则等确定，即 $\tau_q(\hat{\delta}_{tr})$ 可以写作：

$$\tau_q(\hat{\delta}_{tr})=[C_{11}^n(\hat{\sigma}^n)^2]^{-\frac{1}{2}}(\hat{\rho}^n-1) \tag{5.16}$$

其中，$C_{11}^n(\hat{\sigma}^n)^2$ 是方差估计矩阵的第一个元素，C_{11}^n 是 $(X^{n'}X^n)^{-1}$ 的第一个元素，$X^n=(\tilde{y}_t^n,\ \Delta\tilde{y}_{t-1}^n,\ \cdots,\ \Delta\tilde{y}_{t-p}^n)$，$(\hat{\sigma}^n)^2=(T-p-1)^{-1}\sum_{t=p+2}^{T}(\hat{e}_t^n)^2$，$\hat{e}_t^n$ 是回归方程（5.15）得到的残差序列。

定理 5.3 给出了扰动项存在时变方差的情况下，DBF 检验统计量的渐近性质。

定理 5.3　假定数据 y_t 由数据生成过程（5.1）和过程（5.2）生成，假设 5.1 和假设 5.2 成立时，在 local-to-unity 的假设 H_c：$\rho=1+c/T$ 下，对于基于截断数据的 DBF 检验统计量 $\tau_q(\hat{\delta}_{tr})$ 与突变比例已知条件下的 DBF 检验统计量有相同的渐近分布，即：

（a）对于模型 A，$\tau_{q,1}(\hat{\delta}_{tr})\xrightarrow{d}\xi_1^{\eta,c,\bar{c},\delta^0}$

（b）对于模型 B，$\tau_{q,2}(\hat{\delta}_{tr})\xrightarrow{d}\xi_2^{\eta,c,\bar{c},\delta^0}$

与真实突变比例已知的情况相比，时变方差对基于截断数据的 DBF 检验统计量的渐近分布产生了同样的影响，更重要的是，在时变方差条件下，基于截断数据的 DBF 检验统计量的渐近分布仍然与基于真实突变比例的 DBF 检验统计量的渐近分布相同。

由于统计量渐近分布仍然依赖于不可知的扰动项的时变方差形式 $\boldsymbol{\eta}(\cdot)$，因此在真实突变比例未知的情况下，我们仍采用基于 Wild Bootstrap 的 DBF 检验。具体构造步骤如下：

第一步，生成 bootstrap 残差 $\varepsilon_t^b=\zeta_t\hat{\varepsilon}_t$，其中 $\hat{\varepsilon}_t$ 是 y_t 对 $z(\hat{\delta})_t'$进行 GLS 回归得到的残差序列的差分数据，即 $\hat{\varepsilon}_t:=\hat{y}_t-\hat{y}_{t-1}$，$\hat{y}_t=y_t-z(\hat{\delta})_t'\hat{\gamma}$，$\hat{\gamma}$ 是通过 GLS 回归方程式（5.17）估计得到。

$$\mathbf{y}_{\bar{\boldsymbol{\rho}}}=\boldsymbol{Z}_{\bar{\boldsymbol{\rho}},\hat{\boldsymbol{\delta}}}\gamma+\boldsymbol{U}_{\bar{\boldsymbol{\rho}}} \tag{5.17}$$

且 $\boldsymbol{Z}_{\bar{\boldsymbol{\rho}},\hat{\boldsymbol{\delta}}}:=[z(\hat{\delta})_1,\ z(\hat{\delta})_2-\bar{\rho}z(\hat{\delta})_1,\ \cdots,\ z(\hat{\delta})_T-\bar{\rho}z(\hat{\delta})_{T-1}]'$。$\zeta_t$ 服从均值为 0、方差为 1 的独立同分布，特别地，我们选择 ζ_t 是一个两点分布，且 $P(\zeta_t=1)=P(\zeta_t=-1)=0.5$。

第二步，由部分残差和序列构建 bootstrap 样本 $y_t^b=z(\delta^b)_t'\gamma^b+u_i^b$，

其中，$u_i^b=\sum_{i=1}^{t}\varepsilon_i^b$，$\delta^b=\hat{\delta}$ 是 δ^0 的一致估计量。由于 DBF 检验统计量的渐近分布独立于确定性趋势的系数，因此我们可设定 $\gamma^b:=\hat{\gamma}$。

第三步，基于 bootstrap 样本 y_t^b 和式（5.10）至式（5.12），构建 Wild Bootstrap DBF 检验统计量 $\tau_q^B(\delta^b)$。

第四步，计算 Wild Bootstrap DBF 检验的 p 值 p^b，其中用于单位根过程对平稳过程的左尾检验时，$p^b=G^b[\tau_q(\hat{\delta}_{tr})]$，而单位根过程对爆炸过程的右尾检验对应的 $p^b=1-G^b[\tau_q(\hat{\delta}_{tr})]$。

定理 5.4 给出了扰动项存在时变方差时，真实突变比例未知情况下，Wild Bootstrap DBF 检验统计量的渐近性质。

定理 5.4 假定数据 y_t 由数据生成过程（5.1）和过程（5.2）生成，假设 5.1 和假设 5.2 成立时，Wild Bootstrap DBF 检验统计量 $\tau_q^B(\delta^b)$ 由上述四个步骤构成，则

（a）对于模型 A，$\tau_{q,1}^B(\delta^b)\xrightarrow{d}\xi_1^{\eta,0,\bar{c},\delta^0}$

（b）对于模型 B，$\tau_{q,2}^B(\delta^b)\xrightarrow{d}\xi_2^{\eta,0,\bar{c},\delta^0}$

定理 5.4 表示基于真实突变时点的 Wild Bootstrap DBF 检验统计量和基于突变比例估计量的 Wild Bootstrap DBF 检验统计量具有相同的渐近分布。这是因为，在真实突变比例已知或未知条件下，构建基于 Wild Bootstrap 的 DBF 检验时的差异并不会对 Wild Bootstrap DBF 检验统计量的渐近性质产生实质性影响。

两种 Wild Bootstrap DBF 检验的具体构建步骤的区别主要在于：一是在第一步中，生成 bootstrap 残差时使用的差分序列不同。由于 Wild Bootstrap 重抽样算法可以完美复制原始待检验数据中的方差时变性，而我们在两种步骤中使用的不同差分序列所具有的方差时变性相同。根据 Cavaliere 和 Taylor（2008b，2009），保证方差时变性相同的条件下，使用不同的差分（残差）序列对生成的 bootstrap 残差的方差性质不产生实质影响。二是在第二步中，生成 bootstrap 样本时使用的确定性趋势 $z(\delta^b)_t'\gamma^b$ 不同。首先，由于 DBF 检验统计量的渐近分布独立于确定性趋势的系数，因此，使用不同的 γ^b 并不会

对 bootstrap 样本的渐近性质产生实质性影响。更值得注意的是，在生成 bootstrap 样本时使用的 δ^b 是已知的真实突变比例，即 Wild Bootstrap DBF 检验统计量的渐近分布为 $\xi^{\eta,0,\bar{c},\delta^b}$。因此我们只需证明 $\delta^b=\delta^0$ 和 $\delta^b=\hat{\delta}$ 对分布 $\xi^{\eta,0,\bar{c},\delta^b}$ 渐近无差异，就可证明我们在生成 bootstrap 样本时使用不同的确定性趋势对 Wild Bootstrap DBF 检验统计量的渐近性质将不产生实质性影响。详细请参见附录二本章的证明过程。

第三节　时变方差下 DBF 泡沫检验的有限样本性质及其比较

在本节中，我们将设计一系列的蒙特卡洛仿真实验来考察时变方差下 DBF 泡沫检验和 Wild Bootstrap DBF 检验的实际有限样本尺度和功效，以及 Wild Bootstrap DBF 检验在时变方差下正确区分资产泡沫和显著改善的基本面的能力。根据 Elliott 等（1996）的皮特曼渐近相对有效原理，我们选定 GLS 回归参数 $\bar{c}$ 以保证时变方差下 DBF 检验的渐近功效包络为 50%。仿真模拟结果发现，时变方差的存在对参数 $\bar{c}$ 的影响几乎可忽略，因此，本章使用的 $\bar{c}$ 取值与上一章相同，即在进行单位根过程对中度平稳过程的左尾检验时，设定模型 A 对应 $\bar{c}=-14.5$，模型 B 对应 $\bar{c}=-7.5$；在进行单位根过程对中度爆炸过程的右尾检验时，模型 A 和模型 B 对应的 $\bar{c}$ 都为 1.5。

我们在 5% 显著性水平下评估时变方差下 DBF 检验和 Wild Bootstrap DBF 检验的有限样本性质。所有的仿真结果都是通过 10000 次重复仿真模拟实验和 399 次 bootstrap 重抽样得到的。由于 DBF 检验统计量的渐近分布与确定性趋势的系数无关，不失一般性，我们设定 $\gamma=(\beta_1,\ \beta_2,\ \beta_3)'=(0,\ 0,\ 0.05)'$，即数据生成过程为 $y_t=0.05DQ_t(\delta^0)+u_t$，$u_t=\rho u_{t-1}+\varepsilon_t$，$\varepsilon_t=C(L)e_t$，$e_t=\sigma_t v_t$，且扰动项 ε_t 满足假设 5.1。我们设定数据生成过程中真实的突变时点未知，且 δ^0 的取值为 $\{0.3,\ 0.5,\ 0.7\}$，样本长度 $T=\{200,\ 400\}$。考虑五

种不同的方差波动率来考察时变方差对 DBF 泡沫检验的影响。

第一种：常数方差，即 $\omega_1(s)\equiv\sigma_0$；

第二种：波动率存在单个结构变化，$\omega_2(s)=\sigma_0+(\sigma_1-\sigma_0)I(s\geqslant\delta_\sigma)$；

第三种：波动率存在两个结构变化，$\omega_3(s)=\sigma_0+(\sigma_1-\sigma_0)I(\delta_{\sigma1}\leqslant s<\delta_{\sigma2})$；

第四种：波动率随时间趋势平滑变化：$\omega_4(s)=\sigma_0+(\sigma_1-\sigma_0)s$；

第五种：波动率为一个 *GARCH* 函数：$\omega_5(s)=\sigma_{sT}$，其中 $s=t/T$，且 $\sigma_t^2=\alpha_0+\alpha_1\sigma_{t-1}^2+\beta e_{t-1}^2$。

其中，$s\in[0,1]$，δ_σ，$\delta_{\sigma1}$，$\delta_{\sigma2}\in(0,1)$。不失一般性，我们设定所有情况的 $\sigma_0=1$，令 $\kappa=\sigma_1\sigma_0$ 在 3，1/3 变动，另外有 $\delta_\sigma=0.5$，$\delta_{\sigma2}=1-\delta_{\sigma1}$ 且 $\delta_{\sigma1}\in\{0.2, 0.4\}$。对于 *GARCH* 型波动率，我们设定 $\alpha_0=1.5$，$\alpha_1\in\{0.4, 0.8\}$，$\beta=0.1$。

接下来，我们考察扰动项服从正态分布或存在序列自相关下，时变方差对 DBF 检验的影响以及 Wild Bootstrap DBF 检验的有效性。为了比较，我们报告了第四章介绍的常数方差下的 DBF 检验和 Wild Bootstrap DBF 检验的结果，分别记为 τ_q 和 τ_q^B。

一 时变方差下 Wild Bootstrap DBF 检验的尺度和功效性质

首先我们考虑 $C(L)=1$ 的情形，此时

$$\varepsilon_t=\sigma_t v_t,\qquad v_t\sim i.i.d.N(0,1)$$

即扰动项 ε_t 仅存在时变方差而不存在序列自相关。表 5.1 列出了 $\rho=1$ 时，时变方差下，Wild Bootstrap DBF 检验在模型 A 中的有限样本尺度。

表 5.1 时变方差下 τ_q 和 τ_q^B 的有限样本尺度（5%显著性水平）

DGP	T	$\delta^0=0.3$		$\delta^0=0.5$		$\delta^0=0.7$	
		τ_q	τ_q^B	τ_q	τ_q^B	τ_q	τ_q^B
常数方差							
$\kappa=1$	200	0.056	0.063	0.050	0.057	0.046	0.055
	400	0.046	0.054	0.043	0.048	0.043	0.049

续表

DGP	T	$\delta^0=0.3$		$\delta^0=0.5$		$\delta^0=0.7$	
		τ_q	τ_q^B	τ_q	τ_q^B	τ_q	τ_q^B
方差存在一个结构变化							
$\kappa=3$，$\delta_\sigma=0.5$	200	0.093	0.049	0.098	0.047	0.123	0.065
	400	0.099	0.054	0.095	0.047	0.091	0.049
$\kappa=1/3$，$\delta_\sigma=0.5$	200	0.074	0.057	0.052	0.049	0.044	0.050
	400	0.055	0.046	0.035	0.037	0.041	0.050
方差存在两个结构变化							
$\kappa=3$，$\delta_{\sigma1}=0.2$	200	0.063	0.059	0.063	0.054	0.069	0.069
	400	0.060	0.051	0.060	0.051	0.055	0.054
$\kappa=3$，$\delta_{\sigma1}=0.4$	200	0.087	0.056	0.079	0.051	0.086	0.057
	400	0.082	0.049	0.081	0.049	0.072	0.049
$\kappa=1/3$，$\delta_{\sigma1}=0.2$	200	0.083	0.061	0.066	0.050	0.088	0.056
	400	0.055	0.051	0.045	0.032	0.068	0.047
$\kappa=1/3$，$\delta_{\sigma1}=0.4$	200	0.059	0.057	0.050	0.052	0.046	0.046
	400	0.051	0.053	0.045	0.047	0.047	0.048
方差随时间趋势平滑变化							
$\kappa=3$	200	0.077	0.057	0.081	0.060	0.091	0.067
	400	0.071	0.057	0.083	0.057	0.077	0.055
$\kappa=1/3$	200	0.050	0.053	0.038	0.049	0.039	0.051
	400	0.041	0.050	0.035	0.043	0.033	0.056
GARCH 型异方差							
$\alpha_1=0.4$	200	0.050	0.050	0.052	0.060	0.048	0.056
	400	0.054	0.056	0.052	0.053	0.050	0.057
$\alpha_1=0.8$	200	0.062	0.062	0.065	0.068	0.080	0.087
	400	0.056	0.053	0.054	0.053	0.040	0.043

从表 5.1 的结果可以得出以下三个结论。

第一，在常数方差下，我们发现 DBF 检验和 Wild Bootstrap DBF 检验在不同突变比例下的有限样本尺度相近，例如当 $\delta^0=0.7$，$T=200$ 时，τ_q 的尺度为 4.6%，τ_q^B 的尺度为 5.5%，均接近于显著性水平5%。这意味着常数方差下，Wild Bootstrap DBF 检验也是适用的。

第二，当存在时变方差时，我们发现 DBF 检验存在严重的尺度扭曲，而且随着样本长度的增加，这一尺度扭曲也没有得到改善。例如，在方差在样本中期存在一个波动率增加的结构突变，即 $\kappa=3$，$\delta_\sigma=0.5$ 的情况下，当 $\delta^0=0.5$，$T=200$ 时，τ_q 的尺度为 9.8%；而当样本长度增加到 400 时，τ_q 的尺度为 9.5%，仍明显大于显著性水平 5%。检验尺度偏大会导致 DBF 检验拒绝原假设的概率偏高，从而将原本为含局部二次趋势的单位根过程误判为平稳过程。另外，与方差波动率增加时的结果相比，波动率降低时，DBF 检验的有限样本尺度偏低。特别是在方差随时间趋势平滑减少，即 $\kappa=1/3$ 的情况下，当 $\delta^0=0.7$，$T=200$ 时，τ_q 的尺度为 3.9%；当 $\delta^0=0.7$，$T=400$ 时，τ_q 的尺度为 3.3%。

第三，Wild Bootstrap DBF 检验很好地避免了存在时变方差时 DBF 检验尺度扭曲的问题。例如，在方差在样本中期存在一个波动率增加的结构突变，即 $\kappa=3$，$\delta_\sigma=0.5$ 的情况下，且当 $\delta^0=0.7$，$T=200$ 时，τ_q 的尺度为 12.3%，而 τ_q^B 的尺度为 6.5%；随着样本长度的增加，Wild Bootstrap DBF 检验的尺度更接近于显著性水平 5%。即当 $\delta^0=0.7$，$T=400$ 时，τ_q 的尺度为 9.1%，而 τ_q^B 的尺度为 4.9%。另一个例子是，在方差波动率在样本中期先有一个增加的结构突变，随后波动率又回落到初始波动率，即方差存在两个结构变化，$\kappa=3$，$\delta_{\sigma1}=0.4$ 的情况下，且 $\delta^0=0.7$，$T=200$ 时，τ_q 的尺度为 8.6%，而 τ_q^B 的尺度为 5.7%；随着 T 增加到 400，τ_q 的尺度为 7.2%，而 τ_q^B 的尺度为 4.9%。

因此，对比常数方差和时变方差下，DBF 检验和 Wild Bootstrap DBF 检验的有限样本尺度结果，我们总结，Wild Bootstrap DBF 检验在扰动项仅存在时变方差时是稳健而有效的。

接下来，我们在 $\rho=0.85$ 下考察扰动项 ε_t 仅存在时变方差而不存在序列自相关时，Wild Bootstrap DBF 检验在模型 A 中的有限样本功效。为了比较，在表 5.2 中我们还报告了经尺度调整后 DBF 检验的功效性质。

表 5.2　时变方差下 τ_q 和 τ_q^B 的有限样本功效（5%显著性水平）

DGP	T	$\delta^0=0.3$		$\delta^0=0.5$		$\delta^0=0.7$	
		τ_q	τ_q^B	τ_q	τ_q^B	τ_q	τ_q^B
常数方差							
$\kappa=1$	200	0.913	0.928	0.784	0.814	0.916	0.910
	400	0.944	0.962	0.964	0.975	0.999	0.999
方差存在一个结构变化							
$\kappa=3$，$\delta_\sigma=0.5$	200	0.802	0.805	0.757	0.750	0.783	0.793
	400	0.998	0.999	0.995	0.995	0.994	0.994
$\kappa=1/3$，$\delta_\sigma=0.5$	200	0.759	0.809	0.552	0.616	0.827	0.834
	400	0.495	0.584	0.753	0.854	0.997	0.997
方差存在两个结构变化							
$\kappa=3$，$\delta_{\sigma1}=0.2$	200	0.881	0.886	0.841	0.849	0.887	0.894
	400	1.000	1.000	1.000	1.000	1.000	1.000
$\kappa=3$，$\delta_{\sigma1}=0.4$	200	0.783	0.814	0.656	0.689	0.804	0.815
	400	0.991	0.990	0.965	0.960	0.999	0.999
$\kappa=1/3$，$\delta_{\sigma1}=0.2$	200	0.780	0.808	0.435	0.523	0.628	0.682
	400	0.286	0.478	0.516	0.747	0.936	0.965
$\kappa=1/3$，$\delta_{\sigma1}=0.4$	200	0.858	0.879	0.751	0.753	0.857	0.847
	400	0.837	0.889	0.961	0.972	0.998	0.998
方差随时间趋势平滑变化							
$\kappa=3$	200	0.862	0.867	0.806	0.833	0.847	0.868
	400	0.999	1.000	0.998	0.998	0.999	0.999
$\kappa=1/3$	200	0.879	0.878	0.623	0.652	0.854	0.853
	400	0.488	0.575	0.711	0.825	0.994	0.997
GARCH 型异方差							
$\alpha_1=0.4$	200	0.932	0.947	0.895	0.905	0.933	0.940
	400	1.000	1.000	0.999	0.998	1.000	1.000
$\alpha_1=0.8$	200	0.933	0.926	0.905	0.914	0.925	0.938
	400	1.000	1.000	1.000	1.000	1.000	1.000

根据表 5.2 给出的结果可以发现，Wild Bootstrap DBF 检验功效和经尺度调整后的 DBF 检验功效在常数方差和时变方差下是相近

的，而且随着样本长度从 200 增加到 400 时，两种检验的功效都很快速地增加到接近于 1。例如，方差在样本中期存在一个波动率增加的结构突变，即 $\kappa=3$，$\delta_{\sigma}=0.5$ 的情况下，且当 $\delta^{0}=0.5$，$T=200$ 时，τ_{q} 的功效为 75.7%，而 τ_{q}^{B} 的功效为 75.0%；当 $T=400$ 时，τ_{q} 和 τ_{q}^{B} 的功效都增加到 99.5%。因此，我们认为 Wild Bootstrap DBF 检验在时变方差下具有良好的检验功效。设定 ρ 为其他取值，尤其是在样本量较大时，我们可以得到类似的结论。

上述仿真实验的结果表明，从尺度和功效两方面看，Wild Bootstrap DBF 检验在没有降低功效的前提下有效避免了时变方差带来的 DBF 检验尺度扭曲的问题，这意味着 Wild Bootstrap DBF 检验在扰动项存在时变方差时具有良好的有限样本性质。

二　时变方差和序列自相关下 Wild Bootstrap DBF 检验的尺度和功效性质

在本小节中，我们通过设计一系列蒙特卡洛仿真实验评估时变方差和序列自相关同时存在时，Wild Bootstrap DBF 检验的有限样本性质。我们设定扰动项 ε_{t} 服从一阶自回归过程 AR（1）：

$$\varepsilon_{t}=0.3\varepsilon_{t-1}+\sigma_{t}v_{t},\qquad v_{t}\sim i.i.d.\ N(0,\ 1)$$

此时，扰动项 ε_{t} 同时存在时变方差和序列自相关。我们使用贝叶斯信息准则选择滞后阶数 p，用于处理序列自相关对单位根检验的影响。表 5.3 报告了扰动项同时存在时变方差和序列自相关时，模型 A 对应的 DBF 检验和 Wild Bootstrap DBF 检验的有限样本尺度。

表 5.3　时变方差和序列自相关下 τ_{q} 和 τ_{q}^{B} 的有限样本尺度

（5%显著性水平）

DGP	T	$\delta^{0}=0.3$		$\delta^{0}=0.5$		$\delta^{0}=0.7$	
		τ_{q}	τ_{q}^{B}	τ_{q}	τ_{q}^{B}	τ_{q}	τ_{q}^{B}
常数方差							
$\kappa=1$	200	0.055	0.056	0.050	0.052	0.050	0.052
	400	0.059	0.064	0.046	0.049	0.045	0.053

续表

DGP	T	$\delta^0=0.3$		$\delta^0=0.5$		$\delta^0=0.7$	
		τ_q	τ_q^B	τ_q	τ_q^B	τ_q	τ_q^B
方差存在一个结构变化							
$\kappa=3$，$\delta_\sigma=0.5$	200	0.113	0.051	0.138	0.059	0.175	0.084
	400	0.111	0.052	0.109	0.048	0.093	0.050
$\kappa=1/3$，$\delta_\sigma=0.5$	200	0.086	0.058	0.061	0.052	0.051	0.050
	400	0.063	0.054	0.044	0.042	0.041	0.049
方差存在两个结构变化							
$\kappa=3$，$\delta_{\sigma1}=0.2$	200	0.074	0.056	0.074	0.059	0.083	0.071
	400	0.063	0.051	0.063	0.051	0.058	0.053
$\kappa=3$，$\delta_{\sigma1}=0.4$	200	0.099	0.047	0.098	0.051	0.093	0.053
	400	0.085	0.043	0.089	0.043	0.084	0.043
$\kappa=1/3$，$\delta_{\sigma1}=0.2$	200	0.094	0.063	0.089	0.056	0.093	0.050
	400	0.081	0.071	0.083	0.055	0.087	0.056
$\kappa=1/3$，$\delta_{\sigma1}=0.4$	200	0.061	0.050	0.056	0.048	0.053	0.048
	400	0.056	0.053	0.054	0.050	0.052	0.052
方差随时间趋势平滑变化							
$\kappa=3$	200	0.079	0.051	0.089	0.062	0.103	0.076
	400	0.077	0.054	0.082	0.052	0.075	0.056
$\kappa=1/3$	200	0.054	0.056	0.043	0.048	0.042	0.049
	400	0.050	0.060	0.044	0.051	0.043	0.067
GARCH 型异方差							
$\alpha_1=0.4$	200	0.047	0.052	0.050	0.051	0.059	0.059
	400	0.052	0.053	0.046	0.050	0.049	0.057
$\alpha_1=0.8$	200	0.091	0.087	0.093	0.086	0.101	0.098
	400	0.059	0.058	0.052	0.047	0.044	0.047

由表 5.3 的结果我们可以得出以下结论：

第一，当扰动项只存在序列自相关而不存在时变方差时，Wild Bootstrap DBF 检验沿袭了 ADF 型单位根检验的优点，即通过在回归方程式中加入待检验序列差分滞后项可以有效消除序列自相关对统计量的影响，从而得到正确的检验结果。例如在常数方差下，当 $\delta^0=0.7$，$T=200$ 时，*DBF* 检验 τ_q 的尺度为 5.0%，Wild Bootstrap DBF 检验 τ_q^B 的尺度为 5.2%。

第二，当扰动项同时存在时变方差和序列自相关时，DBF 检验将产生严重的尺度扭曲，而 Wild Bootstrap DBF 检验可以得到接近显著性水平的有效尺度。例如在方差存在一个结构变化，且 $\kappa=3$，$\delta_\sigma=0.5$ 的情况下，当 $\delta^0=0.5$，$T=200$ 时，DBF 检验 τ_q 的尺度为 13.8%，Wild Bootstrap DBF 检验 τ_q^B 的尺度为 5.9%。而且随着样本长度的增加，DBF 检验产生的尺度扭曲仍继续存在，而 Wild Bootstrap DBF 检验结果进一步接近显著性水平 5%。即当 $\delta^0=0.5$，$T=400$ 时，DBF 检验 τ_q 的尺度为 10.9%，Wild Bootstrap DBF 检验 τ_q^B 的尺度为 4.8%。

综上说明，在扰动项同时存在时变方差和序列自相关时，Wild Bootstrap DBF 检验有正确的有限样本尺度。更重要的是，设定扰动项服从不同的 ARMA（p，q）过程，在样本长度增加后，我们可以得到类似的结果。

接着，我们同样在 $\rho=0.85$ 下考察扰动项 ε_t 同时存在时变方差和序列自相关时，Wild Bootstrap DBF 检验的有限样本功效。为了比较，经尺度调整后 DBF 检验的功效和 Wild Bootstrap DBF 检验功效均由表 5.4 表示。

表 5.4　　时变方差和序列自相关下 τ_q 和 τ_q^B 的有限样本功效

（5%显著性水平）

DGP	T	$\delta^0=0.3$		$\delta^0=0.5$		$\delta^0=0.7$	
		τ_q	τ_q^B	τ_q	τ_q^B	τ_q	τ_q^B
常数方差							
$\kappa=1$	200	0.793	0.813	0.725	0.741	0.830	0.824
	400	0.968	0.972	0.973	0.984	0.997	0.998

续表

DGP	T	$\delta^0=0.3$		$\delta^0=0.5$		$\delta^0=0.7$	
		τ_q	τ_q^B	τ_q	τ_q^B	τ_q	τ_q^B
方差存在一个结构变化							
$\kappa=3$，$\delta_\sigma=0.5$	200	0.655	0.617	0.640	0.600	0.666	0.653
	400	0.982	0.979	0.979	0.975	0.982	0.979
$\kappa=1/3$，$\delta_\sigma=0.5$	200	0.613	0.642	0.508	0.534	0.719	0.702
	400	0.665	0.713	0.817	0.874	0.989	0.990
方差存在两个结构变化							
$\kappa=3$，$\delta_{\sigma1}=0.2$	200	0.736	0.729	0.728	0.722	0.771	0.758
	400	0.997	0.997	0.995	0.995	0.998	0.999
$\kappa=3$，$\delta_{\sigma1}=0.4$	200	0.618	0.615	0.530	0.507	0.642	0.623
	400	0.965	0.953	0.932	0.914	0.980	0.979
$\kappa=1/3$，$\delta_{\sigma1}=0.2$	200	0.629	0.621	0.427	0.455	0.531	0.557
	400	0.500	0.619	0.651	0.785	0.921	0.945
$\kappa=1/3$，$\delta_{\sigma1}=0.4$	200	0.737	0.736	0.674	0.665	0.770	0.749
	400	0.885	0.917	0.961	0.973	0.993	0.993
方差随时间趋势平滑变化							
$\kappa=3$	200	0.732	0.728	0.695	0.703	0.732	0.741
	400	0.993	0.992	0.991	0.990	0.993	0.995
$\kappa=1/3$	200	0.775	0.753	0.598	0.609	0.767	0.753
	400	0.736	0.783	0.846	0.899	0.988	0.992
GARCH 型异方差							
$\alpha_1=0.4$	200	0.800	0.806	0.772	0.778	0.834	0.835
	400	1.000	0.998	0.999	0.999	0.999	1.000
$\alpha_1=0.8$	200	0.803	0.787	0.777	0.780	0.815	0.828
	400	1.000	1.000	1.000	1.000	1.000	1.000

由表 5.4 的结果不难发现，在扰动项同时存在时变方差和序列自相关时，Wild Bootstrap DBF 检验功效和经尺度调整后的 DBF 检验功效在常数方差和时变方差下接近，且随着样本长度的增加，两种检验功效也快速增加。例如，在常数方差下，当 $\delta^0=0.7$，$T=200$

时，τ_q 的检验功效为83.0%，τ_q^B 的检验功效为82.4%；其他条件不变，样本长度增加到400，τ_q 的检验功效为99.7%，τ_q^B 的检验功效为99.8%。再如在方差波动率为一个GARCH函数，且 $\alpha_1=0.4$ 的情况下，当 $\delta^0=0.7$，$T=200$ 时，τ_q 的检验功效为83.4%，τ_q^B 的检验功效为83.5%；其他条件不变，样本长度增加到400，τ_q 的检验功效为99.9%，τ_q^B 的检验功效为100%。

综合表5.3和表5.4中Wild Bootstrap DBF检验的有限样本尺度和有限样本功效结果，我们认为在扰动项同时存在时变方差和序列自相关时，Wild Bootstrap DBF检验具有良好的有限样本性质。

三 时变方差下DBF泡沫检验区分资产泡沫和显著改善的基本面的能力

接下来，我们考虑Wild Bootstrap DBF泡沫检验区分资产泡沫和显著改善的基本面的能力。在时变方差下，我们使用右尾Wild Bootstrap DBF检验对URQ过程与中度爆炸过程进行辨别。由于在关于泡沫检验的现有文献中，仅Harvey等（2016）提出了时变方差下的SADF检验的Wild Bootstrap版本，因此本章比较了时变方差下Wild Bootstrap DBF和SADF检验区分资产泡沫和显著改善的基本面的能力。

考虑以下四种数据生成过程：

DGP 1：由模型A生成的URQ过程：

$$y_t=0.1+0.01t+0.01DQ_t(\delta^0)+u_t,\qquad u_t=u_{t-1}+\varepsilon_t$$

DGP 2：带截距项的中度爆炸过程：

$$y_t=\frac{1}{T}+y_{t-1}I\{t\leqslant T_e\}+\rho_A y_{t-1}I\{t>T_e\}+\varepsilon_t$$

DGP 3：由模型B生成的URQ过程：

$$y_t=0.1+0.01DQ_t(\delta^0)+u_t,\qquad u_t=u_{t-1}+\varepsilon_t$$

DGP 4：不带截距项的中度爆炸过程：

$$y_t=y_{t-1}I\{t\leqslant T_e\}+\rho_A y_{t-1}I\{t>T_e\}+\varepsilon_t$$

其中，$\delta^0\in\{0.3,\ 0.4,\ 0.5,\ 0.6,\ 0.7\}$，$\rho_A\in\{1.01,\ 1.02,$

1.03，1.04，1.05}，$T_e=0.3T$，扰动项 $\varepsilon_t=\sigma_t v_t$，$v_t \sim N(0,1)$，$t=1,\cdots,T$，且 $T=400$。

我们考虑五种方差形式。常数方差，$\sigma_t \equiv \sigma_0$；方差存在单个结构变化，$\sigma_t=\sigma_0+(\sigma_1-\sigma_0)I(t\geqslant 0.5T)$；方差存在两个结构变化，$\sigma_t=\sigma_0+(\sigma_1-\sigma_0)I(0.2T\leqslant t<0.8T)$；方差随时间趋势平滑变化，$\sigma_t=\sigma_0+(\sigma_1-\sigma_0)t/T$；GARCH 型异方差，$\sigma_t^2=1.5+0.4\sigma_{t-1}^2+0.1e_{t-1}^2$，$\sigma_0=1$，$\sigma_1=3$。表 5.5 报告了常数方差和各时变方差下，基于右尾 Wild Bootstrap DBF 检验和 Wild Bootstrap SADF 检验拒绝原假设的概率，其中每种方差形式都有四行结果，前两行对应的 URQ 过程由 DGP 1（模型 A）生成，中度爆炸过程由 DGP 2（带截距项）生成，后两行对应的 URQ 过程由 DGP 3（模型 B）生成，中度爆炸过程由 DGP 4（不带截距项）生成。95%的临界值是通过 10000 次蒙特卡洛仿真和 399 次 bootstrap 重抽样获得的。拒绝原假设的概率是基于 2000 次重复实验得到的。

表 5.5　时变方差下 Wild Bootstrap DBF 和 SADF 检验区分资产泡沫和显著改善的基本面的能力的结果

检验	DPG：URQ 过程（δ^0）					DGP：中度爆炸过程（ρ_A）				
	0.3	0.4	0.5	0.6	0.7	1.01	1.02	1.03	1.04	1.05
常数方差										
DBF	0.051	0.048	0.060	0.056	0.063	0.180	0.562	0.989	1.000	1.000
SADF	1.000	1.000	1.000	1.000	1.000	0.846	0.991	1.000	1.000	1.000
DBF	0.053	0.059	0.057	0.068	0.062	0.398	0.921	0.989	1.000	1.000
SADF	1.000	1.000	1.000	1.000	1.000	0.843	0.993	1.000	1.000	1.000
方差存在一个结构变化										
DBF	0.029	0.028	0.024	0.031	0.030	0.049	0.559	0.966	1.000	1.000
SADF	1.000	1.000	1.000	1.000	0.832	0.570	0.973	0.998	1.000	1.000
DBF	0.068	0.045	0.036	0.043	0.038	0.183	0.828	0.978	1.000	1.000
SADF	1.000	1.000	1.000	1.000	0.824	0.573	0.967	0.997	1.000	1.000

续表

检验	DPG：URQ 过程（δ^0）					DGP：中度爆炸过程（ρ_A）				
	0.3	0.4	0.5	0.6	0.7	1.01	1.02	1.03	1.04	1.05
方差存在两个结构变化										
DBF	0.033	0.029	0.027	0.019	0.019	0.198	0.568	0.991	1.000	1.000
SADF	1.000	1.000	1.000	0.999	0.756	0.698	0.986	1.000	1.000	1.000
DBF	0.038	0.060	0.060	0.076	0.070	0.306	0.897	0.989	1.000	1.000
SADF	1.000	1.000	1.000	0.999	0.737	0.700	0.983	0.999	1.000	1.000
方差随时间趋势平滑变化										
DBF	0.036	0.044	0.039	0.030	0.022	0.142	0.610	0.981	1.000	1.000
SADF	1.000	1.000	1.000	1.000	0.965	0.742	0.984	1.000	1.000	1.000
DBF	0.068	0.063	0.055	0.066	0.056	0.299	0.897	0.987	1.000	1.000
SADF	1.000	1.000	1.000	1.000	0.962	0.744	0.986	0.997	1.000	1.000
GARCH 型异方差										
DBF	0.041	0.042	0.046	0.040	0.031	0.184	0.561	0.988	1.000	1.000
SADF	1.000	1.000	1.000	1.000	1.000	0.841	0.992	0.999	1.000	1.000
DBF	0.079	0.071	0.071	0.084	0.085	0.396	0.925	0.991	1.000	1.000
SADF	1.000	1.000	1.000	1.000	0.998	0.840	0.994	0.999	1.000	1.000

由表 5.5 中的结果可得如下结论：

第一，在常数方差下，Wild Bootstrap DBF 检验基本可以正确区分由资产泡沫导致的中度爆炸过程和由基本面显著改善所形成的含局部二次趋势的单位根过程，而 Wild Bootstrap SADF 检验很大可能将 URQ 过程误判为中度爆炸过程。具体而言，当真实的数据生成过程为 DGP 1 时，Wild Bootstrap DBF 检验拒绝含局部二次趋势的单位根过程原假设的概率接近 5%，Wild Bootstrap SADF 检验拒绝含局部二次趋势的单位根原假设的概率为 100%，即 DBF 泡沫检验可以正确识别 URQ 过程，而 SADF 检验将 URQ 过程误判为中度爆炸过程；而当真实的数据生成过程为 DGP 2，特别是 $\rho_A \geqslant 1.03$ 时，Wild Bootstrap DBF 检验拒绝原假设接受爆炸根备择假设的概率与 Wild Bootstrap SADF 检验拒绝原假设的概率相近，均接近 100%，即意味着这两种检验均可以正确识别中度爆炸过程。

第二，在时变方差下，Wild Bootstrap DBF 检验仍然可以正确区分由资产泡沫导致的中度爆炸过程和由基本面显著改善所形成的含局部二次趋势的单位根过程，而 Wild Bootstrap SADF 检验不行。例如，在方差存在两个结构变化的情况下，当真实的数据生成过程为 DGP 1，且 $\delta^0=0.3$ 时，Wild Bootstrap DBF 检验拒绝原假设的概率为 3.3%，Wild Bootstrap SADF 检验拒绝原假设的概率为 100%，而当真实的数据生成过程为 DGP 2，且 $\rho_A=1.03$ 时，Wild Bootstrap DBF 检验拒绝原假设的概率为 99.1%，Wild Bootstrap SADF 检验拒绝原假设的概率为 100%。

综上所述，Wild Bootstrap DBF 检验在时变方差和常数方差下可以正确区分由资产泡沫导致的中度爆炸过程和由基本面显著改善所形成的含局部二次趋势的单位根过程，而 Wild Bootstrap SADF 检验会把含局部二次趋势的单位根过程判定为中度爆炸过程。

第四节　资产泡沫还是显著改善的基本面推动了股票价格快速上涨

在本节中，我们将新提出的检验应用于中美股票市场上的四只股票价格序列：苹果、阿里巴巴、贵州茅台和中国平安。这四只股票都属于投资者愿意长期持有的股票，且它们的价格在各自的样本期内出现了急剧的上涨。例如，苹果股票的每股价格从 2010 年 10 月 1 日的 282.52 美元快速上涨到 2012 年 4 月 9 日的 636.23 美元；从 2016 年 6 月 1 日到 2017 年 12 月 28 日，贵州茅台股票的每股价格从 263.79 元上涨至 718.69 元。如图 5.1 所示，我们用实线绘制了四只股票价格的时间序列。显然，我们无法直观判断这些股票价格序列是含局部二次趋势的单位根过程，还是中度爆炸过程。

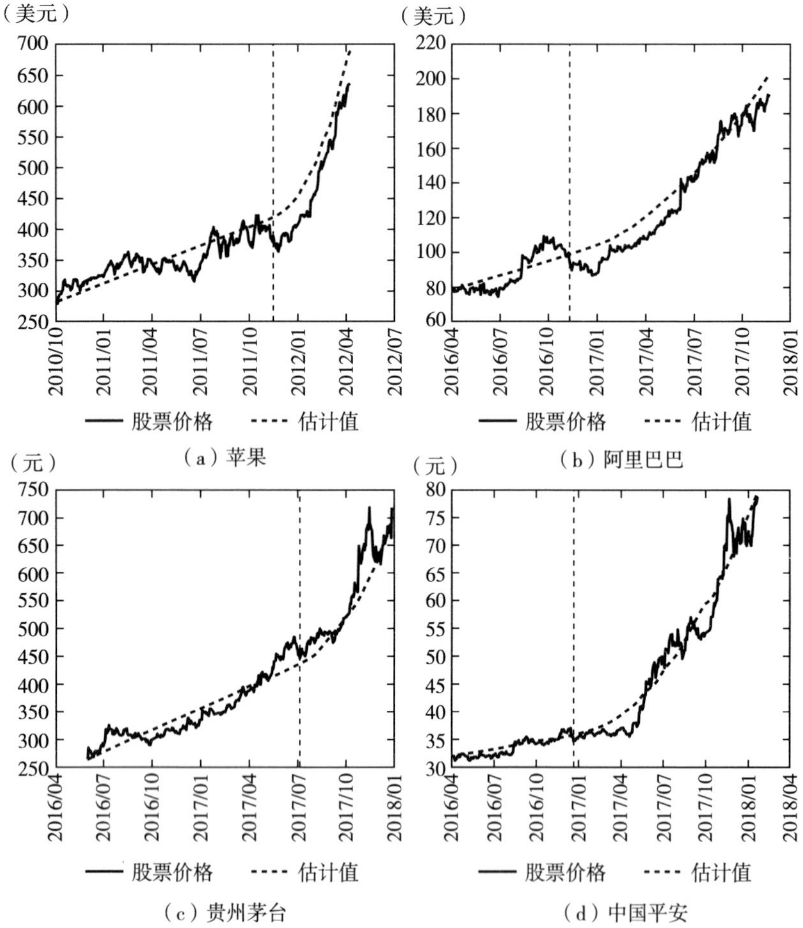

图 5.1　股票价格序列数据图（实线）和估计的确定性趋势（虚线）

正如 Heaton 和 Lucas（1999）所述，价格的急剧上涨是泡沫累积推动的还是因为基本面的根本性改善，这对政策制定者、金融研究人员以及投资者而言是至关重要的。如果某些股票价格或价格综合指数在某个样本期出现爆炸性上涨，由此股票价格产生了泡沫，那么这个泡沫不可避免地在未来某一天将会崩溃，股票价格急剧下跌，从而可能陷入长期低迷状态，甚至引发波及整个市场的金融危机。此外，类似贵州茅台和中国平安等股票在其样本期内表现出惊人的价格上涨和资产价值上升，其价格上涨过程虽然与爆炸过程相似，但是，正如投资者普遍认为的那样，这些股票的价格上涨有显著改善的基本面所支撑。Balke 和 Wohar（2009）使用贝叶斯—马尔可夫链—蒙特卡洛方法将股票价格分解为基本面成分和泡沫成分。假设结果表明，股息和必要回报率（the required rate of return）有持续增长的潜力，那么泡沫成分实际上不会对股价波动过程有显著性贡献，否则，泡沫成分将在股价波动过程中扮演更重要的角色。在本章中，我们使用提出的新检验来考察苹果、阿里巴巴、贵州茅台和中国平安四只股票的价格序列是否存在泡沫，其股价的快速上涨是否是因为基本面存在显著改善。

当股票价格的急剧上涨是因为基本面显著改善时，我们可以预期股价的（长期）趋势可能出现非线性上涨，即价格序列的确定性时间趋势由线性函数突变为二次函数，此时价格序列是一个含局部二次趋势的单位根过程，而当股价的急剧上涨是泡沫累积导致时，价格序列是一个中度爆炸过程。根据前文所述，使用 DBF 泡沫检验可以识别价格序列是由基本面显著改善导致的含局部二次趋势的单位根过程还是由泡沫累积导致的中度爆炸过程。另外，我们还将对苹果、阿里巴巴、贵州茅台和中国平安四只股票进行基本面分析，以佐证 DBF 泡沫检验的结论。

基本面分析经常被用来研究股票的内在价值，并且侧重于通过财务报表报告的关键指标来评估股票价格是否合理和准确。Campbell 和 Shiller（1988）以及 Chiang 等（1995）使用每股收益和股息变量来代表基本面价值，从而预测资产价格和收益的变化。他们研究了基本面因子，如股权回报率、每股收益和股息政策等与股票价格之间的关系。研究结果显示，这些因子对股票价格产生了显著的积极影响。我们稍后对苹果、阿里巴巴、贵州茅台和中国平安四只股票进行基本面分析，从每股收益、股权回报率和股息分配三方面分析在股价急剧上涨期间，这四只股票的基本面是否存在显著改善。

苹果、阿里巴巴、贵州茅台和中国平安四只股票的价格数据来自 Wind 经济数据库。从图 5.1 可以看出，在样本期间这四只股票的价格都呈现出急剧的上涨，而且上涨趋势在某个时点出现了变化。一个典型的例子是苹果股票的每股价格。2010 年 10 月至 2011 年 10 月，苹果的股价呈现出明显的线性上涨趋势，而自 2011 年 11 月以后，苹果股价突然出现非线性急剧上涨。由此，我们将股票价格模型设定为带截距项和一次时间趋势项的含局部二次趋势的单位根过程，即：

$$y_t=\beta_1+\beta_2 t+\beta_3 DQ(\delta^0)+u_t,\qquad u_t=\rho u_{t-1}+\varepsilon_t \tag{5.18}$$

其中，δ^0 代表真实的突变比例，通过最小化 GLS 退趋势回归的残差平方和可以得到相应的突变比例估计量 $\hat{\delta}$。图 5.1 中虚线表示估计的突变时点，$\hat{T}_b=\hat{\delta}T$，而粗虚线则表示估计的确定性趋势。

另外，为了评估股票价格序列中是否存在时变方差，我们采用 Cavaliere 和 Taylor（2007）的方法，通过

$$\hat{\eta}(s)=\frac{\sum_{t=1}^{\lfloor sT\rfloor}\hat{v}_t^2+(sT-\lfloor sT\rfloor)\hat{v}_{\lfloor sT\rfloor+1}^2}{\sum_{t=1}^{T}\hat{v}_t^2} \tag{5.19}$$

来估计时变方差形式 $\eta(s)$，其中 $\hat{v}_t$ 是回归方程式（5.20）的残差。

$$\Delta\tilde{y}_t=(\rho-1)\tilde{y}_{t-1}+\sum_{i=0}^{p-1}\delta_j\Delta\tilde{y}_{t-j}+v_t,\qquad t=p+2,\ \cdots,\ T \tag{5.20}$$

而 $\tilde{y}_{t-1}$ 是股票价格数据 y_t 对 $z(\hat{\delta})_t=[1,\ t,\ DQ_t(\hat{\delta})]'$ 进行 GLS 退趋势后得到的退趋势数据。图 5.2 给出了四只股票价格序列相应的估计的时变方差形式，其中虚线是 45°对角线，代表着常数方差形式。

从图 5.2 可以看出，每只股票价格序列估计的方差形式明显偏离 45°线，这表明四只股票价格序列均存在实质性的时变方差。具体而言，苹果股票的价格序列具有较平滑增加的时变方差，阿里巴巴股票和贵州茅台股票在其样本的中后期，价格序列方差有一个明显正向的结构突变，中国平安股票的价格方差存在两个结构突变，一个是在样本的 60%处有一个正向的突变，随后在样本的 90%处方

差再次增加。考虑到金融资产价格数据广泛存在的时变方差，因此，我们采用 Wild Bootstrap DBF 检验和 Wild Bootstrap SADF 检验对四只股票价格序列进行检验。

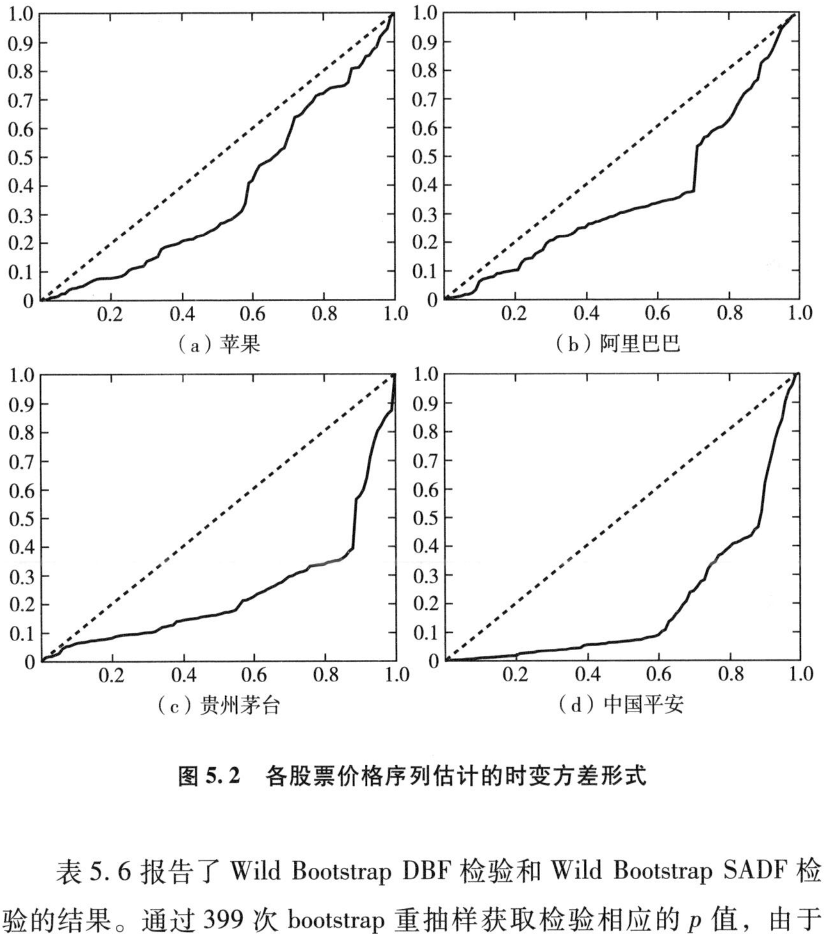

图 5.2　各股票价格序列估计的时变方差形式

表 5.6 报告了 Wild Bootstrap DBF 检验和 Wild Bootstrap SADF 检验的结果。通过 399 次 bootstrap 重抽样获取检验相应的 p 值，由于我们侧重于判断待检验数据是否存在泡沫，我们设定 Wild Bootstrap DBF 检验 $\bar{c}$ 的值为 1.5。结果发现，在 5%显著性水平下，这两个检验统计量在检验阿里巴巴股票价格序列时，得到的检验结论一致，而苹果、贵州茅台和中国平安的检验结论则出现分歧。

表 5.6 Wild Bootstrap DBF 检验和 Wild Bootstrap SADF 检验的结果

股票	上市地点	样本长度	Wild BootstrapDBF 检验				Wild Bootstrap SADF 检验			
			$\hat{\delta}$	$\tau_q(\hat{\delta}_{tr})$	p 值	结论	$\hat{\tau}_e$	SADF	p 值	结论
苹果	美国	382	0.75	−1.532	0.692	URQ	0.95	2.456	0.025**	有泡沫
阿里巴巴	美国	417	0.37	−2.156	0.554	URQ	—	2.002	0.105	无泡沫
贵州茅台	中国	387	0.69	−2.152	0.709	URQ	0.90	4.227	0.005***	有泡沫
中国平安	中国	445	0.40	−3.423	0.907	URQ	0.90	4.652	0.040**	有泡沫

注：1. $\hat{\tau}_e$ 是 Wild Bootstrap SADF 检验估计的泡沫起始时点；2. * 表示 10%的显著性水平，** 表示 5%的显著性水平，*** 表示 1%的显著性水平。

首先，分析对阿里巴巴股票价格的检验结果。Wild Bootstrap DBF 检验的结果发现，其对应的 p 值为 0.554，不能拒绝原假设，因此可以判定阿里巴巴股票价格是一个含局部二次趋势的单位根过程，在样本的 37%处确定性趋势由一次函数转变为二次函数。而 Wild Bootstrap SADF 检验的结果在 10%显著性水平下同样不能拒绝原假设，即认为阿里巴巴股票价格不存在泡沫，是一个单位根过程。

其次，考虑苹果、贵州茅台和中国平安这三只股票价格的检验结果。Wild Bootstrap DBF 检验得到的相应 p 值分别为 0.692、0.709 和 0.907，该结果表明它们都是单位根过程，其二次趋势突变时点分别位于其样本的 75%、69%和 40%处。但是，基于 Wild Bootstrap SADF 检验的结果，我们可以在 5%显著性水平下拒绝单位根的原假设，从而认为这三只股票的价格存在泡沫。

最后，我们对这四只股票所代表的上市公司进行了简单的基本面分析。金融和会计领域的相关文献，如 Chang 等（2017）表明，公司收益存在明显的季节性变化，而且收益对股票回报率存在显著影响。由于收益的季节效应，我们选择对相同季度的每股收益进行同比分析。由于数据的可得性，我们在表 5.7 报告了二次趋势突变出现前后三个季度的每股收益，以及二次趋势突变出现前后一年的普通股东的股权回报率和股息分配。

表 5.7　股票价格、每股收益、股权回报率、股息分析结果

股票	股票价格						每股收益						时间	股权回报率	股息
	时间	价格	时间	价格	时间	价格	时间	价格	时间	价格	时间	价格			
苹果	2010Q4	322.56	2011Q1	348.51	2011Q2	335.67	2010Q4	6.53	2011Q1	6.49	2011Q2	7.89	2011	33.83	—
	2011Q4*	405.03	2012Q1	599.55	2012Q2	583.35	2011Q4	14.07	2012Q1	12.45	2012Q2	9.42	2012	42.84	2.65
	比率	25.57	比率	72.03	比率	73.79	比率	115.47	比率	91.83	比率	19.39	比率	26.63	—
阿里巴巴	2015Q4	81.27	2016Q1	79.03	2016Q3	105.79	2015Q4	4.9	2016Q1	2.19	2016Q3	3.08	2016	39.32	—
	2016Q4*	87.81	2017Q1	107.83	2017Q3	172.71	2016Q4	7.19	2017Q1	4.24	2017Q3	6.92	2017	17.42	—
	比率	8.05	比率	36.44	比率	63.26	比率	46.73	比率	93.61	比率	124.68	比率	-55.70	—
贵州茅台	2016Q3	297.91	2016Q4	334.15	2017Q1	386.36	2016Q3	2.92	2016Q4	3.39	2017Q1	4.87	2016	24.44	67.87
	2017Q3*	517.64	2017Q4	697.49	2018Q1	683.62	2017Q3	6.95	2017Q4	5.65	2018Q1	6.77	2017	32.95	109.99
	比率	73.76	比率	108.74	比率	76.94	比率	138.01	比率	66.67	比率	39.01	比率	34.84	62.06
中国平安	2015Q4	36	2016Q1	31.81	2016Q4	35.43	2015Q4	0.34	2016Q1	1.16	2016Q4	0.33	2016	17.36	0.75
	2016Q4*	35.43	2017Q1	37.01	2017Q4	69.98	2016Q4	0.33	2017Q1	1.29	2017Q4	1.27	2017	20.72	1.5
	比率	-1.58	比率	16.35	比率	97.52	比率	-2.94	比率	11.21	比率	284.85	比率	19.35	100

注：1. * 表示二次趋势突变出现的时点；2. —表示相关财务指标不存在或不可获得。

从表 5. 7 的结果我们发现，与上年同期相比，每股收益、股权回报率和股息分配等基本价值面财务指标在股票价格序列的二次趋势突变时点前后存在显著改善。首先，我们以贵州茅台股票为例。根据第三章我们将 BSADF 检验和 BIADF 检验应用于中国股市泡沫和危机的检测结果，我们可知 2014 年 11 月到 2015 年 6 月中国股市存在泡沫，随后股市经历了漫长的市场恢复期。这意味着贵州茅台股价快速上涨时期（2016 年 6 月至 2017 年 12 月）与中国股市的泡沫期不重叠。因此，此期间贵州茅台股价的大幅上涨不太可能归因于市场泡沫。从表 5. 7 中可以发现，贵州茅台 2016 年第三季度的长期每股收益为 2. 92 元，到了 2017 年第三季度，每股收益增加到 6. 95 元，增长幅度大约为 1. 5 倍。与此同时，贵州茅台的股权回报率和分配的股息也在同步上涨，其中股权回报率从 2016 年的 24. 44%增加到 2017 年的 32. 95%。股息从 2016 年的 67. 87 元增加到 2017 年的 109. 99 元。这些财务指标的改善不仅为公司股票增加了投资价值，也增强了公司自身的竞争力和发展潜力，从而使得贵州茅台每股价格从 2016 年 6 月 1 日的 263. 79 元上涨至 2017 年 12 月 28 日的 718. 69 元，上涨了 172. 45%，即我们认为贵州茅台是一只具有较高投资价值的股票，其价格的快速上涨主要归因于公司基本面的显著改善。

另一个例子是在美国上市的苹果股票。以每股收益、股本回报率和股息分配衡量的基本面价值在 2011 年 11 月之后也出现显著提高。例如，苹果公司的每股收益从 2011 年第一季度的 6. 49 美元增至 2012 年第一季度的 12. 45 美元，同比增长 91. 83%；股权回报率从 2011 年的 33. 83%增加到 2012 年的 42. 84%，这与该时期内苹果股价从 348. 51 美元飙升至 599. 55 美元相符。在 2012 年第二季度，苹果股票每股收益仅同比增长 19. 39%，此时我们可观察到当每股收益的增长速度放缓时，苹果股价趋于稳定，这进一步证实了股价的快速上涨是由基本面显著改善支撑的。因此，我们认为苹果股价是对其基本面价值变化的理性反应，而股价的大幅上涨主要是由基本面显著改善推动的。

上述基本面分析的结果表明，基本面财务指标（如每股收益、股权回报率和股息分配）的持续增长是导致苹果、阿里巴巴、贵州茅台和中国平安四只股票价格快速上涨的主要因素，而非泡沫累积。这个结论与 Wild Bootstrap DBF 检验结论一致。由此，我们总结，对于苹果、阿里巴巴、贵州茅台和中国平安四只股票价格序列，它们都是由含局部二次趋势的单位根过程而非存在泡沫的爆炸过程，其股价的快速上涨是由显著改善的基本面所支撑，而不是由“非理性繁荣”的泡沫导致。

第五节　本章小结

本章将 DBF 泡沫检验扩展到时变方差的框架下，主要研究了时变方差对 DBF 检验的影响，并提出了时变方差下渐近有效的 Wild Bootstrap DBF 检验。在本章中，我们放松了上一章中扰动项同方差的假设，允许方差随时间变化，且不限制时变方差的具体形式。在该设定下，本章推导了时变方差下真实突变时点已知时 DBF 检验统计量的渐近分布，发现该分布不仅依赖于真实的突变比例，还取决于时变方差的具体形式。为了得到有效的检验临界值和 p 值，我们提出了一种基于 Wild Bootstrap 算法的 DBF 泡沫检验。基于 Wild Bootstrap 方法生成抽样样本可以复制原始数据的时变方差特征，从而使得新单位根检验统计量的渐近分布收敛于时变方差下原检验统计量的渐近分布。我们证明了时变方差下 Wild Bootstrap DBF 检验是渐近有效的，以及在时变方差下真实突变时点已知时，Wild Bootstrap DBF 检验统计量具有与 DBF 检验统计量相同的渐近分布。

另外，考虑到时变方差下真实突变时点未知的情况。我们发现时变方差下，基于截断数据的 DBFQ 检验统计量的渐近分布仍然与基于真实突变比例的 DBF 检验统计量的渐近分布相同。并且基于真实突变时点的 Wild Bootstrap DBF 检验统计量和基于突变比例估计量的 Wild Bootstrap DBF 检验统计量具有相同的渐近分布。

我们通过蒙特卡洛仿真实验验证了时变方差下 DBF 检验和 Wild Bootstrap DBF 检验的有限样本性质。我们设定了五种方差形式：常数方差、存在单个结构变化的方差、存在两个结构变化的方差、随时间趋势平滑变化的方差、GARCH 型异方差。考虑扰动项仅存在时变方差，以及扰动项同时存在时变方差和序列自相关的两种情况。结果发现 DBF 检验在时变方差下存在严重的尺度扭曲。而 Wild Bootstrap DBF 检验在不损失检验功效的情况下避免了这一尺度扭曲问题。因此，我们认为 Wild Bootstrap DBF 检验在时变方差下是稳健的，且具有良好的有限样本性质。更重要的是，我们再次证实 Wild Bootstrap DBF 检验在时变方差和常数方差下可以正确区分由资产泡沫导致的中度爆炸过程和由基本面显著改善所形成的含局部二次趋势的单位根过程，而 Wild Bootstrap SADF 检验会把含局部二次趋势的单位根过程判定为爆炸过程。

最后，我们使用 Wild Bootstrap DBF 检验和 Wild Bootstrap SADF 检验来研究中美股票市场上的苹果、阿里巴巴、贵州茅台和中国平安四只股票价格序列的性质。这四只股票在各自的样本期均表现出惊人的价格上涨和资产价值上升，其特征与爆炸过程相似。我们很难直观判断它们是由基本面显著改善所支撑的含局部二次趋势的单位根过程，还是由泡沫累积导致价格快速上涨的中度爆炸过程。考虑到金融资产价格数据广泛存在的时变方差性，Wild Bootstrap DBF 检验可以有效区分这两种数据过程。检验结果表明，这四只股票价格序列确实是含局部二次趋势的单位根过程，其二次趋势突变时点分别位于其样本的 75%、37%、69%和 40%处。通过对这四只股票所代表的上市公司的财务报表进行基本面分析，我们进一步提供了有力的证据支持，苹果、阿里巴巴、贵州茅台和中国平安四只股票价格的急剧上涨是由基本面显著改善导致的。

第六章　结论与展望

第一节　主要结论

随着 Phillips 教授开创性地在时间序列分析的框架下用中度爆炸自回归过程定义资产价格泡沫以来，资产价格检验理论成为时间序列分析和金融计量理论研究的重要领域之一。本书从资产价格序列的现实特征出发，对现有资产价格检验的前沿理论进行了进一步补充和扩展，从而形成了本书的计量理论创新。此外，由于本书的理论工作具有深刻的现实背景意义，因此本书有针对性地提出的新检验方法也具有广泛的实证应用价值，从而形成应用创新。

本书的主要内容和结论可以概述如下：

（1）基于 Phillips 等（2011）、Homm 和 Breitung（2012）、Harvey 等（2015）以及 Phillips 等（2015a，2015b）等文献，对 SADF 检验、Chow-DF 检验、UR 检验以及 GSADF 检验的模型设定、检验统计量的构造思想及其渐近性质以及实时估计泡沫起始时点和终止时点的方法进行了详细的梳理和解读。首先，我们介绍了资产价格泡沫的建模及其检验的理论基础。从股利贴现模型出发，我们证明了用爆炸性自回归过程定义资产价格泡沫的理论背景和合理性。为了正确识别周期性崩溃的泡沫，现有泡沫检验均采取了递归右侧单位根检验统计量的上确界来构建检验统计量。总的来说，在仅存在单个泡沫的情况下，SADF 检验和 Chow-DF 检验均具有良好的检验功效。特别地，当泡沫扩张期出现在样本前中期时，SADF 检验要优于 Chow-DF 检验，而当泡沫扩张期出现在样本后期时，Chow-DF 检验的功效要更高。而存在多个泡沫的情况下，GSADF 检验功效要明显优于 SADF 检验和 Chow-DF 检验，且利用 BSADF 检验还能准确估计多个泡沫的起始时点和终止时点。

（2）在周期性崩溃的泡沫四阶段模型设定下，原创性地提出了一个基于向后双重递归 ADF 检验统计量下确界的 BIADF 检验。该检验不仅能有效识别由泡沫崩溃导致的金融危机，还可以与 BSADF 检验结合使用，从而可以同时准确估计泡沫的起始时点和终止时点，以及市场复苏时点（市场从危机中恢复到正常状态的时点）。与 Phillips 和 Shi（2018）提出的反向 BSADF 检验相比，我们的新方法易于实现，并且计算效率更高。我们推导了 BIADF 检验统计量的渐近性质，并进一步推导了市场复苏时点估计量满足一致性的约束条件。结果发现，BIADF 检验施加的一致性约束要比反向 BSADF 检验施加的约束更宽松。本书通过一系列蒙特卡洛仿真实验发现，在不同模型参数设定下，泡沫起始时点估计量、终止时点估计量以及市场复苏时点估计量的平均偏误和标准差都是令人满意的。另外，泡沫和危机成功检测率大多数均高于 90%。通过将 BIADF 和反向 BSADF 检验进行比较，发现 BIADF 检验对突变崩溃和平滑崩溃均具有很高的危机成功检测率，也能为市场复苏时点提供精确的估计。利用本书提出的新检验，我们研究了中美股票市场可能存在的由泡沫崩溃导致的金融危机，并进一步估计各泡沫的起始、终止和市场复苏时点。结果表明，美国股票市场在 1986 年 5 月至 1987 年 9 月经历了第一轮泡沫，并于 1987 年 10 月泡沫崩溃。这就是著名的“黑色星期一”事件。从历史数据来看，这一泡沫崩溃是相对突然且急剧的，BIADF 检验成功的检测到这一危机，而反向 BSADF 检验却没能检测到这一典型突然危机。“黑色星期一”危机的成功检测进一步证实了 BIADF 检验的优越性。此外，BIADF 检验结果表明，这一危机导致市场直到 1991 年 2 月才复苏。我们检测到美国股市存在的第二个由泡沫崩溃导致的危机是21世纪初的互联网泡沫危机事件，该事件的泡沫起点、终点和市场复苏时点分别为1995年11月、2001年2月和2005年9月。对中国股票市场的实证结果表明，市场在2008年之前经历了第一个泡沫（2006年4月至2008年1月），该危机的市场复苏时点估计为2011年4月。另一典型的危机事件是指2015年的股市暴跌，泡沫累积从2014年11月开始，经历了7个月后于2015年6月崩溃，然而危机事件的影响一直持续到2016年6月。不难发现，股市的短期非理性繁荣是以随后的长期低迷为代价的。这一实证结果有助于我们进一步了解和认识资本市场，因此BIADF检验为识别资本市场泡沫和危机提供了一个新视角。

（3）原创性地定义了含局部二次趋势的单位根过程（URQ），该过程的确定性时间趋势在未知时点从线性函数突变成二次函数。该过程可以用于刻画由基本面显著改善导致的资产价格的非线性快速上涨，并且其时间序列轨迹与由泡沫累积导致数据快速上涨的中度爆炸过程非常相似。通过分析现有文献中常用的三种退趋势方法：OLS退趋势、GLS退趋势和递归退趋势，并运用仿真模拟实验比较不同模型设定下基于这三种退趋势方法的单位根检验的功效，我们发现当数据存在较高的序列相关和存在未知结构突变时，基于GLS退趋势的单位根检验功效优于基于全样本OLS退趋势和基于递归退趋势的单位根检验功效。因此，为了更好地对含局部二次趋势的单位根过程进行检验，我们基于GLS退趋势的数据构建了DBF检验，并证实了DBF检验可以有效区分由资产泡沫导致的中度爆炸过程和因基本面显著改善所形成的含局部二次趋势的单位根过程。我们在包含单位根原假设、平稳根备择假设和爆炸根备择假设的local-to-unity假设下，推导了检验统计量的渐近性质。结果表明，DBF检验统计量的渐近性质独立于二次趋势项的系数，但依赖于二次趋势突变在样本中出现的时点，即突变比例。当真实的突变比例未知时，我们通过最小化GLS退趋势回归得到的残差平方和而得到突变比例估计量，并推导了突变比例估计量的收敛速度为$T^{3/2}$。另外，为了解决在此收敛速度下，基于突变比例估计量的检验统计量的渐近性质与基于真实突变比例的检验统计量的渐近性质不一致的问题，我们采用了基于截断数据构造单位根检验的方法，并从理论上证明了基于截断数据的 DBF 检验统计量与突变比例已知条件下的 DBF 检验统计量有相同的渐近分布。蒙特卡洛仿真表明，我们提出的检验在扰动项服从标准正态分布和扰动项含有序列自相关情况下都具有良好的有限样本尺度和功效性质。更特别的是，针对含二次趋势突变的单位根过程与中度爆炸过程将产生时间序列轨迹非常相似的数据，我们还设计了一系列仿真实验用于评估 DBF 泡沫检验区分资产泡沫和显著改善基本面的能力。仿真结果表明，与现有的 ADF 检验、SADF 检验、GSADF 检验、Chow-DF 检验等以较高的概率错误将 URQ 过程判定为爆炸过程的结果相比，我们新提出的 DBF 泡沫检验却可以有效区分由资产泡沫导致的中度爆炸过程和由基本面显著改善所形成的含局部二次趋势的单位根过程。

（4）本书进一步将新提出的 DBF 泡沫检验扩展到时变方差的框架下，主要研究了时变方差对 DBF 泡沫检验的影响，并提出了时变方差下渐近有效的 Wild Bootstrap DBF 检验。本书推导了时变方差下 DBF 检验统计量的渐近分布，并发现其分布函数显著不同于同方差设定下的渐近分布。若忽略时变方差的影响，使用同方差下的 DBF 检验将导致检验结果失效，即检验尺度存在严重扭曲。另外，该渐近分布依赖于具体的时变方差形式，因此，为了得到有效的检验临界值和 p 值，我们提出了新的 Wild Bootstrap DBF 检验。基于 Wild Bootstrap 方法生成抽样样本可以复制原始数据的时变方差特征，从而使得新单位根检验统计量的渐近分布收敛于时变方差下原检验统计量的渐近分布。我们从理论和仿真两方面证明了时变方差下 Wild Bootstrap DBF 检验具有渐近有效性，以及基于真实突变时点的 Wild Bootstrap DBF 检验统计量和基于突变比例估计量的 Wild Bootstrap DBF 检验统计量具有相同的渐近分布。蒙特卡洛仿真表明，在常数方差、存在单个结构变化的方差、存在两个结构变化的方差、随时间趋势平滑变化的方差、GARCH 型异方差五种方差形式下，DBF 检验在时变方差下存在严重的尺度扭曲。而 Wild Bootstrap DBF 检验在不损失检验功效的情况下避免了这一尺度扭曲问题。因此，我们认为 Wild Bootstrap DBF 检验在时变方差下是稳健的，且具有良好的有限样本性质。更重要的是，我们再次证实 Wild Bootstrap DBF 检验在时变方差和常数方差下可以正确区分由资产泡沫导致的中度爆炸过程和由基本面显著改善所形成的含局部二次趋势的单位根过程，而 Wild Bootstrap SADF 检验会把含局部二次趋势的单位根过程判定为爆炸过程。将所提新检验应用于分析中美股票市场上的苹果、阿里巴巴、贵州茅台和中国平安四只股票。这四只股票在各自的样本期均表现出惊人的价格上涨和资产价值上升，其特征与爆炸过程相似。然而，Wild Bootstrap DBF 检验的结果表明，这四只急剧上涨的股票价格序列确实是由基本面显著改善所支撑的含局部二次趋势的单位根过程，其二次趋势突变时点分别位于其样本的 75%、37%、69%和 40%处。对这四只股票所代表的上市公司的财务报表进行基本面分析的结果，进一步为 Wild Bootstrap DBF 检验结果提供了有力的证据支持，即基本面财务指标（如每股收益、股权回报率和股息分配）的持续增长是导致苹果、阿里巴巴、贵州茅台和中国平安四只股票价格快速上涨的主要因素，而非泡沫累积。

第二节 研究展望

本书以资产价格泡沫建模及其检验的前沿理论为切入点，进行了一系列理论扩展和实证研究，从而得到了诸多有突破性的、富有理论和现实意义的结论。但是仍然还存在大量的问题值得进一步的研究。未来可能的一些研究方向主要包括以下两个方面。

（1）完善对周期性崩溃的资产价格泡沫的建模。本书将资产价格泡沫的膨胀过程设定成一个中度爆炸过程，将由泡沫崩溃导致的危机刻画成一个（中度）平稳过程。然而，简单用自回归系数小于1的平稳过程来刻画泡沫的崩溃，显然不足以完全捕捉危机期价格数据的剧烈波动以及市场复苏过程的复杂性。因此需要根据危机期数据的特征，用更适合的函数形式（如指数函数、反函数等非线性函数）重新对周期性崩溃的泡沫进行建模。

（2）提高泡沫检验的精确性。本书新提出的检验都是基于ADF检验统计量，在模型估计时使用的是自回归系数的最小二乘估计量。考虑到现有估计方法的发展，我们可以将泡沫检验与非参/半参估计、分位数估计等前沿方法相结合。更精确的估计方法会对检验统计量的渐近性质产生怎样的影响？新的检验是否具有稳健的有限样本性质呢？这些问题都值得我们进一步研究。

（3）将泡沫检验与协整检验相结合。传统的协整概念是指单位根变量之间存在的长期均衡关系，然而在泡沫存续期，变量间是否也会存在长期稳定的关系呢？因此如何正确定义“泡沫协整”将会是协整理论和泡沫检验的一大突破，进而引发一系列新的研究课题。例如，如何对泡沫协整进行检验，如何分解泡沫间的共同趋势等。

（4）拓宽资产价格泡沫检验的应用面。除本书的实证应用外，资产价格泡沫检验还具有更广泛的应用价值。例如，在不同市场之间泡沫和危机的产生和传导机制。另外，还可以将泡沫检验与资产定价模型等经典金融模型和热点问题相结合。

附　　录

附录一

定理 3.1 的证明

BSADF 检验统计量在无泡沫原假设下的渐近分布在 Phillips 和 Shi（2018）中已给出，且我们可知：

$$ADF_{f_1}^{f} \xrightarrow{d} \frac{\frac{1}{2}f_w[W(f)^2 - W(f_1)^2 - f_w] - \int_{f_1}^{f} W(s)\,ds \int_{f_1}^{f} dW}{f_w^{1/2}\left\{f_w \int_{f_1}^{f} W(s)^2 ds - \left[\int_{f_1}^{f} W(s)\,ds\right]^2\right\}^{1/2}} \tag{A3.1}$$

由泛函中心极限定理和连续映射定理易得：

$$BIADF_f(f_0) \xrightarrow{d} \inf_{f_1 \in [0,\, f-f_0]} \left\{ \frac{\frac{1}{2}f_w[W(f)^2 - W(f_1)^2 - f_w] - \int_{f_1}^{f} W(s)\,ds \int_{f_1}^{f} dW}{f_w^{1/2}\left\{f_w \int_{f_1}^{f} W(s)^2 ds - \left[\int_{f_1}^{f} W(s)\,ds\right]^2\right\}^{1/2}} \right\}$$

定理 3.2 的证明

假定 $T_1 = \lfloor Tf_1 \rfloor$ 和 $T_2 = \lfloor Tf_2 \rfloor$ 分别是 ADF 回归的样本起点和终点，则回归的窗宽为 $T_w = \lfloor Tf_\omega \rfloor = \lfloor Tf_2 \rfloor - \lfloor Tf_1 \rfloor$。在备择假设下，BSADF 检验统计量取决于 $ADF_{f_1}^{f_2}$ 的最大值，而 BIADF 检验统计量取

决于 $ADF_{f_1}^{f_2}$ 的最小值。根据 Phillips 和 Shi（2018）中 Remark B. 4 所报告的结果，我们可知：

（1）当 $f_1 \in N_0$ 且 $f_2 \in N_0$ 时，$ADF_{f_1}^{f_2}$ 的渐近性质与原假设下 $f_2 = f$ 时相同；

（2）当 $f_1 \in N_0$ 且 $f_2 \in B$ 时，$ADF_{f_1}^{f_2} = O_p(T^{1-\alpha/2}) \longrightarrow +\infty$；

（3）当 $f_1 \in C$ 且 $f_2 \in N_1$ 时，$ADF_{f_1}^{f_2} = \begin{cases} O_p(T^{1/2}) \longrightarrow -\infty & 当\ \alpha>\beta \\ O_p(T^{1/2+\alpha-\beta}) \longrightarrow -\infty & 当\ \alpha<\beta \end{cases}$；

（4）对于其他情况，有：

$$ADF_{f_1}^{f_2} = \begin{cases} O_p(T^{\alpha/2}) \longrightarrow -\infty & 当\ \alpha>\beta\ 且\ 1+\beta<2\alpha \\ O_p[T^{(1-\alpha+\beta)/2}] \longrightarrow -\infty & 当\ \alpha<\beta\ 且\ 1+\beta<2\alpha \\ O_p[T^{(1-\beta+\alpha)/2}] \longrightarrow -\infty & 当\ \alpha<\beta\ 且\ 1+\alpha>2\beta \\ O_p(T^{\beta/2}) \longrightarrow +\infty & 当\ \alpha<\beta\ 且\ 1+\alpha<2\beta \end{cases} \tag{A3. 2}$$

因此，在备择假设下，当 $f \in N_0$，$f \in B$ 和 $f \in C$，BSADF 检验统计量的渐近性质与 Phillips 和 Shi（2018）所报告的结果相同。而当 $f \in N_1$ 时，BSADF 检验统计量 $BSADF_f(f_0)$，取决于 $ADF_{f_1}^{f}$ 在 $f_1 \in B$ 和 $f_1 \in C$ 的较大值，即 $BSADF_f(f_0) \sim$

$$O_P[T^{\omega_2(\alpha,\beta)}] = \begin{cases} \sup\{O_p(T^{\alpha/2}),\ O_p(T^{1/2})\} = O_p(T^{\alpha/2}) \longrightarrow -\infty \\ \qquad 当\ \alpha>\beta\ 且\ 1+\beta<2\alpha \\ \sup\{O_p[T^{(1-\alpha+\beta)/2}],\ O_p(T^{1/2}),\} = O_p(T^{(1-\alpha+\beta)/2}) \longrightarrow -\infty \\ \qquad 当\ \alpha>\beta\ 且\ 1+\beta>2\alpha \\ \sup\{O_p[T^{(1-\beta+\alpha)/2}],\ O_p(T^{\frac{1}{2}+\alpha-\beta})\} = O_p(T^{\frac{1}{2}+\alpha-\beta}) \longrightarrow -\infty \\ \qquad 当\ \alpha<\beta\ 且\ 1+\alpha>2\beta \\ \sup\{O_p(T^{\beta/2}),\ O_p(T^{\frac{1}{2}+\alpha-\beta})\} = O_p(T^{\beta/2}) \longrightarrow +\infty \\ \qquad 当\ \alpha<\beta\ 且\ 1+\alpha<2\beta \end{cases}$$

因此，我们有 $BSADF_f(f_0) \sim$

$$\begin{cases} \sup\limits_{f_1 \in [0, f-f_0]} F_f(W, f_1) & \text{当} f \in N_0 \\ O_p(T^{1-\alpha/2}) \longrightarrow +\infty & \text{当} f \in B \\ O_P[T^{\omega_1(\alpha,\beta)}] = \begin{cases} O_p(T^{\alpha/2}) \longrightarrow -\infty & \text{当 } \alpha>\beta \text{ 且 } 1+\beta<2\alpha \\ O_p[T^{(1-\alpha+\beta)/2}] \longrightarrow -\infty & \text{当 } \alpha>\beta \text{ 且 } 1+\beta>2\alpha \\ O_p[T^{(1-\beta+\alpha)/2}] \longrightarrow -\infty & \text{当 } \alpha<\beta \text{ 且 } 1+\alpha>2\beta \\ O_p(T^{\beta/2}) \longrightarrow +\infty & \text{当 } \alpha<\beta \text{ 且 } 1+\alpha<2\beta \end{cases} & \text{当} f \in C \\ O_P[T^{\omega_2(\alpha,\beta)}] = \begin{cases} O_p(T^{\alpha/2}) \longrightarrow -\infty & \text{当 } \alpha>\beta \text{ 且 } 1+\beta<2\alpha \\ O_p[T^{(1-\alpha+\beta)/2}] \longrightarrow -\infty & \text{当 } \alpha>\beta \text{ 且 } 1+\beta>2\alpha \\ O_p(T^{\frac{1}{2}+\alpha-\beta}) \longrightarrow -\infty & \text{当 } \alpha<\beta \text{ 且 } 1+\alpha>2\beta \\ O_p(T^{\beta/2}) \longrightarrow +\infty & \text{当 } \alpha<\beta \text{ 且 } 1+\alpha<2\beta \end{cases} & \text{当} f \in N_1 \end{cases}$$

其中，$F_f(W, f_1) = \dfrac{f_w\left[\int_{f_1}^{f} W(s)\,ds - \frac{1}{2}f_w\right] - \int_{f_1}^{f} W(s)\,ds \int_{f_1}^{f} dW}{f_w^{1/2}\left\{f_w \int_{f_1}^{f} W(s)^2 ds - \left[\int_{f_1}^{f} W(s)\,ds\right]^2\right\}^{1/2}}$，

且 $W(\cdot)$ 是标准维纳过程，$f_w = f - f_1$。

我们假定当 $\beta_T \longrightarrow 0$ 时，BSADF 统计量的临界值，$scv^{\beta_T} \longrightarrow +\infty$。显然，当 $f \in N_0$ 时，

$$\lim_{T\to\infty} \Pr\{BSADF_f(f_0) > scv^{\beta_T}\} = \Pr\{F_{1,f}(W, f_0) > +\infty\} = 0 \quad (A3.3)$$

当 $f \in B$，给定 $\dfrac{scv^{\beta_T}}{T^{1-\alpha/2}} \longrightarrow 0$，有：

$$\lim_{T\to\infty} \Pr\{BSADF_f(f_0) > scv^{\beta_T}\} = 1 \quad (A3.4)$$

当 $f \in C$，$BSADF_f(f_0)$ 当且仅当 $\alpha<\beta$ 且 $1+\alpha<2\beta$ 时取值为正，其他情况都发散到负无穷，而如果 $BSADF_f(f_0) \longrightarrow -\infty$，则一定有 $\Pr\{BSADF_f(f_0) > scv^{\beta_T}\} = 0$ 成立。当 $\alpha<\beta$ 且 $1+\alpha<2\beta$ 时，$\Pr\{BSADF_f(f_0) > scv^{\beta_T}\} = 0$ 只有在 $\dfrac{T^{\beta/2}}{scv^{\beta_T}} \longrightarrow 0$ 时成立。

对任意 $\eta>0$，$0<a_{\eta}<\eta$，只要有 $\Pr\{BSADF_{f_e+a_{\eta}}(f_0)>scv^{\beta_T}\}\longrightarrow 1$ 且 $\Pr\{BSADF_{f_e-a_{\eta}}(f_0)>scv^{\beta_T}\}\longrightarrow 0$ 成立，则由于：

$$\hat{f}_e=\inf_{f\in[f_0,1]}\{f:\ BSADF_f(f_0)>scv^{\beta_T}\} \tag{A3.5}$$

所以，一定有 $\Pr\{\hat{f}_e>f_e+\eta\}\longrightarrow 0$ 且 $\Pr\{\hat{f}_e<f_e-\eta\}\longrightarrow 0$ 成立，即 $\Pr\{|\hat{f}_e-f_e|>\eta\}\longrightarrow 0$。同理，对于任意 $\gamma>0$，$0<b_{\gamma}<\gamma$，如果有 $\Pr\{BSADF_{f_c+b_{\gamma}}(f_0)<scv^{\beta_T}\}\longrightarrow 1$ 且 $\Pr\{BSADF_{f_c-b_{\gamma}}(f_0)<scv^{\beta_T}\}\longrightarrow 0$，则基于 $\hat{f}_c=\inf_{f\in[\hat{f}_e+L_T,1]}\{f:\ BSADF_f(f_0)<scv^{\beta_T}\}$，有 $\Pr\{\hat{f}_c>f_c+\gamma\}\longrightarrow 0$ 且 $\Pr\{\hat{f}_c<f_c-\gamma\}\longrightarrow 0$ 成立，即 $\Pr\{|\hat{f}_c-f_c|>\gamma\}\longrightarrow 0$。

因此，给定：

$$\begin{cases}\dfrac{T^{\beta/2}}{scv^{\beta_T}}+\dfrac{scv^{\beta_T}}{T^{1-\alpha/2}}\longrightarrow 0 & 当\ \alpha<\beta\ 且\ 1+\alpha<2\beta\\[2ex] \dfrac{1}{scv^{\beta_T}}+\dfrac{scv^{\beta_T}}{T^{1-\alpha/2}}\longrightarrow 0 & 其他情况\end{cases}$$

则在 $T\longrightarrow\infty$ 时，有 $\hat{f}_e\xrightarrow{p}f_e$，$\hat{f}_c\xrightarrow{p}f_c$。

接着我们考虑 BIADF 检验统计量，$BIADF_f(f_0)$，的渐近性质。

（1）当 $f\in N_0$ 时，BIADF 统计量的极限分布与原假设下分布相同；

（2）当 $f\in B$ 时，$BIADF_f(f_0)=\inf_{f_1\in[0,f-f_0],f_2=f}ADF_{f_1}^{f_2}\sim O_p(T^{1-\frac{\alpha}{2}})$；

（3）类似地，我们可知当 $f\in C$ 时，$BIADF_f(f_0)\sim O_p[T^{\omega_1(\alpha,\beta)}]$；

（4）当 $f\in N_1$ 时，BIADF 统计量取决于 $ADF_{f_1}^{f}$ 在 $f_1\in B$ 和 $f_1\in C$ 的较小值，即：

$$BIADF_f(f_0)\sim O_P[T^{\omega_3(\alpha,\beta)}]=\begin{cases}O_p(T^{1/2})\longrightarrow-\infty & 当\ \alpha>\beta\\ O_p[T^{(1-\beta+\alpha)/2}]\longrightarrow-\infty & 当\ \alpha<\beta\ 且\ 1+\alpha>2\beta\\ O_p(T^{\frac{1}{2}+\alpha-\beta})\longrightarrow\infty & 当\ \alpha<\beta\ 且\ 1+\alpha<2\beta\end{cases}。$$

因此，$BIADF_f(f_0)\sim$

$$\begin{cases} \inf\limits_{f_1\in[0,f-f_0]} F_f(W,\ f_1) & 当 f\in N_0 \\ O_p(T^{1-\alpha/2})\longrightarrow+\infty & 当 f\in B \\ O_P[T^{\omega_1(\alpha,\beta)}]=\begin{cases} O_p(T^{\alpha/2})\longrightarrow-\infty & 当 \alpha>\beta 且 1+\beta<2\alpha \\ O_p[T^{(1-\alpha+\beta)/2}]\longrightarrow-\infty & 当 \alpha>\beta 且 1+\beta>2\alpha \\ O_p[T^{(1-\beta+\alpha)/2}]\longrightarrow-\infty & 当 \alpha<\beta 且 1+\alpha>2\beta \\ O_p(T^{\beta/2})\longrightarrow+\infty & 当 \alpha<\beta 且 1+\alpha<2\beta \end{cases} & 当 f\in C \\ O_P[T^{\omega_3(\alpha,\beta)}]=\begin{cases} O_p(T^{1/2})\longrightarrow-\infty & 当 \alpha>\beta \\ O_p[T^{(1-\beta+\alpha)/2}]\longrightarrow-\infty & 当 \alpha<\beta 且 1+\alpha>2\beta \\ O_p(T^{\frac{1}{2}+\alpha-\beta})\longrightarrow\infty & 当 \alpha<\beta 且 1+\alpha<2\beta \end{cases} & 当 f\in N_1 \end{cases}$$

其中，$F_f(W,\ f_1)=\dfrac{f_w\left[\int_{f_1}^{f}W(s)\mathrm{d}s-\frac{1}{2}f_w\right]-\int_{f_1}^{f}W(s)\mathrm{d}s\int_{f_1}^{f}\mathrm{d}W}{f_w^{1/2}\left\{f_w\int_{f_1}^{f}W(s)^2\mathrm{d}s-\left[\int_{f_1}^{f}W(s)\mathrm{d}s\right]^2\right\}^{1/2}}$，且 $W(\cdot)$ 是标准维纳过程，$f_w=f-f_1$。我们假定当 $\beta_T\longrightarrow0$ 时，BIADF 统计量的临界值，$icv^{\beta_T}\longrightarrow-\infty$。显然，当 $f\in N_0$ 和 $f\in B$ 时，

$$\lim_{T\to\infty}\Pr\{BIADF_f(f_0)<icv^{\beta_T}\}=0 \tag{A3.6}$$

当 $\alpha>\beta$ 且 $1+\beta<2\alpha$ 时，给定 $\dfrac{T^{\alpha/2}}{|icv^{\beta_T}|}\to0$ 和 $\dfrac{|icv^{\beta_T}|}{T^{1/2}}\longrightarrow0$，我们有：

$$\lim_{T\to\infty}\Pr\{BIADF_f(f_0)<icv^{\beta_T}\}\longrightarrow0,\quad 当 f\in C \tag{A3.7}$$

和

$$\lim_{T\to\infty}\Pr\{BIADF_f(f_0)<icv^{\beta_T}\}\longrightarrow1,\quad 当 f\in N_1 \tag{A3.8}$$

同理，我们可以推导其他情况下，满足（A3.7）和（A3.8）两个式子成立的一致性约束条件。根据 $\Pr\{BIADF_{f_r+d_\delta}<icv^{\beta_T}\}\longrightarrow1$，和 $\Pr\{BIADF_{f_r-d_\delta}<icv^{\beta_T}\}\longrightarrow0$，以及 $\hat{f}_r=\inf\limits_{f\in[\hat{f}_c,1]}\{f:\ BIADF_f(f_0)<icv^{\beta_T}\}$，对任意 $\delta>0$，$0<d_\delta<\delta$，在 $T\longrightarrow\infty$ 下，有 $\Pr\{|\hat{f}_r-f_r|>\delta\}\longrightarrow0$。

因此，给定：

$$\begin{cases} \dfrac{T^{\alpha/2}}{|icv^{\beta_T}|}+\dfrac{|icv^{\beta_T}|}{T^{1/2}}\longrightarrow 0 & 当\ \alpha>\beta\ 且\ 1+\beta<2\alpha \\ \dfrac{T^{(1-\alpha+\beta)/2}}{|icv^{\beta_T}|}+\dfrac{|icv^{\beta_T}|}{T^{1/2}}\longrightarrow 0 & 当\ \alpha>\beta\ 且\ 1+\beta>2\alpha \\ \dfrac{T^{\frac{1}{2}+\alpha-\beta}}{|icv^{\beta_T}|}+\dfrac{|icv^{\beta_T}|}{T^{(1-\beta+\alpha)/2}}\longrightarrow 0 & 当\ \alpha<\beta\ 且\ 1+\alpha>2\beta \\ \dfrac{1}{|icv^{\beta_T}|}+\dfrac{|icv^{\beta_T}|}{T^{\frac{1}{2}+\alpha-\beta}}\longrightarrow 0 & 当\ \alpha<\beta\ 且\ 1+\alpha<2\beta \end{cases}$$

在 $T\longrightarrow\infty$ 时，有 $\hat{f}_r \xrightarrow{p} f_r$。

附录二

定理 4.1 的证明

在 local-to-unity 假设 H_c：$\rho=1+c/T$，$-\infty<c<\infty$ 下，根据 Phillips（1987），我们有：

$$T^{-\frac{1}{2}}u_{\lfloor rT\rfloor}\xrightarrow{d}\sigma C(1)\int_0^r e^{(r-s)c}dW(s)=\ :\sigma C(1)W_c(r) \tag{A4.1}$$

其中，W(·）是一个标准布朗运动过程。

令 δ 表示在区间 $[\underline{\delta},\ \bar{\delta}]$ 内任意一个可能的突变比例，GLS 回归方程式可以用矩阵表示为

$$\boldsymbol{y}_{\bar{\rho}}=\mathbf{Z}_{\bar{\rho},\delta}\gamma+\boldsymbol{U}_{\bar{\rho}} \tag{A4.2}$$

其中，$\boldsymbol{y}_{\bar{\rho}}:=(y_1,\ y_2-\bar{\rho}y_1,\ \cdots,\ y_T-\bar{\rho}y_{T-1})'$，$\mathbf{Z}_{\bar{\rho},\delta}:=[z(\delta)_1,\ z(\delta)_2-\bar{\rho}z(\delta)_1,\ \cdots,\ z(\delta)_T-\bar{\rho}z(\delta)_{T-1}]'$，$\boldsymbol{U}_{\bar{\rho}}=(u_1,\ u_2-\bar{\rho}u_1,\ \cdots,\ u_T-\bar{\rho}u_{T-1})$，且 $\bar{\rho}:=1+\bar{c}/T$。

在真实突变比例已知情况下，有 $\delta=\delta^0$。

（a）首先观察到模型 A 中通过 GLS 退趋势回归得到的残差为：

$$T^{-\frac{1}{2}}\tilde{y}_{\lfloor rT\rfloor}=T^{-\frac{1}{2}}[y_{\lfloor rT\rfloor}-z(\delta^0)'_{\lfloor rT\rfloor}\tilde{\gamma}]=T^{-\frac{1}{2}}\{u_{\lfloor rT\rfloor}+z(\delta^0)'_{\lfloor rT\rfloor}(\gamma-\tilde{\gamma})\}$$

$$=T^{-\frac{1}{2}}u_{\lfloor rT\rfloor}-T^{-\frac{1}{2}}(\tilde{\beta}_1-\beta_1)-T^{\frac{1}{2}}(\tilde{\beta}_2-\beta_2)r-T^{\frac{3}{2}}(\tilde{\beta}_3-\beta_3)(r-\delta^0)^2I^r_{\delta^0}$$

其中，是 $I^r_{\delta^0}$ 一个示性函数，当 $r>\delta^0$ 时取值为 1，其他情况取值为 0。由式（A4.2）估计可得到：

$$\begin{bmatrix}(\tilde{\beta}_1-\beta_1)\\(\tilde{\beta}_2-\beta_2)\\(\tilde{\beta}_3-\beta_3)\end{bmatrix}=(\tilde{\gamma}-\gamma)=(\boldsymbol{Z}'_{\bar{\rho},\delta^0}\boldsymbol{Z}_{\bar{\rho},\delta^0})^{-1}\boldsymbol{Z}'_{\bar{\rho},\delta^0}\boldsymbol{Z}_{\bar{\rho},\delta^0}\boldsymbol{U}_{\bar{\rho}} \tag{A4.3}$$

令等式（A4.3）的右边可写作 $A^{-1}B$，其中 a_{ij} 表示 A 的第（i，j）个元素，b_i 表示 B 的第 i 个元素，则得到式 A（4.4）。

其中，$T_b^0=\delta^0T$。假定 $\bar{\rho}:=1+\bar{c}/T$，矩阵 A 中每一项 a_{ij} 为：

$$a_{11}=1+\bar{c}^2T^{-2}(T-1)$$

$$a_{12}=a_{21}=1-\bar{c}T^{-1}(T-1)+\bar{c}^2T^{-2}\sum_{t=2}^{T}t+o(1)$$

$$a_{13}=a_{31}=\bar{c}^2T^{-2}\sum_{t=1}^{T-T_b^0}t^2-2\bar{c}T^{-1}\sum_{t=1}^{T-T_b^0}t+\bar{c}T^{-1}(T-T_b^0)+o(1)$$

$$a_{22}=T-2\bar{c}T^{-1}\sum_{t=2}^{T}t+\bar{c}^2T^{-2}\sum_{t=2}^{T}t^2+o(T)$$

$$a_{23}=a_{32}=2\sum_{t=1}^{T-T_b^0}t-\bar{c}T^{-1}\sum_{t=1}^{T-T_b^0}(3t^2+2T_b^0t)+$$
$$\bar{c}^2T^{-2}\sum_{t=1}^{T-T_b^0}(t^3+T_b^0t^2)+o(T^2)$$

$$a_{33}=4\sum_{t=1}^{T-T_b^0}t^2-4\bar{c}T^{-1}\sum_{t=1}^{T-T_b^0}t^3+\bar{c}^2T^{-2}\sum_{t=1}^{T-T_b^0}t^4+o(T^3)$$

$$A=\begin{bmatrix} 1+(1-\bar{\rho})^2(T-1) & 1+\sum_{t=2}^{T}[t-(t-1)\bar{\rho}](1-\bar{\rho}) & \sum_{t=T_b^0+1}^{T}(1-\bar{\rho})[(t-T_b^0)^2-(t-1-T_b^0)^2\bar{\rho}] \\ 1+(1-\bar{\rho})\sum_{t=2}^{T}[t-(t-1)\bar{\rho}] & 1+\sum_{t=2}^{T}[t-(t-1)\bar{\rho}]^2 & \sum_{t=T_b^0+1}^{T}[t-(t-1)\bar{\rho}][(t-T_b^0)^2-(t-1-T_b^0)^2\bar{\rho}] \\ \sum_{t=T_b^0+1}^{T}(1-\bar{\rho})[(t-T_b^0)^2-(t-1-T_b^0)^2\bar{\rho}] & \sum_{t=T_b^0+1}^{T}[t-(t-1)\bar{\rho}][(t-T_b^0)^2-(t-1-T_b^0)^2\bar{\rho}] & \sum_{t=T_b^0+1}^{T}[(t-T_b^0)^2-(t-1-T_b^0)^2\bar{\rho}]^2 \end{bmatrix} \tag{A4.4}$$

由此我们易知，$a_{11} \xrightarrow{d} 1$，$a_{12} \xrightarrow{d} 1-\bar{c}+\bar{c}^2 2$，$T^{-1}a_{13} \xrightarrow{d} \frac{1}{3}\bar{c}^2(1-\delta^0)^3-\bar{c}(1-\delta^0)^2$，$T^{-1}a_{22} \xrightarrow{d} 1-\bar{c}+\bar{c}^2 3=:\alpha_{1,\bar{c}}$，$T^{-2}a_{23} \xrightarrow{d} \frac{1}{4}\bar{c}^2(1-\delta^0)^4+\frac{1}{3}\bar{c}^2\delta^0(1-\delta^0)^3-\bar{c}(1-\delta^0)^3-\bar{c}\delta^0(1-\delta^0)^2+(1-\delta^0)^2=\frac{1}{4}\bar{c}^2 \cdot \left(1+\frac{1}{3}\delta^0\right)(1-\delta^0)^3-\bar{c}(1-\delta^0)^2+(1-\delta^0)^2=:\alpha_{2,\bar{c}}$，$T^{-3}a_{33} \xrightarrow{d} \frac{1}{5}\bar{c}^2(1-\delta^0)^5-\bar{c}(1-\delta^0)^4+\frac{4}{3}(1-\delta^0)^3=:\alpha_{3,\bar{c}}$。

相应的 B 矩阵为：

$$B=\begin{bmatrix} u_1+(1-\bar{\rho})\sum_{t=2}^{T}[(1-\bar{\rho})u_{t-1}+\Delta u_t] \\ u_1+\sum_{t=2}^{T}[t-(t-1)\bar{\rho}][(1-\bar{\rho})u_{t-1}+\Delta u_t] \\ \sum_{t=T_b^0+1}^{T}[(t-T_b^0)^2-(t-1-T_b^0)^2\bar{\rho}][(1-\bar{\rho})u_{t-1}+\Delta u_t] \end{bmatrix} \tag{A4.5}$$

其中，$T_b^0=\delta^0 T$，且：

$$b_1 = u_1-\bar{c}T^{-1}\sum_{t=2}^{T}\Delta u_t+\bar{c}^2T^{-2}\sum_{t=2}^{T}u_{t-1} \xrightarrow{d} u_1$$

$$\begin{aligned} T^{-1/2}b_2 &= T^{-\frac{1}{2}}u_T-\bar{c}T^{-\frac{3}{2}}\sum_{t=2}^{T}t\Delta u_t+\bar{c}^2T^{-\frac{5}{2}}\sum_{t=2}^{T}tu_{t-1}-\bar{c}T^{-\frac{3}{2}}\sum_{t=2}^{T}u_{t-1}+o_p(1) \\ &\xrightarrow{d} \sigma C(1)\left\{(1-\bar{c})W_c(1)+\bar{c}^2\int_0^1 rW_c(r)\mathrm{d}r\right\} \\ &=:\sigma C(1)N_{1,c,\bar{c}} \end{aligned}$$

$$\begin{aligned} T^{-3/2}b_3 &= \bar{c}^2T^{-\frac{7}{2}}\sum_{t=T_b^0+1}^{T}(t-T_b^0)^2u_{t-1}-2\bar{c}T^{-\frac{5}{2}}\sum_{t=T_b^0+1}^{T}(t-T_b^0)u_{t-1}- \\ &\quad \bar{c}T^{-\frac{5}{2}}\sum_{t=T_b^0+1}^{T}(t-T_b^0)^2\Delta u_t+2T^{-\frac{3}{2}}\sum_{t=T_b^0+1}^{T}(t-T_b^0)\Delta u_t+o_p(1) \\ &\xrightarrow{d} \sigma C(1)\left\{[2(1-\delta^b)-\bar{c}(1-\delta^b)^2][W_c(1)-W_c(\delta^0)]-\right. \end{aligned}$$

$$2\int_{\delta^0}^{1}W_c(r)\,\mathrm{d}s + \bar{c}^2\int_{\delta^0}^{1}(r-\delta^0)^2W_c(r)\,\mathrm{d}r\Big\}$$

$$=:\sigma C(1)N_{2,\ c,\ \bar{c}}$$

其中，$W_c(r)$ 如式（A4.1）所示定义。令 $D_T=\mathrm{diag}(1,\ T^{1/2},\ T^{3/2})$，我们可重新将式（A4.3）写作：

$$D_T(\tilde{\gamma}-\gamma)=\begin{bmatrix}\tilde{\beta}_1-\beta_1\\ T^{1/2}(\tilde{\beta}_2-\beta_2)\\ T^{3/2}(\tilde{\beta}_3-\beta_3)\end{bmatrix}:=(D_T^{-1}\boldsymbol{Z}'_{\bar{\rho},\delta^0}\boldsymbol{Z}_{\bar{\rho},\delta^0}D_T^{-1})^{-1}D_T^{-1}\boldsymbol{Z}'_{\bar{\rho},\delta^0}\boldsymbol{U}_{\bar{\rho}}$$

$$=\begin{bmatrix}a_{11} & T^{-1/2}a_{12} & T^{-3/2}a_{13}\\ T^{-1/2}a_{21} & T^{-1}a_{22} & T^{-2}a_{22}\\ T^{-3/2}a_{32} & T^{-2}a_{32} & T^{-3}a_{33}\end{bmatrix}^{-1}\begin{bmatrix}b_1\\ T^{-1/2}b_2\\ T^{-3/2}b_3\end{bmatrix}$$

$$\xrightarrow{d}\begin{bmatrix}1 & 0 & 0\\ 0 & \alpha_{1,\bar{c}} & \alpha_{2,\bar{c}}\\ 0 & \alpha_{2,\bar{c}} & \alpha_{3,\bar{c}}\end{bmatrix}^{-1}\begin{bmatrix}u_1\\ \sigma C(1)N_{1,c,\bar{c}}\\ \sigma C(1)N_{2,c,\bar{c}}\end{bmatrix}=\begin{bmatrix}u_1\\ \sigma C(1)R_{1,c,\bar{c}}\\ \sigma C(1)R_{2,c,\bar{c}}\end{bmatrix} \tag{A4.6}$$

其中，$R_{1,c,\bar{c}}=\pi_{\bar{c}}^{-1}(\alpha_{3,\bar{c}}N_{1,c,\bar{c}}-\alpha_{2,\bar{c}}N_{2,c,\bar{c}})$，$R_{2,c,\bar{c}}=\pi_{\bar{c}}^{-1}(\alpha_{1,\bar{c}}N_{2,c,\bar{c}}-\alpha_{2,\bar{c}}N_{1,c,\bar{c}})$，$\pi_{\bar{c}}=\alpha_{1,\bar{c}}\alpha_{3,\bar{c}}-\alpha_{2,\bar{c}}^2$。假定 u_1 满足 $T^{-1/2}u_1\xrightarrow{p}0$，使用泛函连续映射定理可知：

$$T^{-\frac{1}{2}}\tilde{y}_{\lfloor rT\rfloor}\xrightarrow{d}\sigma C(1)\{W_c(r)-R_{1,c,\bar{c}}r-R_{2,c,\bar{c}}(r-\delta^0)^2I_{\delta^0}^{r}\} \tag{A4.7}$$

对于模型 A，DBF 泡沫检验是基于以下检验 $\rho=1$ 的回归方程：

$$\Delta\tilde{y}_t=(\rho-1)\tilde{y}_{t-1}+\sum_{j=1}^{p}\phi_j\Delta\tilde{y}_{t-j}+e_t\quad t=p+2,\ \cdots,\ T \tag{A4.8}$$

则 DBF 检验统计量 $\tau_{q,1}(\delta^0)$ 定义为：

$$\tau_{q,1}(\delta^0)=(C_{11}\hat{\sigma}^2)^{-\frac{1}{2}}(\hat{\rho}-1) \tag{A4.9}$$

其中，C_{11} 是 $(X'X)^{-1}$ 的第（1，1）元素，$X=(\tilde{y}_{t-1},\ \Delta\tilde{y}_{t-1},\ \cdots,\ \Delta\tilde{y}_{t-p})$。且有：

$$\hat{\sigma}^2 = (T-p-1)^{-1}\sum_{t=p+2}^{T}\hat{e}_t^2 \xrightarrow{p} \sigma^2 \tag{A4.10}$$

根据 Said 和 Dickey（1984），包含待检验数据差分滞后项 $\Delta\tilde{y}_{t-j}$ 对用于检验 $\rho=1$ 的 t 型单位根检验统计量的渐近分布不产生实质性影响。因此，ADF 型单位根检验统计量的分布与 DF 型对应的分布相同，即：

$$\tau_{q,1}(\delta^0) = \frac{T^{-1}\sum_{t=1}^{T}\tilde{y}_{t-1}e_t}{\left[\sum_{t=1}^{T}\tilde{y}_{t-1}^2\right]^{1/2}\{\hat{\sigma}^2\}^{1/2}} \tag{A4.11}$$

由式（A4.7）和泛函连续映射定理不难得到：

$$T^{-1}\sum_{t=1}^{T}\tilde{y}_{t-1}e_t \xrightarrow{d} \frac{1}{2}\sigma^2 C(1)\{V_{c,\bar{c}}^{(1)}(1,\ \delta^0)^2 - 2V_{c,\bar{c}}^{(2)}(1,\ \delta^0) - 1\}$$

$$=:\frac{1}{2}\sigma^2 C(1) J_1(c,\ \bar{c},\ \delta^0) \tag{A4.12}$$

$$T^{-2}\sum_{t=1}^{T}y_{t-1}^{*2} \xrightarrow{d} \sigma^2 C(1)^2\left\{\int_0^1 V_{c,\bar{c}}^{(1)}(r,\ \delta^0)^2\mathrm{d}r - 2\int_{\delta^0}^1 V_{c,\bar{c}}^{(2)}(r,\ \delta^0)\mathrm{d}r\right\}$$

$$=:\sigma^2 C(1)^2 J_2(c,\ \bar{c},\ \delta^0) \tag{A4.13}$$

其中，$W_c(r) = \int_0^r e^{(r-s)c}\mathrm{d}W(s)$，$V_{c,\bar{c}}^{(1)}(r,\ \delta^0) = W_c(r) - R_{1,c,\bar{c}}r$，$V_{c,\bar{c}}^{(2)}(r,\ \delta^0) = R_{2,c,\bar{c}}(r-\delta^0)^2\left[W_c(r) - R_{1,c,\bar{c}}r - \frac{1}{2}R_{2,c,\bar{c}}(r-\delta^0)^2\right]$。

由式（A4.10）、式（A4.12）和式（A4.13）可知：

$$\tau_{q,1}(\delta^0) = \frac{T^{-1}\sum_{t=1}^{T}\tilde{y}_{t-1}e_t}{\left[\sum_{t=1}^{T}\tilde{y}_{t-1}^2\right]^{1/2}\{\hat{\sigma}^2\}^{1/2}}$$

$$\xrightarrow{d} \frac{1}{2}\frac{J_1(c,\ \bar{c},\ \delta^0)}{[J_2(c,\ \bar{c},\ \delta^0)]^{1/2}} =: \xi_1^{c,\ \bar{c},\ \delta^0} \tag{A4.14}$$

定理 4.1（a）证毕。

（b）在模型 B 中，GLS 退趋势回归得到的残差 $\tilde{y}_t = y_t - \tilde{\beta}_1 - \tilde{\beta}_3 DQ_t(\delta^0)$ 满足：

$$T^{-1/2}\widetilde{y}_{\lfloor rT\rfloor}=T^{-1/2}[y_{\lfloor rT\rfloor}-z(\delta^0)'_{\lfloor rT\rfloor}\widetilde{\gamma}]=T^{-1/2}\{u_{\lfloor rT\rfloor}+z(\delta^0)'_{\lfloor rT\rfloor}(\gamma-\widetilde{\gamma})\}$$
$$=T^{-1/2}u_{\lfloor rT\rfloor}-T^{-1/2}(\widetilde{\beta}_1-\beta_1)-T^{3/2}(\widetilde{\beta}_3-\beta_3)(r-\delta^0)^2I^r_{\delta^0}$$

其中，$I^r_{\delta^0}$ 是一个示性函数，当 $r>\delta^0$ 时取值为 1，其他情况取值为 0。

各系数估计量的渐近性质可写作：

$$\begin{bmatrix}(\widetilde{\beta}_1-\beta_1)\\ T^{3/2}(\widetilde{\beta}_3-\beta_3)\end{bmatrix}=\begin{bmatrix}a_{11} & T^{-3/2}a_{13}\\ T^{-3/2}a_{32} & T^{-3}a_{33}\end{bmatrix}^{-1}\begin{bmatrix}b_1\\ T^{-3/2}b_3\end{bmatrix}$$
$$\xrightarrow{d}\begin{bmatrix}1 & 0\\ 0 & \alpha_{3,\bar{c}}\end{bmatrix}^{-1}\begin{bmatrix}u_1\\ \sigma C(1)N_{2,c,\bar{c}}\end{bmatrix}=\begin{bmatrix}u_1\\ \sigma C(1)R_{3,c,\bar{c}}\end{bmatrix} \tag{A4.15}$$

其中，$R_{3,c,\bar{c}}=\alpha^{-1}_{3,\bar{c}}N_{2,c,\bar{c}}$。使用泛函连续映射定理和初始条件可知：

$$T^{-1/2}\widetilde{y}_{\lfloor rT\rfloor}\xrightarrow{d}\sigma C(1)\{W_c(r)-R_{3,c,\bar{c}}(r-\delta^0)^2I^r_{\delta^0}\} \tag{A4.16}$$

相应地，我们有：

$$T^{-1}\sum_{t=1}^{T}\widetilde{y}_{t-1}e_t\xrightarrow{d}\frac{1}{2}\sigma^2C(1)\{W_c(1)^2-2V^{(3)}_{c,\bar{c}}(1,\ \delta^0)-1\}$$
$$=:\frac{1}{2}\sigma^2C(1)K_1(c,\ \bar{c},\ \delta^0) \tag{A4.17}$$

$$T^{-2}\sum_{t=1}^{T}\widetilde{y}^2_{t-1}\xrightarrow{d}\sigma^2C(1)^2\left\{\int_0^1W_c(r)^2\mathrm{d}r-2\int_{\delta^0}^1V^{(3)}_{c,\bar{c}}(r,\ \delta^0)\mathrm{d}r\right\}$$
$$=:\sigma^2C(1)^2K_2(c,\ \bar{c},\ \delta^0) \tag{A4.18}$$

其中，$W_c(r)=\int_0^r e^{(r-s)c}\mathrm{d}W(s)$，$V^{(3)}_{c,\bar{c}}(r,\ \delta^0)=R_{3,c,\bar{c}}(r-\delta^0)^2\left[W_c(r)-\frac{1}{2}R_{3,c,\bar{c}}(r-\delta^0)^2\right]$。

因此，由式（A4.16）至式（A4.19），以及 $\hat{\sigma}^2=(T-p-1)^{-1}\sum_{t=p+2}^{T}\hat{e}^2_t$ 是 σ^2 一致估计量可知：

$$\tau_{q,2}(\delta^0)=\frac{T^{-1}\sum_{t=1}^{T}\widetilde{y}_{t-1}e_t}{\left[\sum_{t=1}^{T}\widetilde{y}^2_{t-1}\right]^{1/2}\{\hat{\sigma}^2\}^{1/2}}$$

$$\xrightarrow{d} \frac{1}{2} \frac{K_1(c,\ \bar{c},\ \delta^0)}{[K_2(c,\ \bar{c},\ \delta^0)]^{1/2}} =: \xi_2^{c,\ \bar{c},\ \delta^0} \tag{A4.19}$$

定理 4.1（b）证毕。

定理 4.2 的证明

（a）假定 T_b 是任意一个可能的突变时点，$\delta = T_b / T$，GLS 退趋势回归得到的残差平方和为：

$$SSR(\delta) = \boldsymbol{y}'_{\bar{\rho}}(I - P_\delta)\boldsymbol{y}_{\bar{\rho}} \tag{A4.20}$$

其中，$\boldsymbol{y}_{\bar{\rho}} := (y_1,\ y_2 - \bar{\rho} y_1,\ \cdots,\ y_T - \bar{\rho} y_{T-1})'$，投影矩阵 $P_\delta = \boldsymbol{Z}_{\bar{\rho},\delta}(\boldsymbol{Z}'_{\bar{\rho},\delta}\boldsymbol{Z}_{\bar{\rho},\delta})^{-1}\boldsymbol{Z}'_{\bar{\rho},\delta}$。真实的突变时点和突变比例用上标 0 标示，即 $\delta^0 = T_b^0 / T$，P_{δ^0} 是相应的投影矩阵，即 $P_{\delta^0} = \boldsymbol{Z}_{\bar{\rho},\delta^0}(\boldsymbol{Z}'_{\bar{\rho},\delta^0}\boldsymbol{Z}_{\bar{\rho},\delta^0})^{-1}\boldsymbol{Z}'_{\bar{\rho},\delta^0}$。

在分析突变比例估计量的渐近性质之前，我们将推导出一个起关键作用的不等式。由于突变比例估计量是基于最小化 GLS 残差方法和得到的，一定有：

$$SSR(\hat{\delta}) \leqslant SSR(\delta^0) \tag{A4.21}$$

成立，即：

$$\boldsymbol{y}'_{\bar{\rho}}(I - P_{\hat{\delta}})\boldsymbol{y}_{\bar{\rho}} \leqslant \boldsymbol{y}'_{\bar{\rho}}(I - P_{\delta^0})\boldsymbol{y}_{\bar{\rho}} \tag{A4.22}$$

由于 $y_{\bar{\rho}} = Z_{\bar{\rho},\delta^0}\gamma + U_{\bar{\rho}}$，则不等式（A4.22）意味着：

$$\gamma'\boldsymbol{Z}'_{\bar{\rho},\delta^0}(P_{\delta^0} - P_{\hat{\delta}})\boldsymbol{Z}_{\bar{\rho},\delta^0}\gamma + 2\gamma'\boldsymbol{Z}'_{\bar{\rho},\delta^0}(P_{\delta^0} - P_{\hat{\delta}})\boldsymbol{U}_{\bar{\rho}} + \boldsymbol{U}_{\bar{\rho}}(P_{\delta^0} - P_{\hat{\delta}})\boldsymbol{U}_{\bar{\rho}} \leqslant 0 \tag{A4.23}$$

根据投影矩阵的性质，我们有 $P_{\delta^0}\boldsymbol{Z}_{\bar{\rho},\delta^0} = \boldsymbol{Z}_{\bar{\rho},\delta^0}$ 和 $\boldsymbol{Z}'_{\bar{\rho},\hat{\delta}}(I - P_{\hat{\delta}}) = 0$，因此不等式（A4.23）可转化成：

$$\gamma'(\boldsymbol{Z}_{\bar{\rho},\delta^0} - \boldsymbol{Z}_{\bar{\rho},\hat{\delta}})'(I - P_{\hat{\delta}})(\boldsymbol{Z}_{\bar{\rho},\delta^0} - \boldsymbol{Z}_{\bar{\rho},\hat{\delta}})\gamma +$$

$$2\gamma'(\boldsymbol{Z}_{\bar{\rho},\delta^0} - \boldsymbol{Z}_{\bar{\rho},\hat{\delta}})'(I - P_{\hat{\delta}})\boldsymbol{U}_{\bar{\rho}} + \boldsymbol{U}'_{\bar{\rho}}(P_{\delta^0} - P_{\hat{\delta}})\boldsymbol{U}_{\bar{\rho}} \leqslant 0 \tag{A4.24}$$

值得注意的是，突变比例估计量为：

$$\begin{aligned}\hat{\delta} &= \arg\min_{\delta \in [\underline{\delta},\bar{\delta}]} [SSR(T_b)] = \arg\min_{\delta \in [\underline{\delta},\bar{\delta}]} [SSR(T_b) - SSR(T_b^0)] \\ &= \arg\min_{\delta \in [\underline{\delta},\bar{\delta}]} [\gamma'(\boldsymbol{Z}_{\bar{\rho},\delta^0} - \boldsymbol{Z}_{\bar{\rho},\delta})'(I - P_\delta)(\boldsymbol{Z}_{\bar{\rho},\delta^0} - \boldsymbol{Z}_{\bar{\rho},\delta})\gamma + \\ &\qquad 2\gamma'(\boldsymbol{Z}_{\bar{\rho},\delta^0} - \boldsymbol{Z}_{\bar{\rho},\delta})'(I - P_\delta)\boldsymbol{U}_{\bar{\rho}} + \boldsymbol{U}'_{\bar{\rho}}(P_{\delta^0} - P_\delta)\boldsymbol{U}_{\bar{\rho}}]\end{aligned}$$

而突变时点估计量为 $\hat{T}_b = \hat{\delta} T$。鉴于存在对称性，我们先考虑 $\delta \geqslant \delta^0$

的情况。此时，$\mathbf{Z}_{\bar{\rho},\delta^0}=[\iota_{\bar{\rho}},\ t_{\bar{\rho}},\ \boldsymbol{DQ}_{\bar{\rho},\delta^0}]$，$\iota_{\bar{\rho}}=(1,\ 1-\bar{\rho},\ \cdots,\ 1-\bar{\rho})'$，$t_{\bar{\rho}}=[1,\ 2-\bar{\rho},\ \cdots,\ T-(T-1)\bar{\rho}]'$，$\boldsymbol{DQ}_{\bar{\rho},\delta^0}=[0,\ 1,\ \cdots,\ (T-T_b^0)^2-\bar{\rho}(T-1-T_b^0)^2]'$。定义 $f_\delta=[f_\delta(1),\ \cdots,\ f_\delta(T)]'$，其中：

$$
f_\delta(t)=\begin{cases}0 & 1\leqslant t\leqslant T_b^0\\ (1-\bar{\rho})\dfrac{(t-1-\delta^0T)^2}{(\delta-\delta^0)T^2}+\dfrac{(2t-2\delta^0T-1)}{(\delta-\delta^0)T^2} & T_b^0<t\leqslant T_b\\ (1-\bar{\rho})\dfrac{(2t-\delta T-\delta^0T-2)(\delta-\delta^0)T}{(\delta-\delta^0)T^2}+2\dfrac{(\delta-\delta^0)T}{(\delta-\delta^0)T^2} & T_b<t\leqslant T\end{cases}
\tag{A4.25}
$$

则（$\mathbf{Z}_{\bar{\rho},\delta^0}-\mathbf{Z}_{\bar{\rho},\delta}$）$\gamma=\beta_3T^2(\delta-\delta^0)f_\delta$。注意到 $f_\delta([Tr])$ 在区间 $[0,\ 1]$ 内收敛到一个连续函数 $g_\delta(r)$，且：

$$
g_\delta(r)=\begin{cases}0 & 0\leqslant r\leqslant\delta^0\\ (1-\bar{\rho})\dfrac{(r-\delta^0)^2}{(\delta-\delta^0)} & \delta^0<r\leqslant\delta\\ (1-\bar{\rho})(2r-\delta-\delta^0) & \delta<r\leqslant 1\end{cases}
\tag{A4.26}
$$

根据 Perron 和 Zhu（2005），我们定义：

$$
\begin{aligned}
ZZ&\equiv\gamma'(\mathbf{Z}_{\bar{\rho},\delta^0}-\mathbf{Z}_{\bar{\rho},\delta})'(I-P_\delta)(\mathbf{Z}_{\bar{\rho},\delta^0}-\mathbf{Z}_{\bar{\rho},\delta})\gamma\\
&=(\delta-\delta^0)^2T^4\beta_3^2f_\delta'(I-P_\delta)f_\delta
\end{aligned}
$$

$$ZU\equiv\gamma'(\mathbf{Z}_{\bar{\rho},\delta^0}-\mathbf{Z}_{\bar{\rho},\delta})'(I-P_\delta)\boldsymbol{U}_{\bar{\rho}}=(\delta-\delta^0)T^2\beta_3f_\delta'(I-P_\delta)\boldsymbol{U}_{\bar{\rho}}$$

$$UU\equiv\boldsymbol{U}_{\bar{\rho}}'(P_{\delta^0}-P_\delta)\boldsymbol{U}_{\bar{\rho}}$$

其中，$\bar{\rho}=1-\bar{c}T$。

首先，可以证明 $f_\delta'(I-P_\delta)f_\delta$ 对所有的 $\delta\in[\underline{\delta},\ \bar{\delta}]$ 均一致收敛到 $O(T^{-1})$。我们将 $f_\delta'(I-P_\delta)f_\delta$ 当作 f_δ 对 $[\iota_{\bar{\rho}},\ t_{\bar{\rho}},\ DQ_{\bar{\rho},\delta}]$ 进行回归所得到的残差平方和，记为 SSR_T。现在考虑 $g_\delta(r)$ 在 $[1-\bar{\rho},\ (1-\bar{\rho})r,\ g_{\bar{\rho}}(r)]$ 上连续时间范畴的最小二乘投影，其中 $g_{\bar{\rho}}(r)=I(r>\delta)(r-\delta)^2-\bar{\rho}I(r-1>\delta)(r-1-\delta)^2$。$g_\delta^*(r)$ 和 SSR_∞ 分别表示回归得到的投影残差和相应的残差平方和，系数估计量 $\hat{\gamma}=(\hat{\beta}_1,\ \hat{\beta}_2,\ \hat{\beta}_3)$。根据黎曼积分的定义，当 $T\longrightarrow\infty$ 时，我们有 $SSR_\infty=T^{-1}SSR_T$。而：

$$SSR_{\infty} = \int_0^1 [g_{\delta}(r) - \hat{\beta}_1(1-\bar{\rho}) - \hat{\beta}_2(1-\bar{\rho})r - \hat{\beta}_3 g_{\bar{\rho}}(r)]^2 \mathrm{d}r \tag{A4.27}$$

从 Perron 和 Zhu（2005）的结果不难知道 $0<\frac{SSR_{\infty}}{(1-\bar{\rho})^2}<\infty$。因此，$SSR_{\infty}=O(T^{-2})$，且 $SSR_T=O(T^{-1})$。

接下来，我们考虑 $f_{\delta}'(I-P_{\delta})U_{\bar{\rho}}$ 的渐近性质。由于 $u_t-\bar{\rho}u_{t-1}=(1-\bar{\rho})u_{t-1}+\Delta u_t$，故而 $\boldsymbol{U}_{\bar{\boldsymbol{\rho}}}=(u_1,\ u_2-\bar{\rho}u_1,\ \cdots,\ u_T-\bar{\rho}u_{T-1})=(1-\bar{\rho})\boldsymbol{U}+\Delta\boldsymbol{U}$，且：

$$T^{-3/2}f_{\delta}'(I-P_{\delta})\boldsymbol{U}_{\bar{\boldsymbol{\rho}}}=T^{-3/2}f_{\delta}'(I-P_{\delta})(1-\bar{\rho})\boldsymbol{U}+T^{-3/2}f_{\delta}'(I-P_{\delta})\Delta\boldsymbol{U} \tag{A4.28}$$

由泛函连续映射定理易得，对所有的 $\delta\in[\underline{\delta},\ \bar{\delta}]$，有：

$$T^{-3/2}f_{\delta}'(I-P_{\delta})(1-\bar{\rho})\boldsymbol{U}\xrightarrow{d}\sigma(1-\bar{\rho})\int_0^1 g_{\delta}^*(r)W_c(r)\mathrm{d}r \tag{A4.29}$$

$$T^{-1/2}f_{\delta}'(I-P_{\delta})\Delta\boldsymbol{U}\xrightarrow{\mathrm{d}}\sigma\int_0^1 g_{\delta}^*(r)\mathrm{d}W_c(r) \tag{A4.30}$$

定义 $G_{\delta}^*=\int_0^r g_{\delta}^*(s)\mathrm{d}s$，则：

$$\begin{aligned}\int_0^1 g_{\delta}^*(r)W_c(r)\mathrm{d}r &= \int_0^1 W_c(r)\mathrm{d}G_{\delta}^*(r)\\ &= [W_c(r)G_{\delta}^*(r)]_0^1-\int_0^1 G_{\delta}^*(r)\mathrm{d}W_c(r)\\ &= -\int_0^1 G_{\delta}^*(r)\mathrm{d}W_c(r)\end{aligned} \tag{A4.31}$$

又因为 $E\left[\int_0^1 G_{\delta}^*(r)\mathrm{d}W_c(r)\right]=0$，且 $\mathrm{Var}\left[\int_0^1 G_{\delta}^*(r)\mathrm{d}W_c(r)\right]=\int_0^1[G_{\delta}^*(r)]^2\mathrm{d}r=O(T^{-2})$，所以 $\int_0^1 g_{\delta}^*(r)W_c(r)\mathrm{d}r=O(T^{-1})$，$T^{-3/2}f_{\delta}'(I-P_{\delta})(1-\bar{\rho})\boldsymbol{U}=O_p(T^{-2})$。

根据估计残差的零均值和常数方差性质，$\int_0^1 g_{\delta}^*(r)\mathrm{d}r=0$ 和

$\int_0^1[g_\delta^*(r)]^2\mathrm{d}r=(1-\bar{\rho})^2O(1)=O(T^{-2})$，所以 $\int_0^1 g_\delta^*(r)\mathrm{d}W_c(r)=O(T^{-1})$，$T^{-3/2}f_\delta'(I-P_\delta)\Delta\boldsymbol{U}=O_p(T^{-2})$。

因此，$T^{-3/2}f_\delta'(I-P_\delta)\boldsymbol{U}_{\bar{\rho}}$ 对所有的 $\delta\in[\underline{\delta},\bar{\delta}]$ 均一致收敛到 $O_p(T^{-2})$，也就是说，$f_\delta'(I-P_\delta)\boldsymbol{U}_{\bar{\rho}}$ 对所有的 $\delta\in[\underline{\delta},\bar{\delta}]$ 均一致收敛到 $O_p(T^{-1/2})$。

接着，我们考察 UU 项的渐近性质。令 $D_T=\mathrm{diag}(1,T^{1/2},T^{3/2})$，可以将 UU 分解成：

$$\begin{aligned}\boldsymbol{U}_{\bar{\rho}}'(P_{\delta^0}-P_\delta)\boldsymbol{U}_{\bar{\rho}}=&\boldsymbol{U}_{\bar{\rho}}'(\mathbf{Z}_{\bar{\rho},\delta^0}-\mathbf{Z}_{\bar{\rho},\delta})D_T^{-1}(D_T^{-1}\mathbf{Z}_{\bar{\rho},\delta^0}'\mathbf{Z}_{\bar{\rho},\delta^0}D_T^{-1})^{-1}D_T^{-1}\mathbf{Z}_{\bar{\rho},\delta^0}'\boldsymbol{U}_{\bar{\rho}}+\\&\boldsymbol{U}_{\bar{\rho}}'\mathbf{Z}_{\bar{\rho},\delta}D_T^{-1}(D_T^{-1}\mathbf{Z}_{\bar{\rho},\delta}'\mathbf{Z}_{\bar{\rho},\delta}D_T^{-1})^{-1}\cdot\\&D_T^{-1}(\mathbf{Z}_{\bar{\rho},\delta}'\mathbf{Z}_{\bar{\rho},\delta}-\mathbf{Z}_{\bar{\rho},\delta^0}'\mathbf{Z}_{\bar{\rho},\delta^0})D_T^{-1}\cdot\\&(D_T^{-1}\mathbf{Z}_{\bar{\rho},\delta^0}'\mathbf{Z}_{\bar{\rho},\delta^0}D_T^{-1})^{-1}D_T^{-1}\mathbf{Z}_{\bar{\rho},\delta^0}'\boldsymbol{U}_{\bar{\rho}}+\\&\boldsymbol{U}_{\bar{\rho}}'\mathbf{Z}_{\bar{\rho},\delta}'D_T^{-1}(D_T^{-1}\mathbf{Z}_{\bar{\rho},\delta}'\mathbf{Z}_{\bar{\rho},\delta}D_T^{-1})^{-1}D_T^{-1}(\mathbf{Z}_{\bar{\rho},\delta^0}-\mathbf{Z}_{\bar{\rho},\delta})'\boldsymbol{U}_{\bar{\rho}}\end{aligned}$$

利用以下泛函中心极限定理的结论：

$$T^{-1/2}\sum_{t=1}^{T}\Delta u_t\xrightarrow{d}\sigma C(1)W_c(r)\tag{A4.32}$$

$$T^{-3/2}\sum_{t=1}^{T}u_{t-1}\xrightarrow{d}\sigma C(1)\int_0^1 W_c(r)\mathrm{d}r\tag{A4.33}$$

$$T^{-3/2}\sum_{t=1}^{T}t\Delta u_t\xrightarrow{d}\sigma C(1)\left[W_c(1)-\int_0^1 W_c(r)\mathrm{d}r\right]\tag{A4.34}$$

$$T^{-5/2}\sum_{t=1}^{T}tu_{t-1}\xrightarrow{d}\sigma C(1)\int_0^1 rW_c(r)\mathrm{d}r\tag{A4.35}$$

$$T^{-5/2}\sum_{t=1}^{T}t^2\Delta u_t\xrightarrow{d}\sigma C(1)\left[W_c(1)-2\int_0^1 rW_c(r)\mathrm{d}r\right]\tag{A4.36}$$

$$T^{-7/2}\sum_{t=1}^{T}t^2u_{t-1}\xrightarrow{d}\sigma C(1)\int_0^1 r^2W_c(r)\mathrm{d}r\tag{A4.37}$$

我们可以知道：

（1）$D_T^{-1}\mathbf{Z}_{\bar{\rho},\delta}'\mathbf{Z}_{\bar{\rho},\delta}D_T^{-1}$ 和 $D_T^{-1}\mathbf{Z}_{\bar{\rho},\delta^0}'\mathbf{Z}_{\bar{\rho},\delta^0}D_T^{-1}$ 对所有的 $\delta\in[\underline{\delta},\bar{\delta}]$ 均一致收敛到 $O_p(1)$。

（2）$D_T^{-1}\mathbf{Z}_{\bar{\rho},\delta^0}'\boldsymbol{U}_{\bar{\rho}}$ 和 $\boldsymbol{U}_{\bar{\rho}}'\mathbf{Z}_{\bar{\rho},\delta}'D_T^{-1}$ 对所有的 $\delta\in[\underline{\delta},\bar{\delta}]$ 均依概率收

敛到 $O_P(1)$。

（3）对于 $\boldsymbol{U}'_{\bar{\rho}}(\mathbf{Z}_{\bar{\rho},\delta^0}-\mathbf{Z}_{\bar{\rho},\delta})D_T^{-1}$，$\mathbf{Z}_{\bar{\rho},\delta^0}-\mathbf{Z}_{\bar{\rho},\delta}$ 的前两列取值为 0，第三列为 $\boldsymbol{DQ}_{\bar{\rho},\delta^0}-\boldsymbol{DQ}_{\bar{\rho},\delta}$，且对所有的 $\delta\in[\underline{\delta},\ \bar{\delta}]$，有：

$$
\begin{aligned}
& T^{-3/2}\boldsymbol{U}'_{\bar{\rho}}(\boldsymbol{DQ}_{\bar{\rho},\ \delta^0}-\boldsymbol{DQ}_{\bar{\rho},\ \delta}) \\
&= T^{-\frac{3}{2}}\sum_{t=T_b^0}^{T_b}[(t-T_b^0)^2-\bar{\rho}(t-1-T_b^0)^2)(u_t-\bar{\rho}u_{t-1}]+ \\
& T^{-\frac{3}{2}}\sum_{t=T_b+1}^{T}([(t-T_b^0)^2-\bar{\rho}(t-1-T_b^0)^2]- \\
& [(t-T_b)^2-\bar{\rho}(t-1-T_b)^2])(u_t-\bar{\rho}u_{t-1}) \\
&= T^{-\frac{3}{2}}\sum_{t=T_b^0}^{T_b}\{(1-\bar{\rho})(t-T_b^0)^2+\bar{\rho}[2(t-T_b^0)-1]\}[(1-\bar{\rho})u_{t-1}+\Delta u_t]+ \\
& T^{-\frac{3}{2}}\sum_{t=T_b+1}^{T}\{(T_b-T_b^0)[(1-\bar{\rho})(2t-T_b-T_b^0)+2\bar{\rho}]\}\cdot \\
& [(1-\bar{\rho})u_{t-1}+\Delta u_t]=O_p(1)
\end{aligned}
$$

（4）对于 $D_T^{-1}(\mathbf{Z}'_{\bar{\rho},\delta}\mathbf{Z}_{\bar{\rho},\delta}-\mathbf{Z}'_{\bar{\rho},\delta^0}\mathbf{Z}_{\bar{\rho},\delta^0})D_T^{-1}$，除 $\boldsymbol{DQ}_{\bar{\rho},\delta^0}$ 或 $\boldsymbol{DQ}_{\bar{\rho},\delta}$，所有的元素全都为 0，而且：

$$
\begin{aligned}
& T^{-3}(\boldsymbol{DQ}'_{\bar{\rho},\ \delta^0}\boldsymbol{DQ}_{\bar{\rho},\ \delta^0}-\boldsymbol{DQ}'_{\bar{\rho},\ \delta}\boldsymbol{DQ}_{\bar{\rho},\ \delta}) \\
&= T^{-3}\sum_{t=T_b^0}^{T_b}[(1-\bar{\rho})(t-T_b^0)^2+\bar{\rho}(2(t-T_b^0)-1)]^2+ \\
& T^{-3}\sum_{t=T_b+1}^{T}\{(T_b-T_b^0)[(1-\bar{\rho})(2t-T_b-T_b^0)+2\bar{\rho}]\}^2 \\
&= O_p(1)
\end{aligned}
$$

和

$$
\begin{aligned}
& T^{-2}(\boldsymbol{DQ}_{\bar{\rho},\ \delta^0}t_{\bar{\rho}}-\boldsymbol{DQ}_{\bar{\rho},\ \delta}t_{\bar{\rho}}) \\
&= T^{-2}\sum_{t=T_b^0}^{T_b}[(1-\bar{\rho})(t-T_b^0)^2+\bar{\rho}(2(t-T_b^0)-1)][(1-\bar{\rho})t+\bar{\rho}]+ \\
& T^{-2}\sum_{t=T_b+1}^{T}\{(T_b-T_b^0)[(1-\bar{\rho})(2t-T_b-T_b^0)+2\bar{\rho}]\}[(1-\bar{\rho})t+\bar{\rho}] \\
&= O_p(1)
\end{aligned}
$$

以及

$$T^{-3/2}(\boldsymbol{DQ}_{\bar{\rho},\ \delta^0}\boldsymbol{\iota}_{\bar{\rho}} - \boldsymbol{DQ}_{\bar{\rho},\ \delta}\boldsymbol{\iota}_{\bar{\rho}})$$

$$= T^{-\frac{3}{2}}\sum_{t=T_b^0}^{T_b}\{(1-\bar{\rho})(t-T_b^0)^2+\bar{\rho}[2(t-T_b^0)-1]\}(1-\bar{\rho})+$$

$$T^{-\frac{3}{2}}\sum_{t=T_b+1}^{T}\{(T_b-T_b^0)[(1-\bar{\rho})(2t-T_b-T_b^0)+2\bar{\rho}]\}(1-\bar{\rho})$$

$$= O_p(1)$$

因此，$D_T^{-1}(\mathbf{Z}'_{\bar{\rho},\delta}\mathbf{Z}_{\bar{\rho},\delta}-\mathbf{Z}'_{\bar{\rho},\delta^0}\mathbf{Z}_{\bar{\rho},\delta^0})\ D_T^{-1}=O_p(1)$。

综上所述，我们可知对 $\delta\in[\underline{\delta},\ \bar{\delta}]$，有 $ZZ=|\delta-\delta^0|^2O(T^3)$，$ZU=|\delta-\delta^0|O(T^{3/2})$，$UU=O(1)$。用突变比例估计量 $\hat{\delta}$ 替换 δ，则不等式（A4.24）可写作：

$$\hat{Z}\hat{Z}+2\hat{Z}\hat{U}+\hat{U}\hat{U}\leqslant 0 \tag{A4.38}$$

其中：

$$\hat{Z}\hat{Z}\equiv\boldsymbol{\gamma}'(\mathbf{Z}_{\bar{\rho},\delta^0}-\mathbf{Z}_{\bar{\rho},\hat{\delta}})'(I-P_{\hat{\delta}})(\mathbf{Z}_{\bar{\rho},\delta^0}-\mathbf{Z}_{\bar{\rho},\hat{\delta}})\boldsymbol{\gamma}$$

$$=(\hat{\delta}-\delta^0)^2T^4\beta_3^2f'_{\hat{\delta}}(I-P_{\hat{\delta}})f_{\hat{\delta}}$$

$$\hat{Z}\hat{U}\equiv\boldsymbol{\gamma}'(\mathbf{Z}_{\bar{\rho},\delta^0}-\mathbf{Z}_{\bar{\rho},\hat{\delta}})'(I-P_{\hat{\delta}})\boldsymbol{U}_{\bar{\rho}}=(\hat{\delta}-\delta^0)T^2\beta_3f'_{\hat{\delta}}(I-P_{\hat{\delta}})\boldsymbol{U}_{\bar{\rho}}$$

$$\hat{U}\hat{U}\equiv\boldsymbol{U}'_{\bar{\rho}}(P_{\delta^0}-P_{\hat{\delta}})\boldsymbol{U}_{\bar{\rho}}$$

如果 $\hat{\delta}\not\to_p\delta^0$，则相应的 $\hat{Z}\hat{Z}=O(T^3)$，$\hat{Z}\hat{U}=O(T^{3/2})$，$\hat{U}\hat{U}=O(1)$。因此，当 T 足够大时，非负项 $\hat{Z}\hat{Z}$ 将占主导地位，$\hat{Z}\hat{U}$ 和 $\hat{U}\hat{U}$ 的大小可忽略，此时不等式（A4.39）不成立，即不等式（A4.24）将不以概率 1 成立。这与突变比例估计量的定义相矛盾，因此一定有 $\hat{\delta}\xrightarrow{p}\delta^0$。

（b）考虑集合 $M(\varepsilon)=\{|\delta-\delta^0|<\varepsilon\}$，根据定理 4.2（a）的证明过程可知，当 $T\longrightarrow\infty$ 时，$\Pr[\hat{\delta}\in M(\varepsilon)]\xrightarrow{p}1$，接下来我们分析对于集合 $M(\varepsilon)$ 内的 δ，其相应的最小残差平方和 $SSR(\delta)$ 的渐近性质。考虑集合 $M_C(\varepsilon)=\{\delta:\ CT^{-3/2}<|\delta-\delta^0|<\varepsilon\}$，有 $M_C(\varepsilon)\subset M(\varepsilon)$。由于不等式（A4.21）一定是成立的，这意味着对于任意的

ϑ，存在一个 $C>0$，使得：

$$
\begin{aligned}
&\Pr(\min_{\delta\in M_C(\varepsilon)}\{SSR(\delta)-SSR(\delta^0)\}<0)\\
&=\Pr[SSR(\hat{\delta})-SSR(\delta^0)]<0)\\
&=\Pr(\hat{Z}\hat{Z}+2\hat{Z}\hat{U}+\hat{U}\hat{U}<0)\\
&<\vartheta
\end{aligned}
\tag{A4.39}
$$

已知在集合 $M_C(\varepsilon)$ 内有 $|\hat{\delta}-\delta^0|<\varepsilon$，且 $|\hat{\delta}-\delta^0|>CT^{-3/2}$，通过同时除以 $|\hat{\delta}-\delta^0|O(T^{3/2})$ 来标准化可得：

$$
\frac{\hat{Z}\hat{Z}}{|\hat{\delta}-\delta^0|O(T^{3/2})}=|\hat{\delta}-\delta^0|O(T^{3/2})>aC+o_p(1)
$$

$$
\frac{\hat{Z}\hat{U}}{|\hat{\delta}-\delta^0|O(T^{3/2})}=O_p(1),\qquad \frac{\hat{U}\hat{U}}{|\hat{\delta}-\delta^0|O(T^{3/2})}=o_p(1)
$$

其中，a 是一个大于 0 的常数，且 $o_p(1)$ 和 $O_p(1)$ 也为正数。这意味着最小化问题不可能在集合 $M_C(\varepsilon)$ 内取得。然而给定任意小的 ε，在集合 $\{\hat{\delta}: |\hat{\delta}-\delta^0|<CT^{-3/2}<\varepsilon\}$ 内我们可以选择一个足够大的 C 使式（A4.40）成立。因此，$|\hat{\delta}-\delta^0|=O_p(T^{-3/2})$。

（c）DBF 检验的 t 型检验统计量为：

$$
\tau_q(\delta)=(C_{11}\hat{\sigma}^2)^{-\frac{1}{2}}(\hat{\rho}-1)=\frac{T^{-1}\sum_{t=1}^{T}\tilde{y}_{t-1}e_t}{\left[\sum_{t=1}^{T}\tilde{y}_{t-1}^2\right]^{1/2}\{\hat{\sigma}^2\}^{1/2}}
\tag{A4.40}
$$

其中，$\hat{\sigma}^2=(T-p-1)^{-1}\sum_{t=p+2}^{T}\hat{e}_t^2$，$\hat{e}_t$ 是 ADF 回归方程（A4.8）的残差序列。

证明定理 4.2（c）的关键是分析在真实突变时点已知情况下 GLS 退趋势得到数据 $\tilde{y}_t$ 和在突变时点未知情况下利用突变比例估计量进行 GLS 退趋势得到的 $\tilde{y}_t$ 之间的差异。

对于任意一个可能的突变比例 δ，GLS 退趋势数据 $\tilde{y}_t=y_t-z(\delta)_t'\tilde{\gamma}$，其中 $\tilde{\gamma}$ 由 GLS 回归方程（A4.2）估计得到。当真实突变时点已知时，$\delta=\delta^0$，有：

$$\begin{aligned}\tilde{y}_t &= y_t - z(\delta^0)'_t\tilde{\gamma} = u_t + z(\delta^0)'_t(\gamma - \tilde{\gamma})\\ &= u_t - z(\delta^0)'_t[(\mathbf{Z}'_{\bar{\rho},\delta^0}\mathbf{Z}_{\bar{\rho},\delta^0})^{-1}\mathbf{Z}'_{\bar{\rho},\delta^0}\boldsymbol{U}_{\bar{\rho}}]\\ &=: D^* + U_1^* \end{aligned} \tag{A4.41}$$

然而当真实突变时点未知时，我们使用突变比例估计量，即 $\delta = \hat{\delta}$，则：

$$\begin{aligned}\tilde{y}_t &= y_t - z(\hat{\delta})'_t\tilde{\gamma} = u_t + z(\delta^0)'_t\gamma - z(\hat{\delta})'_t\tilde{\gamma}\\ &= u_t + z(\delta^0)'_t\gamma + z(\hat{\delta})'_t(\gamma - \tilde{\gamma}) - z(\hat{\delta})'_t\gamma\\ &= u_t + [z(\delta^0)'_t - z(\hat{\delta})'_t]\gamma - z(\hat{\delta})'_t[(\mathbf{Z}'_{\bar{\rho},\hat{\delta}}\mathbf{Z}_{\bar{\rho},\hat{\delta}})^{-1}\mathbf{Z}_{\bar{\rho},\hat{\delta}}\boldsymbol{U}_{\bar{\rho}}]\\ &=: D^* + M^* + U_2^* \end{aligned} \tag{A4.42}$$

由于存在对称性，我们先假设 $\hat{\delta} \geqslant \delta^0$，则：

$$\begin{aligned} M^* &= [z(\delta^0)'_t - z(\hat{\delta})'_t]\gamma = \beta_3[DQ_t(\delta^0) - DQ_t(\hat{\delta})]\\ &= \begin{cases} 0 & t \leqslant T_b^0\\ \beta_3(t - T_b^0)^2 & T_b^0 < t \leqslant \hat{T}_b\\ \beta_3(\hat{T}_b - T_b^0)(2t - T_b^0 - \hat{T}_b) & \hat{T}_b < t \leqslant T \end{cases} \end{aligned} \tag{A4.43}$$

由于 $T^{-1/2}u_t \xrightarrow{d} \sigma C(1)W_c(r)$，$\| u_t \| = O_p(T^{1/2})$，假如有 $|\hat{\delta} - \delta^0| = o_p(T^{-3/2})$，则 $|\hat{T}_b - T_b^0| = o_p(T^{-1/2})$，因此 $\| M^* \| = o_p(T^{1/2})$ 相对 u_t 来说渐近可忽略。

关于 U_1^* 和 U_2^*，我们可知假设定义：

$$\begin{aligned} U^* &= z(\delta)'_t[(\mathbf{Z}'_{\bar{\rho},\delta}\mathbf{Z}_{\bar{\rho},\delta})^{-1}\mathbf{Z}'_{\bar{\rho},\delta}\boldsymbol{U}_{\bar{\rho}}]\\ &= z(\delta)'_t D_T^{-1}[(D_T^{-1}\mathbf{Z}'_{\bar{\rho},\delta}\mathbf{Z}_{\bar{\rho},\delta}D_T^{-1})^{-1}D_T^{-1}\mathbf{Z}'_{\bar{\rho},\delta}\boldsymbol{U}_{\bar{\rho}}] \end{aligned} \tag{A4.44}$$

其中，$\| z(\delta)'_t D_T^{-1} \| = O_p(T^{1/2})$，且 $(D_T^{-1}\mathbf{Z}'_{\bar{\rho},\delta}\mathbf{Z}_{\bar{\rho},\delta}D_T^{-1})^{-1}D_T^{-1}\mathbf{Z}'_{\bar{\rho},\delta}\boldsymbol{U}_{\bar{\rho}}$ 收敛到模型 A（A4.6）或模型 B（A4.15），则 U_1^* 和 U_2^* 的区别仅来自与 δ 相关的项，即：

$$T^{-1}a_{13} \xrightarrow{d} \frac{1}{3}\bar{c}^2(1-\delta)^3 - \bar{c}(1-\delta)^2$$

$$T^{-2}a_{23} \xrightarrow{d} \frac{1}{4}\bar{c}^2(1-\delta)^4 + \frac{1}{3}\bar{c}^2\delta^0(1-\delta)^3 - \bar{c}(1-\delta)^3 -$$

$$\bar{c}\delta(1-\delta)^2+(1-\delta)^2$$

$$T^{-3}a_{33}\xrightarrow{d}\frac{1}{5}\bar{c}^2(1-\delta)^5-\bar{c}(1-\delta)^4+\frac{4}{3}(1-\delta)^3$$

$$T^{-3/2}b_3\xrightarrow{d}\sigma C(1)\Big\{2(1-\delta)-\bar{c}(1-\delta)^2[W_c(1)-W_c(\delta)]-$$
$$2\int_{\delta^0}^1 W_c(r)\,\mathrm{d}s+\bar{c}^2\int_{\delta^0}^1(r-\delta)^2W_c(r)\,\mathrm{d}r\Big\}$$

更重要的是，给定 $|\hat{\delta}-\delta^0|=o_p(T^{-3/2})$，可得：

$$W_c(\delta^0)-W_c(\hat{\delta})\xrightarrow{d}0$$

$$(1-\delta^0)-(1-\hat{\delta})=\hat{\delta}-\delta^0\xrightarrow{p}0$$

$$(1-\delta^0)^2-(1-\hat{\delta})^2=(\hat{\delta}-\delta^0)(\hat{\delta}+\delta^0)\xrightarrow{p}0$$

$$(1-\delta^0)^3-(1-\hat{\delta})^3=(\hat{\delta}-\delta^0)[\hat{\delta}^2+\hat{\delta}\delta^0+(\delta^0)^2]\xrightarrow{p}0$$

$$(1-\delta^0)^4-(1-\hat{\delta})^4=(\hat{\delta}-\delta^0)(\hat{\delta}+\delta^0)[\hat{\delta}^2+(\delta^0)^2]\xrightarrow{p}0$$

$$(1-\delta^0)^5-(1-\hat{\delta})^5=(\hat{\delta}-\delta^0)[\hat{\delta}^4+\hat{\delta}^3\delta^0+\hat{\delta}^2(\delta^0)^2+\hat{\delta}(\delta^0)^3+(\delta^0)^4]\xrightarrow{p}0$$

因此，只要有 $|\hat{\delta}-\delta^0|=o_p(T^{-3/2})$，$\|z(\delta^0)'_t-z(\hat{\delta})'_t\|$ 相对 u_t 来说渐近可忽略，U_1^* 和 U_2^* 渐近等价。

综上所述，只要有 $\hat{\delta}-\delta^0=o_p(T^{-3/2})$，基于 GLS 退趋势数据式（A4.42）的 $\tau_q(\hat{\delta})$ 和基于式（A4.41）的 $\tau_q(\delta^0)$ 有相同渐近分布，即 $\tau_q(\hat{\delta})\xrightarrow{d}\xi^{c,\bar{c},\delta^0}$。

定理 4.3 的证明

首先，我们考虑模型 A。删除截断窗口内样本数据后的 URQ 过程 y_t 可写作：

$$y_t=\begin{cases}\beta_1+\beta_2t+u_t, & t\leqslant T_l\\ \beta_1+\beta_2t+\beta_3(t-T_h)^2+u_t^s, & t\geqslant T_h\end{cases}\tag{A4.45}$$

其中，$u_t^n=u_t-s_t$，$s_t=\beta_3DT(T_b^0)_t$，当 $t>T_b^0$ 时 $DT(T_b^0)_t=(t-T_b^0)(T_b^0-T_h)$，否则取值为 0。特别地，在模型 B 下，$\beta_2=0$。

新连接的截断数据 $\{y_t^n\}$ 为：

$$y_t^n=\begin{cases}y_t, & t\leqslant T_l\\ y_{t+T_h-T_l}-B(T), & t>T_l\end{cases} \tag{A4.46}$$

其中，$B(T)=y_{T_h}-y_{T_l}$，$T_l=T[\hat{\delta}-\psi(T)]$，$T_h=T[\hat{\delta}+\psi(T)]$且$\psi(T)\equiv\vartheta T^{\theta}$，$\vartheta>0$，$-3/2<\theta<0$。

由于$T_l-T_b^0\xrightarrow{p}-\infty$，且$T_b^0-T_h\xrightarrow{p}-\infty$，我们仅需要考虑$T_l\leqslant T_b^0\leqslant T_h$的情况。令$h=T_h-T_l-1$，则：

$$B(T)=y_{T_h}-y_{T_l}=\beta_2(T_h-T_l)-s_{T_h}+u_{T_h}-u_{T_l} \tag{A4.47}$$

且

$$\begin{aligned}y_{t+T_h-T_l}-B(T)&=\beta_1+\beta_2(t+T_h-T_l)+\beta_3(t+T_h-T_l-T_h)^2+u_{t+T_h-T_l}-\\&\quad s_{t+T_h-T_l}-[\beta_2(T_h-T_l)-s_{T_h}+u_{T_h}-u_{T_l}]\\&=\beta_1+\beta_2 t+\beta_3(t-T_l)^2+u_{t+T_h-T_l}^n-u_{T_h}^n+u_{T_l}\end{aligned}$$

根据 Kim 和 Perron（2009），由于$h=O(T^{\theta+1})$，$u_{t+T_h-T_l}^n-u_{T_h}^n+u_{T_l}$近似于$u_t^n$，因此，新连接的截断数据$\{y_t^n\}$与 URQ 过程相似，

$$y_t^n=\begin{cases}\beta_1+\beta_2 t+u_t^n, & t\leqslant T_l\\ \beta_1+\beta_2 t+\beta_3(t-T_l)^2+u_t^n, & t\geqslant T_l\end{cases} \tag{A4.48}$$

我们可以将T_l看作一个已知的突变时点或一个突变时点估计量。更重要的是，$z(\hat{\delta}_{tr})_t'$可看作$z(\delta^0)_t'$的一致估计量，也就是说，$\|z(\delta^0)_t'-z(\hat{\delta}_{tr})_t'\|$相对$u_t$来说渐近可忽略。此时突变比例估计量$\hat{\delta}_{tr}$的收敛速度要快于$T^2$，且$\hat{\delta}_{tr}-\delta^0=o_p(T^{-3/2})$成立。另外，基于$\hat{\delta}_{tr}$的 GLS 退趋势数据$\tilde{y}_t^n$为：

$$\begin{aligned}\tilde{y}_t^n&=y_t^n-z(\hat{\delta}_{tr})_t'\tilde{\gamma}=u_t^s+z(\hat{\delta}_{tr})_t'(\gamma-\tilde{\gamma})\\&=u_t^s-z(\hat{\delta}_{tr})_t'[(\mathbf{Z}_{\bar{\rho},\hat{\delta}_{tr}}'\mathbf{Z}_{\bar{\rho},\hat{\delta}_{tr}})^{-1}\mathbf{Z}_{\bar{\rho},\hat{\delta}_{tr}}'\boldsymbol{U}_{\bar{\rho}}^{n}]\\&=:D^*+U_{tr}^*\end{aligned} \tag{A4.49}$$

其中，$\mathbf{Z}_{\bar{\rho},\hat{\delta}_{tr}}:=[z(\hat{\delta}_{tr})_1, z(\hat{\delta}_{tr})_2-\bar{\rho}z(\hat{\delta}_{tr})_1, \cdots, z(\hat{\delta}_{tr})_T-\bar{\rho}z(\hat{\delta}_{tr})_{T-1}]'$，$\boldsymbol{U}_{\bar{\rho}}^{n}=(u_1^n, u_2^n-\bar{\rho}u_1^n, \cdots, u_T^n-\bar{\rho}u_{T-1}^n)$。

根据定理 4.2（c）的证明可知，由于$\|z(\delta^0)_t'-z(\hat{\delta}_{tr})_t'\|$相对$u_t$

来说渐近可忽略，我们认为 U_1^* 和 U_{tr}^* 渐近等价。因此，基于退趋势数据式（A4.49）的 $\tau_q(\hat{\delta}_{tr})$ 和基于式（A4.41）的 $\tau_q(\delta^0)$ 有相同渐近分布，即 $\tau_q(\hat{\delta}_{tr})\xrightarrow{d}\xi^{c,\bar{c},\delta^0}$。

附录三

定理 5.1 的证明

根据 Cavaliere 和 Taylor（2007，2008b），可知在时变方差下，扰动项的渐近性质满足：

$$T^{-1/2}\sum_{t=1}^{\lfloor rT\rfloor}e_t\xrightarrow{\text{d}}\overline{\omega}W^{\eta}(r) \tag{A5.1}$$

其中，$W^{\eta}(s)$ 表示方差转化的布朗运动，因此由泛函连续映射定理可得：

$$T^{-\frac{1}{2}}u_{\lfloor rT\rfloor}=T^{-1/2}\sum_{t=1}^{\lfloor rT\rfloor}\varepsilon_t\xrightarrow{d}\overline{\omega}C(1)W_c^{\eta}(r) \tag{A5.2}$$

其中，$W_c^{\eta}(r)=\int_0^r e^{(r-s)c}\mathrm{d}W^{\eta}(s)=\int_0^r e^{(r-s)c}\mathrm{d}W[\eta(s)]$。

假设 δ 为在区间 $[\underline{\delta},\bar{\delta}]$ 内任意一个可能的突变比例 GLS 回归方程式可以用矩阵表示为：

$$\boldsymbol{y}_{\bar{\rho}}=\mathbf{Z}_{\bar{\rho},\delta}\gamma+\boldsymbol{U}_{\bar{\rho}} \tag{A5.3}$$

其中，$\boldsymbol{y}_{\bar{\rho}}:=(y_1,\ y_2-\bar{\rho}y_1,\ \cdots,\ y_T-\bar{\rho}y_{T-1})'$，$\mathbf{Z}_{\bar{\rho},\delta}:=[z(\delta)_1,\ z(\delta)_2-\bar{\rho}z(\delta)_1,\ \cdots,\ z(\delta)_T-\bar{\rho}z(\delta)_{T-1}]'$，$\boldsymbol{U}_{\bar{\rho}}=(u_1,\ u_2-\bar{\rho}u_1,\ \cdots,\ u_T-\bar{\rho}u_{T-1})$，且 $\bar{\rho}:=1+\bar{c}/T$。则 GLS 退趋势数据为 $\tilde{y}_t=u_t-z(\delta)_t'(\tilde{\gamma}-\gamma)$，$\tilde{\gamma}$ 为（A5.3）回归得到的最小二乘估计量。

当真实的突变时点已知时，$\delta=\delta^0$。

（a）对于模型 A，GLS 退趋势数据满足 $T^{-1/2}\tilde{y}_{\lfloor rT\rfloor}=T^{-1/2}\{u_{\lfloor rT\rfloor}-z(\delta^0)_{\lfloor rT\rfloor}'(\tilde{\gamma}-\gamma)\}$。在时变方差下，$\tilde{\gamma}-\gamma$ 可写作：

$$(\tilde{\gamma}-\gamma)=(\boldsymbol{Z}_{\bar{\rho},\delta^0}'\boldsymbol{Z}_{\bar{\rho},\delta^0})^{-1}\boldsymbol{Z}_{\bar{\rho},\delta^0}'\boldsymbol{Z}_{\bar{\rho},\delta^0}\boldsymbol{U}_{\bar{\rho}}=:A^{-1}B \tag{A5.4}$$

而根据定理 4.1（a）的证明可知，矩阵 A 的各项元素都只与确定性趋势相关，而与存在时变方差的扰动项不相关。因此，矩阵 A 的渐近性质保持不变，即令 $D_T = diag(1, T^{1/2}, T^{3/2})$，仍有：

$$A^{-1} = (D_T^{-1}\boldsymbol{Z}'_{\bar{\rho},\delta^0}\boldsymbol{Z}_{\bar{\rho},\delta^0}D_T^{-1})^{-1}$$

$$= \begin{bmatrix} a_{11} & T^{-1/2}a_{12} & T^{-3/2}a_{13} \\ T^{-1/2}a_{21} & T^{-1}a_{22} & T^{-2}a_{22} \\ T^{-3/2}a_{32} & T^{-2}a_{32} & T^{-3}a_{33} \end{bmatrix}^{-1}$$

$$\xrightarrow{d} \begin{bmatrix} 1 & 0 & 0 \\ 0 & \alpha_{1,\bar{c}} & \alpha_{2,\bar{c}} \\ 0 & \alpha_{2,\bar{c}} & \alpha_{3,\bar{c}} \end{bmatrix}^{-1} \qquad \text{(A5.5)}$$

而矩阵 B 与扰动项相关，则各项元素 b_i 在时变方差下的渐近性质为：

$$b_1 = u_1 - \bar{c}T^{-1}\sum_{t=2}^{T}\Delta u_t + \bar{c}^2T^{-2}\sum_{t=2}^{T}u_{t-1} \xrightarrow{d} u_1$$

$$T^{-1/2}b_2 = T^{-\frac{1}{2}}u_T - \bar{c}T^{-\frac{3}{2}}\sum_{t=2}^{T}t\Delta u_t + \bar{c}^2T^{-\frac{5}{2}}\sum_{t=2}^{T}tu_{t-1} - \bar{c}T^{-\frac{3}{2}}\sum_{t=2}^{T}u_{t-1} + o_p(1)$$

$$\xrightarrow{d} \bar{\omega}C(1)\left\{(1-\bar{c})W_c^{\eta}(1) + \bar{c}^2\int_0^1 rW_c^{\eta}(r)\mathrm{d}r\right\}$$

$$=: \bar{\omega}C(1)N_{1,c,\bar{c}}^{\eta}$$

$$T^{-3/2}b_3 = \bar{c}^2T^{-\frac{7}{2}}\sum_{t=T_b^0+1}^{T}(t-T_b^0)^2u_{t-1} - 2\bar{c}T^{-\frac{5}{2}}\sum_{t=T_b^0+1}^{T}(t-T_b^0)u_{t-1} -$$

$$\bar{c}T^{-\frac{5}{2}}\sum_{t=T_b^0+1}^{T}(t-T_b^0)^2\Delta u_t + 2T^{-\frac{3}{2}}\sum_{t=T_b^0+1}^{T}(t-T_b^0)\Delta u_t + o_p(1)$$

$$\xrightarrow{\mathrm{d}} \bar{\omega}C(1)\left\{[2(1-\delta^b) - \bar{c}(1-\delta^b)^2][W_c^{\eta}(1) - W_c^{\eta}(\delta^0)] - \right.$$

$$\left. 2\int_{\delta^0}^1 W_c^{\eta}(r)\mathrm{d}s + \bar{c}^2\int_{\delta^0}^1(r-\delta^0)^2W_c^{\eta}(r)\mathrm{d}r\right\}$$

$$=: \bar{\omega}C(1)N_{2,c,\bar{c}}^{\eta}$$

因此，

$$D_T(\tilde{\gamma}-\gamma) = (D_T^{-1}\boldsymbol{Z}'_{\bar{\rho},\delta^0}\boldsymbol{Z}_{\bar{\rho},\delta^0}D_T^{-1})^{-1}D_T^{-1}\boldsymbol{Z}'_{\bar{\rho},\delta^0}\boldsymbol{U}_{\bar{\rho}}$$

$$\xrightarrow{d}\begin{bmatrix}1 & 0 & 0\\ 0 & \alpha_{1,\bar{c}} & \alpha_{2,\bar{c}}\\ 0 & \alpha_{2,\bar{c}} & \alpha_{3,\bar{c}}\end{bmatrix}^{-1}\begin{bmatrix}u_1\\ \overline{\omega}C(1)N^{\eta}_{1,c,\bar{c}}\\ \overline{\omega}C(1)N^{\eta}_{2,c,\bar{c}}\end{bmatrix}=:\begin{bmatrix}u_1\\ \overline{\omega}C(1)R^{\eta}_{1,c,\bar{c}}\\ \overline{\omega}C(1)R^{\eta}_{1,c,\bar{c}}\end{bmatrix}$$

（A5.6）

其中，$R^{\eta}_{1,c,\bar{c}}=\pi_{\bar{c}}^{-1}(\alpha_{3,\bar{c}}N^{\eta}_{1,c,\bar{c}}-\alpha_{2,\bar{c}}N^{\eta}_{2,c,\bar{c}})$，$R^{\eta}_{2,c,\bar{c}}=\pi_{\bar{c}}^{-1}(\alpha_{1,\bar{c}}N^{\eta}_{2,c,\bar{c}}-\alpha_{2,\bar{c}}N^{\eta}_{1,c,\bar{c}})$，$\pi_{\bar{c}}=\alpha_{1,\bar{c}}\alpha_{3,\bar{c}}-\alpha^2_{2,\bar{c}}$。

由于我们假定 u_1 满足 $T^{-1/2}u_1\xrightarrow{p}0$，因此有：

$$\begin{aligned}
T^{-1/2}\widetilde{y}_{\lfloor rT\rfloor}&=T^{-1/2}\{u_{\lfloor rT\rfloor}-z(\delta^0)'_{\lfloor rT\rfloor}(\widetilde{\gamma}-\gamma)\}\\
&=T^{-1/2}u_{\lfloor rT\rfloor}-T^{-1/2}z(\delta^0)'_{\lfloor rT\rfloor}D_T^{-1}D_T(\widetilde{\gamma}-\gamma)\\
&\xrightarrow{d}\overline{\omega}C(1)W^{\eta}_c(r)-[T^{-1/2}r(r-\delta^0)^2I^r_{\delta^0}]\begin{bmatrix}u_1\\ \overline{\omega}C(1)R^{\eta}_{1,c,\bar{c}}\\ \overline{\omega}C(1)R^{\eta}_{1,c,\bar{c}}\end{bmatrix}\\
&\xrightarrow{d}\overline{\omega}C(1)\{W^{\eta}_c(r)-R^{\eta}_{1,c,\bar{c}}r-R^{\eta}_{2,c,\bar{c}}(r-\delta^0)^2I^r_{\delta^0}\}
\end{aligned}\qquad(\text{A5.7})$$

根据泛函连续映射定理，可知：

$$\begin{aligned}
T^{-1}\sum_{t=1}^{T}\widetilde{y}_{t-1}e_t&\xrightarrow{d}\frac{1}{2}\overline{\omega}^2C(1)\{V^{\eta}_{1,c,\bar{c}}(1,\delta^0)^2-2V^{\eta}_{2,c,\bar{c}}(1,\delta^0)-1\}\\
&=:\frac{1}{2}\overline{\omega}^2C(1)J^{\eta}_1(c,\bar{c},\delta^0)
\end{aligned}\qquad(\text{A5.8})$$

$$\begin{aligned}
T^{-2}\sum_{t=1}^{T}\widetilde{y}^2_{t-1}&\xrightarrow{d}\overline{\omega}^2C(1)^2\left\{\int_0^1V^{\eta}_{1,c,\bar{c}}(r,\delta^0)^2\mathrm{d}r-2\int_{\delta^0}^1V^{\eta}_{2,c,\bar{c}}(r,\delta^0)\mathrm{d}r\right\}\\
&=:\overline{\omega}^2C(1)^2J^{\eta}_2(c,\bar{c},\delta^0)
\end{aligned}\qquad(\text{A5.9})$$

其中，$V^{\eta}_{1,c,\bar{c}}(r,\delta^0)=W^{\eta}_c(r)-R^{\eta}_{1,c,\bar{c}}r$，$V^{\eta}_{2,c,\bar{c}}(r,\delta^0)=R^{\eta}_{2,c,\bar{c}}(r-\delta^0)^2\cdot\left[W^{\eta}_c(r)-R^{\eta}_{1,c,\bar{c}}r-\frac{1}{2}R^{\eta}_{2,c,\bar{c}}(r-\delta^0)^2\right]$。

模型 A 对应的 DBF 检验统计量写作：

$$\tau_{q,1}(\delta^0)=\frac{T^{-1}\sum_{t=1}^{T}\widetilde{y}_{t-1}e_t}{\left[\sum_{t=1}^{T}\widetilde{y}^2_{t-1}\right]^{1/2}\{\hat{\sigma}^2\}^{1/2}}\qquad(\text{A5.10})$$

其中，$\hat{\sigma}^2=(T-p-1)^{-1}\sum_{t=p+2}^{T}\hat{e}_t^2$，$\hat{e}_t$ 是回归方程式（A5.11）的残差序列。

$$\Delta\tilde{y}_t=(\rho-1)\tilde{y}_{t-1}+\sum_{j=1}^{p}\phi_j\Delta\tilde{y}_{t-j}+e_t \quad t=p+2,\ \cdots,\ T \tag{A5.11}$$

易得：

$$\hat{\sigma}^2=(T-p-1)^{-1}\sum_{t=p+2}^{T}\hat{e}_t^2\xrightarrow{p}\overline{\omega}^2 \tag{A5.12}$$

由式（A5.8）—式（A5.10）以及（A5.12）可知：

$$\tau_{q,1}(\delta^0)\xrightarrow{d}\frac{1}{2}\frac{J_1^{\eta}(c,\ \bar{c},\ \delta^0)}{[J_2^{\eta}(c,\ \bar{c},\ \delta^0)]^{1/2}}=:\xi_1^{\eta,c,\bar{c},\delta^0} \tag{A5.13}$$

（b）对于模型 B，

$$D_T(\tilde{\gamma}-\gamma)=(D_T^{-1}\boldsymbol{Z}'_{\bar{\rho},\delta^0}\boldsymbol{Z}_{\bar{\rho},\delta^0}D_T^{-1})^{-1}D_T^{-1}\boldsymbol{Z}'_{\bar{\rho},\delta^0}\boldsymbol{U}_{\bar{\rho}}$$
$$\xrightarrow{d}\begin{bmatrix}1 & 0\\ 0 & \alpha_{3,\bar{c}}\end{bmatrix}^{-1}\begin{bmatrix}u_1\\ \overline{\omega}C(1)N_{2,c,\bar{c}}^{\eta}\end{bmatrix}=:\begin{bmatrix}u_1\\ \overline{\omega}C(1)R_{3,c,\bar{c}}^{\eta}\end{bmatrix} \tag{A5.14}$$

其中，$D_T=diag(1,\ T^{1/2},\ T^{3/2})$，且 $R_{3,c,\bar{c}}^{\eta}=\alpha_{3,\bar{c}}^{-1}N_{2,c,\bar{c}}^{\eta}$。由于 $T^{-1/2}u_1\xrightarrow{p}0$，因此有：

$$T^{-1/2}\tilde{y}_{\lfloor rT\rfloor}=T^{-1/2}\{u_{\lfloor rT\rfloor}-z(\delta^0)'_{\lfloor rT\rfloor}(\tilde{\gamma}-\gamma)\}$$
$$=T^{-1/2}u_{\lfloor rT\rfloor}-T^{-1/2}z(\delta^0)'_{\lfloor rT\rfloor}D_T^{-1}D_T(\tilde{\gamma}-\gamma)$$
$$\xrightarrow{d}\overline{\omega}C(1)W_c^{\eta}(r)-[T^{-1/2}(r-\delta^0)^2I_{\delta^0}^r]\begin{bmatrix}u_1\\ \overline{\omega}C(1)R_{3,c,\bar{c}}^{\eta}\end{bmatrix}$$
$$\xrightarrow{d}\overline{\omega}C(1)\{W_c^{\eta}(r)-R_{3,c,\bar{c}}^{\eta}(r-\delta^0)^2I_{\delta^0}^r\} \tag{A5.15}$$

根据泛函连续映射定理，可知：

$$T^{-1}\sum_{t=1}^{T}\tilde{y}_{t-1}e_t\xrightarrow{d}\frac{1}{2}\overline{\omega}^2C(1)\{[W_c^{\eta}(1)]^2-2V_{3,\ c,\ \bar{c}}^{\eta}(1,\ \delta^0)-1\}$$
$$=:\frac{1}{2}\overline{\omega}^2C(1)K_1^{\eta}(c,\ \bar{c},\ \delta^0) \tag{A5.16}$$

$$T^{-2}\sum_{t=1}^{T}\tilde{y}_{t-1}^{2}\xrightarrow{d}\overline{\omega}^{2}C(1)^{2}\left\{\int_{0}^{1}[W_{c}^{\eta}(r)]^{2}\mathrm{d}r-2\int_{\delta^{0}}^{1}V_{3,c,\bar{c}}^{\eta}(r,\ \delta^{0})\mathrm{d}r\right\}$$

$$=:\overline{\omega}^{2}C(1)^{2}K_{2}^{\eta}(c,\ \bar{c},\ \delta^{0}) \qquad (\text{A5. 17})$$

其中，$V_{3,c,\bar{c}}^{\eta}(r,\ \delta^{0})=R_{3,c,\bar{c}}^{\eta}(r-\delta^{0})^{2}\left[W_{c}^{\eta}(r)-\frac{1}{2}R_{2,c,\bar{c}}^{\eta}(r-\delta^{0})^{2}\right]$。

由式（A5. 12）可知，$\hat{\sigma}^{2}$ 是 $\overline{\omega}^{2}$ 的一致估计量，结合式（A5. 16）和式（A5. 17）可得：

$$\tau_{q,2}(\delta^{0})\xrightarrow{d}\frac{1}{2}\frac{K_{1}^{\eta}(c,\ \bar{c},\ \delta^{0})}{[K_{2}^{\eta}(c,\ \bar{c},\ \delta^{0})]^{1/2}}=:\xi_{2}^{\eta,c,\bar{c},\delta^{0}} \qquad (\text{A5. 18})$$

定理 5.2 的证明

根据 Cavaliere 和 Taylor（2008b）以及 Cavaliere 等（2011），我们可知：

$$T^{-1/2}u_{\lfloor rT\rfloor}^{b}=T^{-1/2}\sum_{t=1}^{\lfloor rT\rfloor}\varepsilon_{t}^{b}\xrightarrow{d}\overline{\omega}C(1)W^{\eta}(r) \qquad (\text{A5. 19})$$

值得注意的是，bootstrap 样本是在 local-to-unity 假设 H_c：$\rho=1+c/T$ 的 $c=0$ 下生成的，即 $u_{t}^{b}=u_{t-1}^{b}+\varepsilon_{t}^{b}$。

对式（A5. 19）施加泛函连续映射函数，我们可以推导出如下渐近结果。

$$T^{-3/2}\sum_{i=1}^{\lfloor rT\rfloor}u_{i}^{b}\xrightarrow{d}\overline{\omega}C(1)\int_{0}^{r}W^{\eta}(s)\mathrm{d}s \qquad (\text{A5. 20})$$

$$T^{-2}\sum_{i=1}^{\lfloor rT\rfloor}(u_{i}^{b})^{2}\xrightarrow{d}\overline{\omega}^{2}C^{2}(1)\int_{0}^{r}[W^{\eta}(s)]^{2}\mathrm{d}s \qquad (\text{A5. 21})$$

$$T^{-3/2}\sum_{i=1}^{\lfloor rT\rfloor}t\varepsilon_{i}^{b}\xrightarrow{d}\overline{\omega}C(1)\left\{W(r)-\int_{0}^{r}W^{\eta}(s)\mathrm{d}s\right\} \qquad (\text{A5. 22})$$

$$T^{-5/2}\sum_{i=1}^{\lfloor rT\rfloor}tu_{i}^{b}\xrightarrow{d}\overline{\omega}C(1)\int_{0}^{r}sW^{\eta}(s)\mathrm{d}s \qquad (\text{A5. 23})$$

$$T^{-5/2}\sum_{i=1}^{\lfloor rT\rfloor}t^{2}\varepsilon_{i}^{b}\xrightarrow{d}\overline{\omega}C(1)\left\{W(r)-2\int_{0}^{r}sW^{\eta}(s)\mathrm{d}s\right\} \qquad (\text{A5. 24})$$

$$T^{-7/2}\sum_{i=1}^{\lfloor rT\rfloor}t^{2}u_{i}^{b}\xrightarrow{d}\overline{\omega}C(1)\int_{0}^{r}s^{2}W^{\eta}(s)\mathrm{d}s \qquad (\text{A5. 25})$$

（a）对于模型 A 所对应的 Wild Bootstrap 算法，我们构造的

bootstrap 样本为 $y_t^b = z(\delta^b)'_t\gamma^b + u_i^b$，则其 GLS 退趋势数据 $\tilde{y}_t^b := y_t^b - z(\delta^b)'_t\tilde{\gamma}^b$ 满足如下渐近性质：

$$T^{-1/2}\tilde{y}^b_{\lfloor rT\rfloor}\xrightarrow{d}\bar{\omega}C(1)\{W^\eta(r)-R^\eta_{1,0,\bar{c}}r-R^\eta_{2,0,\bar{c}}(r-\delta^b)^2 I^r_{\delta^b}\} \quad (A5.26)$$

其中 $R^\eta_{1,0,\bar{c}} = \pi_{\bar{c}}^{-1}(\alpha_{3,\bar{c}}N^\eta_{1,0,\bar{c}} - \alpha_{2,\bar{c}}N^\eta_{2,0,\bar{c}})$，$R^\eta_{2,0,\bar{c}} = \pi_{\bar{c}}^{-1}(\alpha_{1,\bar{c}}N^\eta_{2,0,\bar{c}} - \alpha_{2,\bar{c}}N^\eta_{1,0,\bar{c}})$，$\pi_{\bar{c}} = \alpha_{1,\bar{c}}\alpha_{3,\bar{c}} - \alpha_{2,\bar{c}}^2$，$N^\eta_{1,0,\bar{c}} = (1-\bar{c})W^\eta(1) + \bar{c}^2\int_0^1 rW^\eta(r)\mathrm{d}r$，$N^\eta_{2,0,\bar{c}} = [2(1-\delta^b) - \bar{c}(1-\delta^b)^2][W^\eta(1) - W^\eta(\delta^0)] - 2\int_{\delta^0}^1 W^\eta(r)\mathrm{d}s + \bar{c}^2\int_{\delta^0}^1 (r-\delta^0)^2 W^\eta(r)\mathrm{d}r$。

Wild Bootstrap DBF 检验统计量 $\tau_q^B(\delta^b)$ 为：

$$\tau_q^B(\delta^b) = [C_{11}^b(\hat{\sigma}^b)^2]^{-\frac{1}{2}}(\hat{\rho}^b - 1)\frac{T^{-1}\sum_{t=1}^T \tilde{y}^b_{t-1}e^b_t}{\left[\sum_{t=1}^T(\tilde{y}^b_{t-1})^2\right]^{1/2}\{(\hat{\sigma}^b)^2\}^{1/2}}$$

(A5.27)

其中，$(\hat{\sigma}^b)^2 = (T-p-1)^{-1}\sum_{t=p+2}^T(\hat{e}_t^b)^2$，$\hat{e}_t^b$ 由辅助回归方程 (A5.28) 估计得到：

$$\Delta\tilde{y}_t^b = (\rho-1)\tilde{y}^b_{t-1} + \sum_{i=0}^{p-1}\delta_j\Delta\tilde{y}^b_{t-j} + e_t^b, \quad t = p+2, \cdots, T$$

(A5.28)

由 (A5.26) 以及泛函连续映射定理可知：

$$T^{-1}\sum_{t=1}^T\tilde{y}^b_{t-1}e_t\xrightarrow{d}\frac{1}{2}\bar{\omega}^2C(1)\{V^\eta_{1,0,\bar{c}}(1,\delta^0)^2 - 2V^\eta_{2,0,\bar{c}}(1,\delta^0) - 1\}$$

$$= \frac{1}{2}\bar{\omega}^2C(1)J_1^\eta(0,\bar{c},\delta^0) \quad (A5.29)$$

$$T^{-2}\sum_{t=1}^T(\tilde{y}^b_{t-1})^2\xrightarrow{d}\bar{\omega}^2C(1)^2\left\{\int_0^1 V^\eta_{1,0,\bar{c}}(r,\delta^0)^2\mathrm{d}r - 2\int_{\delta^0}^1 V^\eta_{2,0,\bar{c}}(r,\delta^0)\mathrm{d}r\right\}$$

$$= \bar{\omega}^2C(1)^2J_2^\eta(0,\bar{c},\delta^0) \quad (A5.30)$$

其中，$V^\eta_{1,0,\bar{c}}(r,\delta^0) = W^\eta(r) - R^\eta_{1,0,\bar{c}}r$，$V^\eta_{2,0,\bar{c}}(r,\delta^0) = R^\eta_{2,c,\bar{c}}(r-$

$\delta^0)^2\left[W^\eta(r)-R^\eta_{1,c,\bar{c}}r-\frac{1}{2}R^\eta_{2,c,\bar{c}}(r-\delta^0)^2\right]$。

因此，对于模型 A，有 $\tau^B_{q,1}(\delta^b)\xrightarrow{d}\frac{1}{2}\frac{J^\eta_1(0,\ \bar{c},\ \delta^0)}{[J^\eta_2(0,\ \bar{c},\ \delta^0)]^{1/2}}=$ $\xi_1^{\eta,0,\bar{c},\delta^0}$。

(b) 对于模型 B，我们同样可以得到 bootstrap 样本 GLS 退趋势数据的渐近性质满足

$$T^{-1/2}\tilde{y}^b_{\lfloor rT\rfloor}\xrightarrow{d}\bar{\omega}C(1)\{W^\eta(r)-R^\eta_{3,0,\bar{c}}(r-\delta^b)^2I^r_{\delta^b}\} \tag{A5. 31}$$

其中，$R^\eta_{3,0,\bar{c}}=\alpha^{-1}_{3,\bar{c}}N^\eta_{2,0,\bar{c}}$。且有：

$$T^{-1}\sum_{t=1}^{T}\tilde{y}^b_{t-1}e_t\xrightarrow{d}\frac{1}{2}\bar{\omega}^2C(1)\{W^\eta(1)^2-2V^\eta_{3,\ 0,\ \bar{c}}(1,\ \delta^0)-1\}$$

$$=\frac{1}{2}\bar{\omega}^2C(1)K^\eta_1(0,\ \bar{c},\ \delta^0) \tag{A5. 32}$$

$$T^{-2}\sum_{t=1}^{T}(\tilde{y}^b_{t-1})^2\xrightarrow{d}\bar{\omega}^2C(1)^2\left\{\int_0^1W^\eta(r)^2\mathrm{d}r-2\int_{\delta^0}^1V^\eta_{3,\ 0,\ \bar{c}}(r,\ \delta^0)\mathrm{d}r\right\}$$

$$=:\bar{\omega}^2C(1)^2K^\eta_2(0,\ \bar{c},\ \delta^0) \tag{A5. 33}$$

其中，$V^\eta_{3,0,\bar{c}}(r,\ \delta^0)=R^\eta_{3,0,\bar{c}}(r-\delta^0)^2\left[W^\eta(r)-\frac{1}{2}R^\eta_{3,0,\bar{c}}(r-\delta^0)^2\right]$。

即对于模型 B，Wild Bootstrap DBF 检验统计量的渐近分布为：

$$\tau^B_{q,2}(\delta^b)\xrightarrow{d}\frac{1}{2}\frac{K^\eta_1(0,\ \bar{c},\ \delta^0)}{[K^\eta_2(0,\ \bar{c},\ \delta^0)]^{1/2}}=\xi_2^{\eta,0,\bar{c},\delta^0}$$

定理 5.3 的证明

当真实的突变时点未知时，我们通过最小化 GLS 退趋势回归的残差平方和来得到突变时点估计量 $\hat{\delta}$。值得注意的是，回顾定理 4.2 的证明，不难发现时变方差对斜率项和扰动项的收敛量纲不产生实质性影响，因此，在时变方差下，定理 4.2 仍然成立，即 $\hat{\delta}-\delta^0=O_p(T^{-3/2})$，且当 $T\longrightarrow\infty$ 时，假如有 $\hat{\delta}-\delta^0=o_p(T^{-3/2})$，则 $\tau_q(\hat{\delta})\xrightarrow{d}\xi^{\eta,c,\bar{c},\delta^0}$。

另外在时变方差下，基于真实突变比例的 GLS 退趋势数据为：

$$
\begin{aligned}
\tilde{y}_t &= y_t - z(\delta^0)'_t\tilde{\gamma} = u_t + z(\delta^0)'_t(\gamma - \tilde{\gamma}) \\
&= u_t - z(\delta^0)'_t[(\mathbf{Z}'_{\bar{\rho},\delta^0}\mathbf{Z}_{\bar{\rho},\delta^0})^{-1}\mathbf{Z}'_{\bar{\rho},\delta^0}\boldsymbol{U}_{\bar{\rho}}] \\
&=: D^* + U_1^*
\end{aligned}
\tag{A5.34}
$$

基于突变比例估计量 $\hat{\delta}_{tr}$ 的 GLS 退趋势数据 $\tilde{y}_t^n$ 为：

$$
\begin{aligned}
\tilde{y}_t^n &= y_t^n - z(\hat{\delta}_{tr})'_t\tilde{\gamma} = u_t^s + z(\hat{\delta}_{tr})'_t(\gamma - \tilde{\gamma}) \\
&= u_t^s - z(\hat{\delta}_{tr})'_t[(\mathbf{Z}'_{\bar{\rho},\hat{\delta}_{tr}}\mathbf{Z}_{\bar{\rho},\hat{\delta}_{tr}})^{-1}\mathbf{Z}'_{\bar{\rho},\hat{\delta}_{tr}}\boldsymbol{U}^{n}_{\bar{\rho}}] \\
&=: D^* + U_{tr}^*
\end{aligned}
\tag{A5.35}
$$

根据定理 4.3 的证明，我们可知 $z(\hat{\delta}_{tr})'_t$ 可看作 $z(\delta^0)'_t$ 的一致估计量，也就是说，$\| z(\delta^0)'_t - z(\hat{\delta}_{tr})'_t \|$ 相对 u_t 来说渐近可忽略。因此，基于真实突变比例的退趋势数据和基于突变比例估计量的退趋势数据的渐近性质相同，那么基于截断数据的 DBF 检验统计量 $\tau_q(\hat{\delta}_{tr})$ 与突变比例已知条件下的 DBF 检验统计量有相同的渐近分布，即：

（a）对于模型 A，$\tau_{q,1}(\hat{\delta}_{tr}) \xrightarrow{d} \xi_1^{\eta,c,\bar{c},\delta^0}$，

（b）对于模型 B，$\tau_{q,2}(\hat{\delta}_{tr}) \xrightarrow{d} \xi_2^{\eta,c,\bar{c},\delta^0}$。

定理 5.4 的证明

根据正文的分析，基于真实突变时点构造的 Wild Bootstrap DBF 检验统计量和基于突变比例估计量构造的 Wild Bootstrap DBF 检验统计量，使用不同的 bootstrap 残差和不同确定性趋势项系数并不会对统计量的渐近分布产生实质性影响。因此，我们只需要考虑使用不同的突变比例对 bootstrap 样本和 DBF 检验的影响。

在真实突变时点未知情况下，bootstrap 样本由 $y_t^b = z(\delta^b)'_t\gamma^b + \sum_{i=1}^{t}\varepsilon_i^b$ 生成，其中 $\delta^b = \hat{\delta}$ 是突变比例估计量。此时，δ^b 是 bootstrap 重抽样样本的突变比例且已知，因此根据定理 5.2 可知：

$$
\tau_q^B(\delta^b) \xrightarrow{d} \xi^{\eta,0,\bar{c},\delta^b}
\tag{A5.36}
$$

其中，$\xi^{\eta,0,\bar{c},\delta^b}$ 主要由 $\alpha_{1,\bar{c}}$、$\alpha_{2,\bar{c}}$、$\alpha_{3,\bar{c}}$、$N_{1,0,\bar{c}}^{\eta}$ 和 $N_{2,0,\bar{c}}^{\eta}$ 构造。$\alpha_{1,\bar{c}}$ 和 $N_{1,0,\bar{c}}^{\eta}$ 取值与 δ^b 不相关，我们将证明 $\alpha_{2,\bar{c}}$、$\alpha_{3,\bar{c}}$ 和 $N_{2,0,\bar{c}}^{\eta}$ 在 $\delta^b = \delta^0$

和 $\delta^b=\hat{\delta}$ 处渐近无差异。

首先，考虑 $\alpha_{2,\bar{c}}$。

$$
\begin{aligned}
\alpha_{2,\bar{c}} &= \frac{1}{4}\bar{c}^2\left(1+\frac{1}{3}\delta^b\right)(1-\delta^b)^3-\bar{c}(1-\delta^0)^2+(1-\delta^0)^2 \\
&= -\frac{1}{12}\bar{c}^2(1-\delta^b)^4+\frac{1}{3}\bar{c}^2(1-\delta^b)^3+(1-\bar{c})(1-\delta^b)^2
\end{aligned}
\tag{A5.37}
$$

由于 $\hat{\delta}-\delta^0=O_p(T^{-3/2})$，不难得到，$(1-\delta^0)^2-(1-\hat{\delta})^2\xrightarrow{p}0$，$(1-\delta^0)^3-(1-\hat{\delta})^3=(\hat{\delta}-\delta^0)[\hat{\delta}^2+\hat{\delta}\delta^0+(\delta^0)^2]\xrightarrow{p}0$，$(1-\delta^0)^4-(1-\hat{\delta})^4=(\hat{\delta}-\delta^0)(\hat{\delta}+\delta^0)[\hat{\delta}^2+(\delta^0)^2]\xrightarrow{p}0$。则我们已证明 $\alpha_{2,\bar{c}}$ 在 $\delta^b=\delta^0$ 和 $\delta^b=\hat{\delta}$ 处渐近无差异。

同理，因为 $(1-\delta^0)^5-(1-\hat{\delta})^5\xrightarrow{p}0$，所以 $\alpha_{3,\bar{c}}=\frac{1}{5}\bar{c}^2(1-\delta^0)^5-\bar{c}(1-\delta^0)^4+\frac{4}{3}(1-\delta^0)^3$ 在 $\delta^b=\delta^0$ 和 $\delta^b=\hat{\delta}$ 处渐近无差异。

其次，考虑 $N^{\eta}_{2,0,\bar{c}}$。由于 $\hat{\delta}-\delta^0\xrightarrow{p}0$，$W(\delta^0)-W(\hat{\delta})\xrightarrow{d}0$，$\int_{\delta^0}^{\hat{\delta}}W^{\eta}(r)\,\mathrm{d}r\xrightarrow{d}0$，

$$
\begin{aligned}
N^{\eta}_{2,0,\bar{c}} = &\left[2(1-\delta^b)-\bar{c}(1-\delta^b)^2\right]\left[W^{\eta}(1)-W^{\eta}(\delta^b)\right]- \\
&2\int_{\delta^b}^{1}W^{\eta}(r)\,\mathrm{d}r+\bar{c}^2\int_{\delta^b}^{1}(r-\delta^b)^2W^{\eta}(r)\,\mathrm{d}r
\end{aligned}
\tag{A5.38}
$$

在 $\delta^b=\delta^0$ 和 $\delta^b=\hat{\delta}$ 处渐近无差异。

综上，$\xi^{\eta,0,\bar{c},\delta^b}$ 在 $\delta^b=\delta^0$ 和 $\delta^b=\hat{\delta}$ 时渐近无差异。

参考文献

一　中文文献

陈国进、张贻军、王景:《再售期权、通胀幻觉与中国股市泡沫的影响因素分析》,《经济研究》2009 年第 4 期。

邓伟、唐齐鸣:《基于指数平滑转移模型的价格泡沫检验方法》,《数量经济技术经济研究》2013 年第 4 期。

高波、王文莉、李祥:《预期、收入差距与中国城市房价租金"剪刀差"之谜》,《经济研究》2013 年第 6 期。

郭文伟、陈凤玲:《中国多层次股市泡沫测度——兼评资本市场改革措施的影响》,《财经科学》2016 年第 8 期。

韩德宗:《基于 West 模型的房地产泡沫的实证研究——以北京、上海、深圳为例》,《当代经济科学》2005 年第 5 期。

简志宏、向修海:《修正的倒向上确界 ADF 泡沫检验方法——来自上证综指的证据》,《数量经济技术经济研究》2012 年第 4 期。

况伟大:《预期、投机与中国城市房价波动》,《经济研究》2010 年第 9 期。

况伟大:《中国住房市场存在泡沫吗》,《世界经济》2008 年第 12 期。

梁琪、滕建州:《中国宏观经济和金融总量结构变化及因果关系研究》,《经济研究》2006 年第 1 期。

刘熀松:《股票内在投资价值理论与中国股市泡沫问题》,《经济研究》2005 年第 2 期。

陆铭、欧海军、陈斌开:《理性还是泡沫:对城市化、移民和房价的经验研究》,《世界经济》2014 年第 1 期。

栾惠德:《带有结构突变的单位根检验——文献综述》,《数量经济技术经济研究》2007 年第 3 期。

孟庆斌、荣晨:《中国房地产价格泡沫研究——基于马氏域变模型的实证分析》,《金融研究》2017 年第 2 期。

聂巧平:《内生结构突变下的突变点确定方法与单位根检验研究——基于残差平方和最小值确定突变点的比较分析》,《统计研究》2010 年第 5 期。

聂巧平、叶光:《单发线性结构突变对 DF 单位根检验的影响分析——“Perron 现象”的进一步研究》,《统计研究》2008 年第 9 期。

谭洪涛、蔡利、蔡春:《公允价值与股市过度反应——来自中国证券市场的经验证据》,《经济研究》2011 年第 7 期。

汪冬华、张裕恒:《基于 Hawkes 过程中美股市大幅波动互激效应的研究》,《中国管理科学》2018 年第 7 期。

王少平、李子奈:《结构突变与人民币汇率的经验分析》,《世界经济》2003 年第 8 期。

王少平、杨洋:《中国经济增长的长期趋势与经济新常态的数量描述》,《经济研究》2017 年第 6 期。

王少平、赵钊:《中国资本市场的突出风险点与监管的反事实仿真》,《中国社会科学》2019 年第 11 期。

王艺明:《房租资本化、模型误设与房地产投机泡沫:基于北京、上海和广州住房二级市场的研究》,《世界经济》2008 年第 6 期。

曾五一、李想:《中国房地产市场价格泡沫的检验与成因机理研究》,《数量经济技术经济研究》2011 年第 1 期。

张艳:《我国证券市场泡沫形成机制研究——基于进化博弈的复制动态模型分析》,《管理世界》2005 年第 10 期。

张阳、张晓峒、攸频:《含结构突变的趋势平稳过程的虚假单位根研究》,《数量经济技术经济研究》2013 年第 1 期。

左秀霞:《带高次趋势项的 ADF 单位根检验》,《数量经济技术经济研究》2019 年第 1 期。

二 英文文献

Anundsen A K, Gerdrup K, Hansen F, et al., "Bubbles and Crises: The Role of House Prices and Credit", *Journal of Applied Econometrics*, 2016, Vol. 31, No. 7, pp. 1291-1311.

Bai J, Perron P, "Estimating and Testing Linear Models with Multiple Structural Changes", *Econometrica*, 1998, Vol. 66, No. 1, pp. 47-78.

Bai J, "Least Squares Estimation of a Shift in Linear Processes", *Journal of Time Series Analysis*, 1994, Vol. 15, No. 5, pp. 453-472.

Balke N S, Wohar M E, "Market Fundamentals versus Rational Bubbles in Stock Prices: A Bayesian Perspective", *Journal of Applied Econometrics*, 2009, Vol. 24, No. 1, pp. 35-75.

Banerjee S, Davis J, Gondhi N, "When Transparency Improves, Must Prices Reflect Fundamentals Better?", *The Review of Financial Studies*, 2018, Vol. 31, No. 6, pp. 2377-2414.

Basco S, "Globalization and Financial Development: A Model of the Dot-Com and the Housing Bubbles", *Journal of International Economics*, 2014, Vol. 92, No. 1, pp. 78-94.

Beran R, "Discussion: Jackknife, Bootstrap and Other Resampling Methods in Regression Analysis", *The Annals of Statistics*, 1986, Vol. 14, No. 4, pp. 1295-1298.

Bhargava A, "On the Theory of Testing for Unit Roots in Observed Time Series", *The Review of Economic Studies*, 1986, Vol. 53, No. 3, pp. 369-384.

Blanchard O J, Watson M W, "Bubbles, Rational Expectations and Financial Markets", NBER Working Papers, 1982.

Blanchard O J, "Speculative Bubbles, Crashes and Rational Expectations", *Economics Letters*, 1979, Vol. 3, No. 4, pp. 387–389.

Brealey R A, Myers S C, Allen F, et al., *Principles of Corporate Finance*, Tata McGraw–Hill Education, 2012.

Busetti F, Taylor A M R, "Tests of Stationarity Against a Change in Persistence", *Journal of Econometrics*, 2004, Vol. 123, No. 1, pp. 33–66.

Busetti F, Taylor A M R, "Variance Shifts, Structural Breaks, and Stationarity Tests", *Journal of Business & Economic Statistics*, 2003, Vol. 21, No. 4, pp. 510–531.

Campbell J Y, Shiller R J, "Stock Prices, Earnings, and Expected Dividends", *The Journal of Finance*, 1988, Vol. 43, No. 3, pp. 661–676.

Campello M, Graham J R, Harvey C R, "The Real Effects of Financial Constraints: Evidence from a Financial Crisis", *Journal of Financial Economics*, 2010, Vol. 97, No. 3, pp. 470–487.

Carrion–i–Silvestre J L, Kim D, Perron P, "GLS–based Unit Root Tests with Multiple Structural Breaks under Both the Null and the Alternative Hypotheses", *Econometric theory*, 2009, Vol. 25, No. 6, pp. 1754–1792.

Caspi I, Katzke N, Gupta R, "Date Stamping Historical Periods of Oil Price Explosivity: 1876 – 2014", *Energy Economics*, 2018, Vol. 70, pp. 582–587.

Cavaliere G, Harvey D I, Leybourne S J, et al., "Testing for Unit Roots in the Presence of a Possible Break in Trend and Nonstationary Volatility", *Econometric Theory*, 2011, Vol. 27, No. 5, pp. 957–991.

Cavaliere G, Nielsen H B, Rahbek A, "Bootstrapping Noncausal Autoregressions: With Applications to Explosive Bubble Modeling", *Journal of Business & Economic Statistics*, 2020, Vol. 38, No. 1, pp. 55-67.

Cavaliere G, Taylor A M R, "Bootstrap Unit Root Tests for Time Series with Nonstationary Volatility", *Econometric Theory*, 2008b, Vol. 24, No. 1, pp. 43-71.

Cavaliere G, Taylor A M R, "Heteroskedastic Time Series with a Unit Root", *Econometric Theory*, 2009, Vol. 25, No. 5, pp. 1228 - 1276.

Cavaliere G, Taylor A M R, "Testing for a Change in Persistence in the Presence of Non - stationary Volatility", *Journal of Econometrics*, 2008a, Vol. 147, No. 1, pp. 84-98.

Cavaliere G, Taylor A M R, "Testing for Unit Roots in Time Series Models with Non-stationary Volatility", *Journal of Econometrics*, 2007, Vol. 140, No. 2, pp. 919-947.

Chang T Y, Hartzmark S M, Solomon D H, et al., "Being Surprised by the Unsurprising: Earnings Seasonality and Stock Returns", *The Review of Financial Studies*, 2017, Vol. 30, No. 1, pp. 281-323.

Chen H C, Chou R K, Lu C L, "Saving for a Rainy Day: Evidence from the 2000 Dot-com Crash and the 2008 Credit Crisis", *Journal of Corporate Finance*, 2018, Vol. 48, pp. 680-699.

Chiang R, Liu P, Okunev J, "Modelling Mean Reversion of Asset Prices towards Their Fundamental Value", *Journal of Banking & Finance*, 1995, Vol. 19, No. 8, pp. 1327-1340.

Davidson R, Flachaire E, "The Wild Bootstrap, Tamed at Last", *Journal of Econometrics*, 2008, Vol. 146, No. 1, pp. 162-169.

Dezhbakhsh H, Demirguc-Kunt A, "On the Presence of Speculative Bubbles in Stock Prices", *Journal of Financial and Quantitative Analysis*, 1990, Vol. 25, No. 1, pp. 101-112.

Diba B T, Grossman H I, "Explosive Rational Bubbles in Stock Prices?", *The American Economic Review*, 1988, Vol. 78, No. 3, pp. 520–530.

Dickey D A, Fuller W A, "Distribution of the Estimators for Autoregressive Time Series with a Unit Root", *Journal of the American Statistical Association*, 1979, Vol. 74, No. 366a, pp. 427–431.

Dickey D A, Fuller W A, "Likelihood Ratio Statistics for Autoregressive Time Series with a Unit Root", *Econometrica*, 1981, Vol. 49, pp. 1057–1072.

Diks C, Panchenko V, "A New Statistic and Practical Guidelines for Nonparametric Granger Causality Testing", *Journal of Economic Dynamics and Control*, 2006, Vol. 30, No. 9–10, pp. 1647–1669.

Driffill J, Sola M, "Intrinsic Bubbles and Regime – switching", *Journal of Monetary Economics*, 1998, Vol. 42, No. 2, pp. 357–373.

Efron B, "The Jackknife, the Bootstrap and other Resampling Plans", *Society for Industrial and Applied Mathematics*, Vol. 78, 1982.

El Montasser G, Naoui K, Fry J, "Speculative Bubbles or Explosive Fundamentals in Stock Prices? New Evidence from SADF and GSADF Tests", *Journal of Statistics and Management Systems*, 2018, Vol. 21, No. 1, pp. 93–106.

Elliott G, Rothenberg T J, Stock J H, *Efficient Tests for an Autoregressive Unit Root*, No. 4, 1992.

Etienne X L, Irwin S H, Garcia P, "Bubbles in Food Commodity Markets: Four Decades of Evidence", *Journal of International Money and Finance*, 2014, Vol. 42, pp. 129–155.

Evans G W, "Pitfalls in Testing for Explosive Bubbles in Asset Prices", *The American Economic Review*, 1991, Vol. 81, No. 4, pp. 922–930.

Fama E F, "Efficient Capital Markets: A Review of Theory and Empirical Work", *The Journal of Finance*, 1970, Vol. 25, No. 2, pp. 383–417.

Fama E F, "The Behavior of Stock-market Prices", *The Journal of Business*, 1965, Vol. 38, No. 1, pp. 34-105.

Flood R, Hodrick R J, Kaplan P, *An Evaluation of Recent Evidence on Stock Market Bubbles*, NBER Working Papers, 1986.

Frankel J, Saravelos G, "Can Leading Indicators Assess Country Vulnerability? Evidence from the 2008-09 Global Financial Crisis", *Journal of International Economics*, 2012, Vol. 87, No. 2, pp. 216-231.

Froot K A, Obstfeld M, "Intrinsic Bubbles: The Case of Stock Prices", *The American Economic Review*, 1991, Vol. 81, pp. 1189-1214.

Gençay R, Gradojevic N, "Crash of' 87—Was it Expected?: Aggregate Market Fears and Long-range Dependence", *Journal of Empirical Finance*, 2010, Vol. 17, No. 2, pp. 270-282.

Giglio S, Maggiori M, Stroebel J, "No-bubble Condition: Model-Free Tests in Housing Markets", *Econometrica*, 2016, Vol. 84, No. 3, pp. 1047-1091.

Gomez R, Lamb D, "Demographic Origins of the Great Recession: Implications for China", *China & World Economy*, 2013, Vol. 21, No. 2, pp. 97-118.

Grossman S J, Stiglitz J E, "On the Impossibility of Informationally Efficient Markets", *The American Economic Review*, 1980, Vol. 70, No. 3, pp. 393-408.

Guo G, Sun Y, Wang S, "Testing for Moderate Explosiveness", *The Econometrics Journal*, 2019, Vol. 22, No. 1, pp. 73-95.

Gürkaynak R S, "Econometric Tests of Asset Price Bubbles: Taking Stock", *Journal of Economic Surveys*, 2008, Vol. 22, No. 1, pp. 166-186.

Hafner C M, "Testing for Bubbles in Cryptocurrencies with Time-varying Volatility", *Journal of Financial Econometrics*, 2020, Vol. 18, No. 2, pp. 233-249.

Hall S G, Psaradakis Z, Sola M, "Detecting Periodically Collapsing Bubbles: A Markov-switching Unit Root Test", *Journal of Applied Econometrics*, 1999, Vol. 14, No. 2, pp. 143-154.

Hamori S, Tokihisa A, "Testing for a Unit Root in the Presence of a Variance Shift", *Economics Letters*, 1997, Vol. 57, No. 3, pp. 245-253.

Harris D, Harvey D I, Leybourne S J, et al., "Testing for a Unit Root in the Presence of a Possible Break in Trend", *Econometric Theory*, 2009, Vol. 25, No. 6, pp. 1545-1588.

Harvey D I, Leybourne S J, Robert Taylor A M, "Testing for Unit Roots and the Impact of Quadratic Trends, with an Application to Relative Primary Commodity Prices", *Econometric Reviews*, 2011, Vol. 30, No. 5, pp. 514-547.

Harvey D I, Leybourne S J, Sollis R, et al., "Tests for Explosive Financial Bubbles in the Presence of Non-stationary Volatility", *Journal of Empirical Finance*, 2016, Vol. 38, pp. 548-574.

Harvey D I, Leybourne S J, Sollis R, "Recursive Right-tailed Unit Root Tests for an Explosive Asset Price Bubble", *Journal of Financial Econometrics*, 2015, Vol. 13, No. 1, pp. 166-187.

Harvey D I, Leybourne S J, Taylor A M R, "Simple, Robust, and Powerful Tests of the Breaking Trend Hypothesis", *Econometric Theory*, 2009a, Vol. 25, No. 4, pp. 995-1029.

Harvey D I, Leybourne S J, Taylor A M R, "Unit Root Testing in Practice: Dealing with Uncertainty over the Trend and Initial Condition", *Econometric Theory*, 2009b, Vol. 25, No. 3, pp. 587-636.

He Q, Qian Z, Fei Z, et al., "Do Speculative Bubbles Migrate in the Chinese Stock Market?", *Empirical Economics*, 2019, Vol. 56,

No. 2, pp. 735-754.

Heaton J, Lucas D, "Stock Prices and Fundamentals", *NBER Macroeconomics Annual*, 1999, Vol. 14, pp. 213-242.

Homm U, Breitung J, "Testing for Speculative Bubbles in Stock Markets: A Comparison of Alternative Methods", *Journal of Financial Econometrics*, 2012, Vol. 10, No. 1, pp. 198-231.

Jiang Z Q, Zhou W X, Sornette D, et al., "Bubble Diagnosis and Prediction of the 2005-2007 and 2008-2009 Chinese Stock Market Bubbles", *Journal of Economic Behavior & Organization*, 2010, Vol. 74, No. 3, pp. 149-162.

Justiniano A, Primiceri G E, "The Time-varying Volatility of Macroeconomic Fluctuations", *The American Economic Review*, 2008, Vol. 98, No. 3, pp. 604-41.

Kim C J, Nelson C R, "Has the US Economy Become more Stable? A Bayesian Approach Based on a Markov-switching Model of the Business Cycle", *Review of Economics and Statistics*, 1999, Vol. 81, No. 4, pp. 608-616.

Kim D, Perron P, "Unit Root Tests Allowing for a Break in the Trend Function at an Unknown Time under both the Null and Alternative Hypotheses", *Journal of Econometrics*, 2009, Vol. 148, No. 1, pp. 1-13.

Kim J Y, "Detection of Change in Persistence of a Linear Time Series", *Journal of Econometrics*, 2000, Vol. 95, No. 1, pp. 97-116.

Kim T H, Leybourne S, Newbold P, "Unit Root Tests with a Break in Innovation Variance", *Journal of Econometrics*, 2002, Vol. 109, No. 2, pp. 365-387.

Kleidon A W, "Variance Bounds Tests and Stock Price Valuation Models", *Journal of Political Economy*, 1986, Vol. 94, No. 5, pp. 953-1001.

Kyle A S, "Continuous Auctions and Insider Trading", *Econometrica: Journal of the Econometric Society*, 1985, Vol. 53, No. 6, pp. 1315-1335.

Lee R, Clark G L, Pollard J, et al., "The Remit of Financial Geography—Before and after the Crisis", *Journal of Economic Geography*, 2009, Vol. 9, No. 5, pp. 723-747.

Leybourne S, Kim T H, Taylor A M R, "Detecting Multiple Changes in Persistence", *Studies in Nonlinear Dynamics & Econometrics*, 2007, Vol. 11, No. 3.

Li W X, French J J, Chen C C S, "Informed Trading in S&P Index Options? Evidence from the 2008 Financial Crisis", *Journal of Empirical Finance*, 2017, Vol. 42, pp. 40-65.

Liaqat A, Nazir M S, Ahmad I, et al., "Do Stock Price Bubbles Correlate between China and Pakistan? An Inquiry of Pre- and Post-Chinese Investment in Pakistani Capital Market under China-Pakistan Economic Corridor Regime", *International Journal of Finance & Economics*, 2020, Vol. 25, No. 3, pp. 323-335.

Liu R Y, "Bootstrap Procedures under Some Non-iid Models", *The Annals of Statistics*, 1988, Vol. 16, No. 4, pp. 1696-1708.

Liu T Y, Chang H L, Su C W, et al., "China's Housing Bubble Burst?", *Economics of Transition*, 2016, Vol. 24, No. 2, pp. 361-389.

Ljungqvist A, Wilhelm Jr W J, "IPO Pricing in the Dot-com Bubble", *The Journal of Finance*, 2003, Vol. 58, No. 2, pp. 723-752.

Malliaropulos D, Migiakis P, "The Re-pricing of Sovereign Risks Following the Global Financial Crisis", *Journal of Empirical Finance*, 2018, Vol. 49, pp. 39-56.

Mammen E, "Bootstrap and Wild Bootstrap for High Dimensional Linear Models", *The Annals of Statistics*, 1993, Vol. 21, No. 1, pp. 255-285.

Mankiw N G, Romer D, Shapiro M D, "An Unbiased Reexamination of Stock Market Volatility", *The Journal of Finance*, 1985, Vol. 40, No. 3, pp. 677-687.

Marsh T A, Merton R C, "Dividend Variability and Variance Bounds Tests for the Rationality of Stock Market Prices", *The American Economic Review*, 1986, Vol. 76, No. 3, pp. 483-498.

Meng M, Lee H, Cho M H, et al., "Impacts of The Initial Observation on Unit Root Tests Using Recursive Demeaning and Detrending Procedures", *Economics Letters*, 2013, Vol. 120, No. 2, pp. 195-199.

Mun M, Brooks R, "The Roles of News and Volatility in Stock Market Correlations during the Global Financial Crisis", *Emerging Markets Review*, 2012, Vol. 13, No. 1, pp. 1-7.

Ng S, Perron P, "Lag Length Selection and the Construction of Unit Root Tests with Good Size and Power", *Econometrica*, 2001, Vol. 69, No. 6, pp. 1519-1554.

Ouliaris S, Park J Y, Phillips P C B, "Testing for a Unit Root in the Presence of a Maintained Trend", in *Advances in Econometrics and Modelling*, 1989, Springer, pp. 7-28.

Park J Y, "Bootstrap Unit Root Tests", *Econometrica*, 2003, Vol. 71, No. 6, pp. 1845-1895.

Pavlidis E, Martinez-Garcia E, Grossman V, "Detecting Periods of Exuberance: A Look at the Role of Aggregation with an Application to House Prices", *Economic Modelling*, 2019, Vol. 80, pp. 87-102.

Perron P, Ng S, "Useful Modifications to Some Unit Root Tests with Dependent Errors and their Local Asymptotic Properties", *The Review of Economic Studies*, 1996, Vol. 63, No. 3, pp. 435-463.

Perron P, Rodríguez G, "GLS Detrending, Efficient Unit Root Tests and Structural Change", *Journal of Econometrics*, 2003, Vol. 1,

No. 115, pp. 1-27.

Perron P, Zhu X, "Structural Breaks with Deterministic and Stochastic Trends", *Journal of Econometrics*, 2005, Vol. 129, No. 1-2, pp. 65-119.

Perron P, "Further Evidence on Breaking Trend Functions in Macroeconomic Variables", *Journal of Econometrics*, 1997, Vol. 80, No. 2, pp. 355-385.

Perron P, "Testing for a Unit Root in a Time Series with a Changing Mean", *Journal of Business & Economic Statistics*, 1990, Vol. 8, No. 2, pp. 153-162.

Perron P, "The Great Crash, the Oil Price Shock, and the Unit Root Hypothesis", *Econometrica: Journal of the Econometric Society*, 1989, pp. 1361-1401.

Pesaran M H, Johnsson I, "Double-question Survey Measures for the Analysis of Financial Bubbles and Crashes", *Journal of Business & Economic Statistics*, 2020, Vol. 38, No. 2, pp. 428-442.

Phillips P C B, Magdalinos T, "Limit Theory for Moderate Deviations from a Unit Root", *Journal of Econometrics*, 2007, Vol. 136, No. 1, pp. 115-130.

Phillips P C B, Perron P, "Testing for a Unit Root in Time Series Regression", *Biometrika*, 1988, Vol. 75, No. 2, pp. 335-346.

Phillips P C B, Shi S P, "Financial Bubble Implosion and Reverse Regression", *Econometric Theory*, 2018, Vol. 34, No. 4, pp. 705-753.

Phillips P C B, Shi S, Yu J, "Specification Sensitivity in Right-Tailed Unit Root Testing for Explosive Behaviour", *Oxford Bulletin of Economics and Statistics*, 2014, Vol. 76, No. 3, pp. 315-333.

Phillips P C B, Shi S, Yu J, "Testing for Multiple Bubbles: Historical Episodes of Exuberance and Collapse in the S&P 500", *Interna-*

tional Economic Review, 2015a, Vol. 56, No. 4, pp. 1043-1078.

Phillips P C B, Shi S, Yu J, "Testing for Multiple Bubbles: Limit Theory of Real-time Detectors", *International Economic Review*, 2015b, Vol. 56, No. 4, pp. 1079-1134.

Phillips P C B, Solo V, "Asymptotics for Linear Processes", *The Annals of Statistics*, 1992, Vol. 20, No. 2, pp. 971-1001.

Phillips P C B, Wu Y, Yu J, "Explosive Behavior in the 1990s Nasdaq: When did Exuberance Escalate Asset Values?", *International Economic Review*, 2011, Vol. 52, No. 1, pp. 201-226.

Phillips P C B, Xiao Z, "A Primer on Unit Root Testing", *Journal of Economic Surveys*, 1998, Vol. 12, No. 5, pp. 423-470.

Phillips P C B, "Towards a Unified Asymptotic Theory for Autoregression", *Biometrika*, 1987, Vol. 74, No. 3, pp. 535-547.

Rodrigues P M M, "Properties of Recursive Trend-adjusted Unit Root Tests", *Economics Letters*, 2006, Vol. 91, No. 3, pp. 413-419.

Rodrigues P M M, "Recursive Adjustment, Unit Root Tests and Structural Breaks", *Journal of Time Series Analysis*, 2013, Vol. 34, No. 1, pp. 62-82.

Roy A, Fuller W A, "Estimation for Autoregressive Time Series with a Root Near 1", *Journal of Business & Economic Statistics*, 2001, Vol. 19, No. 4, pp. 482-493.

Said S E, Dickey D A, "Testing for Unit Roots in Autoregressive-moving Average Models of Unknown Order", *Biometrika*, 1984, Vol. 71, No. 3, pp. 599-607.

Sen A, "Joint Hypothesis Tests for a Unit Root When There is a Break in the Innovation Variance", *Journal of Time Series Analysis*, 2007, Vol. 28, No. 5, pp. 686-700.

Shaman P, Stine R A, "The Bias of Autoregressive Coefficient Estimators", *Journal of the American Statistical Association*, 1988, Vol. 83,

No. 403, pp. 842-848.

Sharma S, Escobari D, "Identifying Price Bubble Periods in the Energy Sector", *Energy Economics*, 2018, Vol. 69, pp. 418-429.

Shiller R J, "Do Stock Prices Move too much to be Justified by Subsequent Changes in Dividends?", *The American Economic Review*, 1981, Vol. 71, No. 3, pp. 421-436.

Shin D W, So B S, "Recursive Mean Adjustment for Unit Root Tests", *Journal of Time Series Analysis*, 2001, Vol. 22, No. 5, pp. 595-612.

Smeekes S, Taylor A M R, "Bootstrap Union Tests for Unit Roots in the Presence of Nonstationary Volatility", *Econometric Theory*, 2012, Vol. 28, No. 2, pp. 422-456.

Smeekes S, "Detrending Bootstrap Unit Root Tests", *Econometric Reviews*, 2013, Vol. 32, No. 8, pp. 869-891.

So B S, Shin D W, "An Invariant Sign Test for Random Walks Based on Recursive Median Adjustment", *Journal of Econometrics*, 2001, Vol. 102, No. 2, pp. 197-229.

So B S, Shin D W, "Recursive Mean Adjustment in Time-series Inferences", *Statistics & Probability Letters*, 1999, Vol. 43, No. 1, pp. 65-73.

Sornette D, Demos G, Zhang Q, et al., "Real-time Prediction and Post-mortem Analysis of the Shanghai 2015 Stock Market Bubble and Crash", *Journal of Investment Strategies*, 2015, Vol. 4, No. 4, pp. 77-95.

Tanizaki H, Hamori S, Matsubayashi Y, "On Least-squares Bias in the AR (p) Models: Bias Correction Using the Bootstrap Methods", *Statistical Papers*, 2006, Vol. 47, No. 1, pp. 109-124.

Taylor A M R, "Regression-based Unit Root Tests with Recursive Mean Adjustment for Seasonal and Nonseasonal Time Series", *Journal of*

Business & Economic Statistics, 2002, Vol. 20, No. 2, pp. 269-281.

Taylor M P, Peel D A, "Periodically Collapsing Stock Price Bubbles: A Robust Test", *Economics Letters*, 1998, Vol. 61, No. 2, pp. 221-228.

Tirole J, "Asset Bubbles and Overlapping Generations", *Econometrica*, 1985, Vol. 53, No. 5, pp. 1499-1528.

Tsvetanov D, Coakley J, Kellard N, "Bubbling Over! The Behaviour of Oil Futures along the Yield Curve", *Journal of Empirical Finance*, 2016, Vol. 38, pp. 516-533.

Van Norden S, Schaller H, "The Predictability of Stock Market Regime: Evidence from the Toronto Stock Exchange", *The Review of Economics and Statistics*, 1993, Vol. 75, No. 3, pp. 505-510.

Van Norden S, "Regime Switching as a Test for Exchange Rate Bubbles", *Journal of Applied Econometrics*, 1996, Vol. 11, No. 3, pp. 219-251.

Vogelsang T J, Perron P, "Additional Tests for a Unit Root Allowing for a Break in the Trend Function at an Unknown Time", *International Economic Review*, 1998, pp. 1073-1100.

Wei Y, Qin S, Li X, et al., "Oil Price Fluctuation, Stock Market and Macroeconomic Fundamentals: Evidence from China Before and After the Financial Crisis", *Finance Research Letters*, 2019, Vol. 30, pp. 23-29.

West K D, "A Specification Test for Speculative Bubbles", *The Quarterly Journal of Economics*, 1987, Vol. 102, No. 3, pp. 553-580.

Wu C F J, "Jackknife, Bootstrap and Other Resampling Methods in Regression Analysis", *The Annals of Statistics*, 1986, Vol. 14, No. 4, pp. 1261-1295.

Wu G, Xiao Z, "Are There Speculative Bubbles in Stock Markets? Evidence from an Alternative Approach", *Statistics and its Interface*,

2008, Vol. 1, No. 2, pp. 307–320.

Zhao Z, Wen H, Li K, "Identifying Bubbles and the Contagion Effect Between Oil and Stock Markets: New Evidence from China", *Economic Modelling*, 2021, Vol. 94, pp. 780–788.

Zivot E, Andrews D W K, "Further Evidence on the Great Crash, the Oil-price Shock, and the Unit-root Hypothesis", *Journal of Business & Economic Statistics*, 2002, Vol. 20, No. 1, pp. 25–44.